学校场域中的道德生活研究

王　芳　著

清華大学出版社
北　京

内 容 简 介

本书从场域的视角审视学校道德生活，将道德置于广阔的学校生活中进行研究，具有重要意义。本书以“德育是否能触碰到学生个体的内在生命”为逻辑起点；从社会组织的结构特征和学校场域真实道德生活的视角，构建了一个以教育性、关系性、情境性和历史生成性为结构要素的理论分析框架。研究选取幼儿园、小学、中学等不同学段的学校场域，根据不同学段学生品德心理发展特点，深入研究学校场域的道德生活，并在比较中确定学校场域道德生活的目标定位和相关对策。本书致力于创建良好的学校场域，以促进学生的道德成长。

在学校场域中，教师不仅局限于传道、授业、解惑，而是作为学校场域中的引领者、促进者和建设者，学生不是被动的接受者，而是作为场域中的平等成员，扮演着解释、构建和实践者的角色。德育内容不是外在的文本材料或形式化的活动，而是作为一种资源存在，实现着人的道德生活。如果缺失了这种场域，人们(学生)将失去实现教育目的的机会，同时也失去实现和享受这种道德生活的可能性。因为没有这个场域，构成德育生活的各个要素也就不复存在。

本书可作为教育理论工作者的参考用书，也可作为中小学一线班主任、德育教师及相关从业人员的参考用书。

图书在版编目(CIP)数据

学校场域中的道德生活研究 / 王芳著. -- 北京：清华大学出版社，2025. 1.
ISBN 978-7-302-68087-1

Ⅰ. G631

中国国家版本馆 CIP 数据核字第 202598NA50 号

责任编辑：陈冬梅
装帧设计：李　坤
责任校对：周剑云
责任印制：沈　露
出版发行：清华大学出版社
网　　址：https://www.tup.com.cn, https://www.wqxuetang.com
地　　址：北京清华大学学研大厦 A 座　　**邮　　编：**100084
社 总 机：010-83470000　　**邮　　购：**010-62786544
投稿与读者服务：010-62776969, c-service@tup.tsinghua.edu.cn
质量反馈：010-62772015, zhiliang@tup.tsinghua.edu.cn
课件下载：https://www.tup.com.cn, 010-62791865
印 装 者：天津鑫丰华印务有限公司
经　　销：全国新华书店
开　　本：185mm×260mm　　**印　　张：**12　　**字　　数：**292 千字
版　　次：2025 年 2 月第 1 版　　**印　　次：**2025 年 2 月第 1 次印刷
定　　价：48.00 元

产品编号：102267-01

序　言

在当代中国德育研究中，对学校德育生活的实证研究并不多见。然而，王芳本着“明知山有虎，偏向虎山行”的探索精神，涉猎了中外教育社会学理论书籍，通过三年的博士生研究，进入了这一领域。她还完成了《小学学校场域中的道德生活研究》的博士论文。以此为基础，经过八年的拓展研究，她将研究范围从小学扩展到中学，覆盖了整个基础教育阶段，同时，她开展了理论分析和解决实际问题的策略研究。经过时间的检验，这本著作终于面世了。

这项研究运用了质性分析软件 NVivo 对 35 位一线教师的访谈资料进行编码，抽取出 16 个码号，并按编码相似性聚类，最终得出学校场域道德生活的 4 个基本维度和 16 个因子。这验证了她所提出的学校场域道德生活基本分析框架，并证明了该理论结构是基于学校道德生活事实，经得起检验的。

通过自编问卷，根据学校场域道德生活的 4 个维度 16 个因子，对当前学校场域道德生活现状进行了调查。采用目的性抽样原则，在沈阳市 SSY 学校发放问卷，为了确保问卷的可靠性和真实性，笔者进行了问卷的区分度、信度和效度的检验，包括项目分析、内部一致性信度和分半信度。同时，通过对学校校长、一线教师的访谈和评议，进一步证明了问卷的效度。以此为基础，进行中小学校大样本的实际问卷调查。

小学学校场域中道德生活研究的量化数据分析结果显示：学校道德实践活动少，学生参与到班级活动的程度不高，学生在科任教师课上表现较差，学生几乎感受不到老师的关心。通过对各项目之间的比较发现：女生在学校场域中的道德生活表现优于男生；班干部在学校场域中的道德生活表现优于普通同学；独生子女与非独生子女在学校场域中的道德生活表现趋同；五年级的学生在学校场域中的道德生活表现优于六年级学生；不同地区学校场域中的道德生活师生关系普遍较好，但城乡之间存在差异。特别值得关注的是，学校场域中的道德生活仍存在贫乏、枯燥等问题。

中学学校场域中的道德生活量化研究结果显示：班级中的道德生活相对较差，班干部比普通同学有更多的机会参与班级活动，普通同学的参与机会较少且积极性不高，班主任对学生的控制力度过强；尽管教师对学生的关心存在不平等现象，但师生关系总体上却相对较好。除思想品德课程外其他课程对学生道德教育涉及少。比较各个项目发现，女生在德育生活方面表现的明显优于男生，城市学校的平均值远远高于县城学校。不同地区的学生道德生活存在显著差异，学生是不是独生子女对学校道德生活上无明显差异，班干部与非班干部之间没有明显差异；而班主任性别对前三个场域中道德生活有显著差异，仅在品德课程场域中差异不显著。

分析结果发现，小学场域中的道德生活存在的主要问题有：师生关系场域道德生活相对疏远；班级组织场域道德生活枯燥乏味，课堂行为场域道德生活功能失调以及品德课程场域道德生活实践缺乏真实体验。而中学场域中的道德生活面临的主要问题是：师生关系场域疏离；班级组织欠缺统一性；课堂行为场域道德生活机械化，品德课程场域道德生活缺乏真实体验和感受等问题。

深入探究中小学场域中道德生活存在问题的深层原因，在小学场域，制度化管理使学校德育失去了话语权，功利主义导致教师追求即时的德育效果，文化资本导致班级组织不平等，管理与教育分离导致道德实效性差，虚拟的道德情境使学生不能产生真实的道德冲突，进而难以实现从知到行的道德转换。家庭、社会的负面影响部分抵消了学校德育的正面效果。而在中学场域，疏于对青春期学生心理问题的管理是一个重要问题，应试教育导致德智分离，学业竞争压力与青春期个性发展冲突，师生文化冲突导致道德教育错位，重视知识传授而忽视德育导致学校道德生活枯燥乏味。

学生品德形成是一个渐进的过程，从他律到自律，也是一个个体化的过程。真实、丰富、生动的学校道德生活，对促进学生道德发展具有重大意义。因为道德不仅仅是理论，它指向生活，更指向人生的价值追求。道德就在我们周围的生活中，所以学生只有在真实的生活世界里，才能产生道德体验，形成道德情感，激发出道德行为。因此，在学校场域中拆除道德和生活之间的隔离墙，才能激发出学生道德生命的活力。

要丰富学校场域道德生活，加强学校道德生活的真实性，促进学生道德成长，具体实施策略主要包括以下几个方面：首先要处理好个人与个人、个人与集体、个人与组织的关系，实现各种关系的和谐。其次要营造学校场域道德生活的教育背景结构，使学校生活充满爱和正能量，激发学生爱的力量和正确的生活态度。再次要促进学校场域道德生活的发展和不断变化，寻求道德生活达到共时性和历时性统一，让学生既注重当下，又追求理想。最后要通过全面加强学校场域道德生活各个层面和各个角落的教育性，使生存于该场域中的学生在校园生活中体验到生活的意义和价值，而不需要特意地“受教育”。从存在论意义上来看，促进学生道德成长的四个具体策略的方面共同决定了学校场域道德生活的独特教育张力。因此，这种教育方式是促进学生道德成长的重要动力源泉之一。

王芳之所以能坚持 11 年时间，完成一个系统且完整的研究，就在于她具有执着的精神，不会轻易妥协或屈服于不理解和不明确的事情。她追求卓越，一直在努力攀登学术研究的高峰。她的研究给我们最重要的启示就是道德生活的真实性，这是产生道德教育力量的根本。而道德教育的本质追求则是焕发人性的光辉，创造和享受美好的人生。

杨晓

目　录

第一章　导　　论

当前我国学校道德教育存在唯知识论和形式化的现象。这些现象导致学校道德生活的枯燥乏味。因此在学生道德成长过程中出现了一些问题。本章主要介绍研究缘起、相关研究综述与理论基础、研究内容、方法与思路。

第一节　研 究 缘 起

研究缘起包括问题提出和研究意义两个方面。

一、问题提出

对学校道德生活的研究是基于部分学校的政策导向、现实状况、德育状况以及研究的不足而提出的。

(一)政策导向：重视学校道德生活研究的社会背景

道德社会学研究表明，社会道德水平的提升和道德秩序的建立，在一定程度上取决于社会成员的道德水平。党的十八大报告中提出的社会主义核心价值体系，从国家、社会、个人三个层面提出了具体要求。党的十九大要求教育“落实立德树人根本任务”。党的二十大报告指出“育人的根本在于立德”，继续落实立德树人根本任务。学校是落实立德树人根本任务的主体，学生是未来社会的接班人，学生的道德成长水平直接影响着中国未来社会的道德质量。因此，在学校教育阶段，按照个人、社会、国家递进的层次，向学生渗透社会主义核心价值体系所规范的内容，学生形成良好的道德品质与人格特征，是当前学校道德教育义不容辞的责任。提升学校道德生活质量，促进学生道德更好地成长，对我国社会道德建构具有重要的现实意义，这不仅关涉到国家发展与民族振兴的长远利益，也关乎国民正能量的发挥，是实现中华民族伟大复兴中国梦的重要前提。

(二)现实状况：直面学校场域中道德生活苍白的现实

我们在教育实践中发现，大部分学校的道德生活都是丰富有效的但有些学校道德生活苍白、贫乏，道德教育形式化非常严重。具体表现为德育主体的失落、德育方法没有考虑学生的心理特征与内在需求、学校对德育效果即时期望的功利主义等。以制定班规为例，我们调查数据显示，大部分班级的班规是班主任老师主观臆断制定的，学生参与制定班规的机会比较少，这导致学生主体地位的失落。班规本身是一项约定俗成的规定，应当是教师与学生共同制定，这样才能够反映出班级的民主风气，反之，如果班规是班主任单方制定的，会影响学生对道德规则的认可度和遵守程度。再如，班级组织开展的道德实践活动、班会等，也是按照学校的规定由班主任独立策划，学生干部具体实施。大部分同学在整个活动中只能听从老师的安排，这明显不利于班级凝聚力的形成。我们在搜集学生作文日记时发现，整个学期中一个班级中学生作文日记的题目单一化。例如，学生在写《寻找最美孝心少年》观后感一文时，虽然都写到被孝心少年的事迹所感动。但是，没有人写出对此片的深刻体验，因为他们心中只是把“孝道”作为一种单纯的道德标准去接受，而非深刻感悟。作文日记是“应老师要求”写的，与个人真实的道德体验无关。大部分学校都普遍反映，出于安全的考虑，学校几乎没有校外的道德实践、体验等活动，甚至在学校内的道德实践和体验活动也很少，这使得学生们的道德生活贫乏、苍白。

(三)德育状况：发现道德生活苍白引发的学校德育状况

学校道德教育对学生道德成长起着关键作用，学校承担着对学生道德教育的重要责任。当前我国有些学校道德教育存在以下三种现象。

(1) 学生缺乏道德行为能力。在整个小学阶段，虽然小学生的道德认知达到了一定的水平，能够学会道德知识，并拥有很多道德知识，但是这只是培养小学生的道德观念。小学生还缺乏道德行为能力，而道德水平的判断是以道德行为能力的高低为标准。许多小学生道德知行不一、言行不一致的现象很严重，大都说一套做一套。这样的现象可以分为两类：①“明知故犯”型，也就是小学生的道德认知水平高于道德行为能力，明知道不应该这么做，但是还要去做。例如，考试作弊、乱扔垃圾、随便讲话、随意把别人的东西据为己有等。②“不作为”型，有大部分小学生在理论上知道道德规范和道德准则，但是在实际生活中却未按照道德规范去做。例如，小学生都知道乐于助人是美德，但是在实际生活中却很少帮助别人。

(2) 学生的道德角色意识模糊。道德角色意识在小学生道德品质形成的过程中起到至关重要的作用。它能够使小学生明确地认识到自己在各种不同社会关系中充当不同道德角色时所拥有的不同道德权利和义务，及其相应的道德行为要求。小学生所处的地位不同，决定了其不同的角色，如小学生在学校、班集体、小组中扮演不同的角色，对不同的角色有不同的道德要求。小学生在每一个特定的环境中都应该遵守相应的道德规则和履行相应的道德义务。然而，我们发现，由于小学生道德角色意识模糊，使其很难遵守和履行自己在学校、班集体、小组中的道德角色义务。例如，小学生存在自私行为，不为他人着想，不会忍让、包容他人，不懂得尊重他人、尊重老师。有些学生屡屡违反纪律，经常与同学打架、辱骂他人，我行我素，违反校规校纪等，老师对他教育时还会出现不服气，甚至与老师顶嘴或心生怨恨。还有小部分学生有抄袭作业、替家长签字、撒谎等不良行为，这既破坏了学校正常的生活秩序，也损害学生个体的道德形象。

(3) 学校道德生活贫乏导致学生缺乏道德体验。道德知识化倾向严重，有些学校的品德课程实施只是读一读课文，记一记课堂笔记或简单讲解知识点，品德课程只是应付期末考试，这样的道德学习难以深入学生的内心。道德之知是一种实践之知，我们并不否定道德知识的学习，并认为道德知识的学习是首要的，道德知识的学习过程，一定是学生在实践中体验道德知识的过程，应是由教师引导、学生主动参与的过程。我们在调查中发现，有些小学班主任开展的道德体验活动较少，即使担任品德课程教师也因学校没有更多条件来开展道德实践活动。也就没有给学生更多实践的机会，导致小学生的道德体验严重缺乏。著名教育家鲁洁先生认为，当代的道德教育是异化了的道德教育，以科学理性为由，把道德作为一种可以利用的工具，道德教育最终演变成了对学生进行道德规则、道德规范的灌输，毫无生活可言，更无道德生活。学者的批评和教育实践中发现，已经有足够揭示当前学校道德生活贫乏、学生缺乏道德体验的事实。

(四)研究欠缺：学校场域中道德生活研究的相对不足

道德社会学关注学校道德生活现实。中国传统道德教育思想为我国道德社会学的建立提供了丰富的思想源泉。中国近代著名启蒙思想家严复翻译了英国斯宾塞的《社会学研究》，将其取名为《群学肄言》。此书向我们介绍了国外的道德社会学研究。20 世纪 80 年代后期，我国围绕着现代化建设，开展了对现阶段的伦理道德在社会生活中的地位和作用等问题的研究，并取得了一些成效。

1998 年，鲁洁先生的《德育社会学》一书首开道德教育的社会学研究先河。2012 年龚长宇教授的《道德社会学引论》一书确立了我国道德社会学作为一门独立学科的地位。在对 1990—2014 年这二十余年时间的相关文献进行查阅后，发现关于道德社会学研究的成果从新世纪开始逐渐增多。例如在 2010 年刘云杉出版的《学校生活社会学》一书中，从社会学视角探讨了个人在其学校日常生活中的体验和意义，并对制度化学校中的非教育精神做了大量批评。道德社会学正在受到我国学者的广泛关注，以社会学视角研究道德问题也正成为当前学者们开拓的新领域。研究的成果多集中于学校道德生活的理论研究上，这些研究成果为本书提供了一定的理论基础和实践指导。然而，由于我国人口众多，学校教育范围广泛，针对学生道德成长过程中出现的问题的研究仍相对不足。因此，作者选择“学校场域中的道德生活研究”为研究课题，旨在为拓展和深化道德社会学研究做出贡献。

二、研究意义

研究意义包括研究取向和研究预期。

(一)研究取向

学校德育内容在学生道德成长过程中发挥着重要作用，对学校德育实效性有着直接影响。例如，学校场域中学生道德生活的现状如何，存在哪些问题；学生在道德成长过程中遇到了哪些问题，以及如何构建一个能促进学生道德发展的学校场域道德生活模式，这些都是本书要回答的问题。作者选择“学校场域中的道德生活研究”作为研究课题，有以下两种价值取向。

(1) 强调学校各阶段对培养学生道德品质中的重要作用。幼儿园阶段是学生道德品质的萌芽时期，许多国内外著名教育家强调早期教育的重要性。法国著名社会学家、教育家涂尔干认为，小学阶段是进行道德教育的最佳时期。他同时指出，如果在小学之后进行道德教育，将失去最佳时机和环境。中学阶段是道德品质形成的关键时期，一旦错失了这种机会，道德教育的成效将大打折扣，而且这种损失将永远不能弥补。这正是我们选择学校道德生活作为研究对象的原因。

(2) 凸显学校场域中道德生活对学生道德成长的重要作用。道德教育是学校教育的核心。学校在培养学生道德品质过程中扮演着不可或缺的角色，与其他社会机构相比，学校作为专门培养人的一种机构具有本质的区别，它将育人作为首要任务。因此，德育是学校工作中最重要的一环，在学校德育工作中构建良好的学校场域道德生活以促进学生的道德成长，应该是德育工作的首要任务。

学校肩负着培养和教育人的道德教育重任，学校的这种职责是其他机构所无法替代的。涂尔干曾强调：学校应该将培养学生的道德品质放在首位。因此，学校仍然是全面、系统地影响学生道德成长的主要场所，这也是我们把研究范畴限定为“学校场域”的原因。

(二)研究预期

本研究在理论方面有以下两种预期。

(1) 构建学校场域道德生活研究的基本分析框架。本研究以德育社会学的理论研究为基础，从学校社会组织理论角度分析学校场域道德生活的内涵和特征，构建学校场域道德生活研究的基本分析框架，以完善学校场域道德生活的理论。

(2) 突出学生作为学校场域道德生活的“主体”地位的重要性。在以往的学校德育研究中，作为受教育者的学生很少受到关注。本研究从受教育者自身出发，研究学校的道德教育问题，提供了一个全新的视角。它将目光集中于受教育者自身道德成长的动态过程，即受教育者成长过程与“社会组织”①互动的过程。本研究是从受教育者本身出发，以充分发挥学生的主体性和主动性为目的。美国教育家约翰·杜威(John Dewey)认为，现代教育应区别于传统教育，应该考虑受教育者的经验和素质，同时将学校道德教育的地位由被动提升到主动，并最终提升学生的整体道德素质，增强学校德育的实效性。

本研究在实践方面的预期有以下两种。

(1) 为学校道德教育实践提供指导。实践中未能很好解决的问题往往是因为理论上没有得到妥善解决。在以往道德教育实践中，教育者往往忽略学生自身内化道德规范的过程。本课题研究首先解决理论上的问题，然后着眼于学生学校场域中的道德生活实际情况，探索和发现学校场域中的道德生活存在的问题及原因，为改善当前学校场域道德生活提供依据。

(2) 为改善学校场域道德生活提出对策。本课题研究把学校视为一种社会组织，以提升学校道德生活质量为目标，为中小学校道德教育政策的决策者提供科学的参考依据、明确的思路和具体对策。

第二节　相关研究综述与理论基础

相关学校场域道德生活研究综述从两个方面入手：国内外关于德育社会学的研究和学校道德生活的研究。本综述旨在总结这两个方面的研究不足及提供的重要启示，并据此确定学校场域道德生活研究的理论基础。

---

① 从社会学视角，本研究把学校视为一种社会组织。

一、学校场域中的道德生活相关研究综述

本研究注重从德育社会学这一学科视角下展开学校场域中的道德生活研究，将“德育社会学”和“学校道德生活”这两个方面作为本研究的主题——“学校场域中的道德生活研究”的相关研究综述。

自涂尔干开启西方德育社会学研究先河以来，世界多国进行道德社会学的研究。我国自 20 世纪 90 年代将德育社会学作为一门学科后，运用社会学方法研究道德问题成为新时期的重要研究领域。

在“学校道德生活”相关的理论与实践研究方面，国外较系统地阐述了学校道德生活理论，并有多部专著论述其理论，以法国教育学家路易·勒格朗等为代表，在学校道德生活的实践研究方面做出了贡献。我国在学校道德生活方面的研究以南京师范大学薛晓阳主编的《学校道德生活的教育叙事》和《学校道德生活教育模式的探寻与思考》丛书为代表，研究成果丰硕。

(一)国内外关于德育社会学的研究概要

国内外关于德育社会学的研究如下。

1. 国外关于德育社会学的研究

国外关于德育社会学的早期研究以法国社会学家涂尔干和美国教育家约翰·杜威为代表，当代西方多国用社会学的方法研究道德问题，集中于道德社会化这个主题上。

(1) 法国社会学家涂尔干的道德社会学研究

涂尔干是 19 世纪后期法国著名的社会学家、教育理论家。他是道德社会学的奠基人，首开道德社会学研究先河，使道德社会学成为一门独立的学科。社会学研究的是“社会事实”，他认为道德事实是最重要的“社会事实”之一，道德社会学研究的应该是“道德事实”，因此，他首次确定了道德社会学的研究对象为“道德事实”，而对道德的研究就要遵循“把社会事实作为物来考察”等社会学方法的准则。①

涂尔干把“纪律精神”“对社会群体的依恋”“自主或自觉”看成道德构成的三个要素。在分析道德构成的首要要素时，涂尔干首先分析了道德的特性。①具有常规性，是一种能够持续的事物。②具有某种超出常规性的东西，即权威观念。涂尔干认为，这两个方面是紧密相连的，两者的统一性来源于一个更为复杂的、能够将两者都包括在内的观念，这就是纪律的概念。②因此，道德的首要要素就是纪律精神。在分析道德的次要要素时，涂尔干首先论述了个人与社会的关系问题，他认为社会是由个人所组成，但是社会又高于个人的总和。涂尔干认为道德规范所规定的行为是不以追求个人目的的行为。道德目标是以社会为对象的目标，必须将集体的利益置于首位。换言之，个人必须把社会的道德目标

---

① E·迪尔凯姆著. 社会学方法的准则[M]. 狄玉明，译. 北京：商务印书馆，1995：35.

② 爱弥尔·涂尔干著. 道德教育[M]. 陈金光，沈杰，朱谐汉，译. 上海：上海人民出版社，2006：27.

作为自己首要达成的目标，涂尔干认为个人是服从社会的，只有在社会中，个人才能认识自己的本性。而且，社会也是构成人类最重要的组成部分。因此，道德的次要要素是对社会群体的依恋。至于道德的第三个要素，涂尔干认为道德规范是外在于人的意志的，人们遵守并服从这种规范的前提是行动自由的，是人们自愿地接受这种道德规范。因此，必须赋予这种行动以自由为基础才能达到道德的目的，即自主或自觉是道德的第三个要素。

涂尔干认为道德教育的目的在于使个体实现道德社会化，承认社会和社会道德准则的权威，并且认为学校道德教育就在于向学生传授这些特定的准则，使其社会化。在他的道德教育中更强调道德规则和道德内容的教授。[①]

涂尔干的道德教育方法遵循儿童身心发展规律，他认为儿童都有受暗示的特性和模仿性的特点，接受的纪律和规则教育，一旦形成习惯，这种特性就固定下来。在道德教育的过程中还需有奖励和惩罚。

(2) 美国社会学家约翰·杜威的道德社会学研究

美国教育家杜威是道德社会学领域的经典研究者之一。杜威是实用主义哲学的代表，他的思想深受德国哲学家黑格尔的辩证哲学和英国教育家赫胥黎的万物统一生物学的影响，反对一切二元论。在道德教育上，杜威认为个人和社会并不完全对立，是可以相得益彰的。因此，杜威的道德教育思想是“个人和社会协调一致”。

杜威在阐释道德教育目的时，区分了“道德观念”和“关于道德的观念”。他认为“道德观念”，不管是何种的观念，见效于行为之中，并使行为有所改善，变得比另外的情况下更好。[②]而“关于道德的观念”，它们在道德上也许是不偏不倚的，或者是不道德的，或者是道德的。[③]关于道德的观念，如关于诚实、纯洁或善良的见解，并非理所当然地使这种观念自动地转变成好的品格或好的行为。[④]对以上两个概念的区别是研究道德的前提，其落脚点是道德行为的转变，且一定是使行为变好。因此，杜威认为道德教育的目的就在于使学生以生动活泼的方式不断地获得影响并改善其行为的观念。

在杜威看来，道德教育的目的是使学生获得更多的能够促进学生道德行为的观念，那么，学生如何获得这些观念呢？杜威认为，“使道德目的普遍存在于一切教学中并处于主导地位，不管教学主题如何。”[⑤]即一切教学都具有教育的目的，都应该教给学生以能够促进其品德形成的知识，这也是杜威注重道德实践的体现。他还认为当前学校中教育道德的效果是不明显的，他说“直接道德教学的影响即使在最好的情况下，在数量上相对而言也是比较少的、在影响上则比较轻微”[⑥]，可见，杜威是提倡间接的道德教育。

杜威十分强调“在做中学”的教育方法，因此他在注重道德内容传授的同时、更注重道德内容、过程和形式的统一。他有自己独特的道德教育方法，这在于他把学校生活(作为

---

① 王芳. 涂尔干与杜威道德教育思想比较及其启示[J]. 教育探索，2014(11)：155-157.

② 杜威. 道德教育原理[M]. 王承绪等，译. 杭州：浙江教育出版社，2003：06.

③ 杜威. 道德教育原理[M]. 王承绪等，译. 杭州：浙江教育出版社，2003：06.

④ 杜威. 道德教育原理[M]. 王承绪等，译. 杭州：浙江教育出版社，2003：06.

⑤ 杜威. 道德教育原理[M]. 王承绪等，译. 杭州：浙江教育出版社，2003：06.

⑥ 杜威. 道德教育原理[M]. 王承绪等，译. 杭州：浙江教育出版社，2003：09.

本质上是社会机构的学校生活)、教学方法(学习方法和工作方法)、教材(学校学科或课程)这三者相互联系。

从涂尔干与杜威的道德社会学研究中我们可以发现，他们最具代表性的观点分别是涂尔干的“道德事实”理论与杜威的“道德生活”理论。早期涂尔干的探索奠定了道德社会学的理论与方法，为后续研究提供了重要的理论依据；而随着杜威的经典研究的出现，道德社会学的理论与实践得到了进一步的丰富和发展。

(3) 当代西方道德社会学研究概要

当代西方“道德社会学”研究具体体现为“道德社会化”这一主题的研究上，本研究以关键词“morals socialization”为检索项，在 Springer 外文电子期刊全文数据库中检索。搜索到 10 篇与本课题研究高度相关的论文，这些研究来自美国、德国、荷兰、俄罗斯、瑞士等国家。这些论文主要探讨了道德社会化的重要机构、影响因素、比较研究、道德社会化与道德动机的关系等问题。

① 道德社会化的重要机构

在《学校教育和道德承诺的社会化》中，美国芝加哥大学教授 Charles E. Bidwell(1970)指出，社会化的核心环节包括形成价值观、道德规则的承诺以及社会作为一种道德秩序的信仰的形成。道德社会化的过程受学校哪些方面的制约？程度如何？原因是大部分研究者对学校培养和约束学生的道德承诺和道德信念的方式了解不足。因此，分析学校作为一种社会控制力量和结构化活动场所的研究，对于理解其作用机制很有帮助。[①]该文强调了学校作为社会化场所的重要性。

美国学者 Justin Saldana 博士在他的论文《今天学校的权利和规范》中指出，学校仍然保持它最稳定的、最传统的育人权利，是强整合性的社会化机构，其职责是社会化。在当今的美国社会，不仅要培养学生的实用技能和职业技能，还要传授他们最基本的社会价值，如对国家的忠诚、礼貌。因此，学校通过训练这种权利关系来整合学生。整合是一个潜在的训练过程，学校一直担负着整合的功能。[②]

② 道德社会化的影响因素

美国佐治亚大学(雅典)Gene H.Brody，David R. Shaffer 在 1982 年的论文《儿童道德社会化中父母和同辈群体的贡献》中阐述了儿童在道德社会化过程中如何从这两个重要互动者——父母和同辈群体中获得正确或错误的观念。文章的第一部分批判性地考察了有关父母对儿童道德品质影响的文献，并且得出父母在哪些方面对儿童道德品质产生影响，随后，文章将重点转向同辈群体对道德社会化的贡献，总结出父母和同辈群体在哪些方面影响学生道德发展。[③]

美国学者 Brenda L.Volling、Annette Mahoey、Amy J.Rauer 在 2009 年的论文《父母养育子女的神圣化、道德的社会化、青少年道德的发展》中认为宗教对于美国家庭是最重要

---

① Charles E. Bidwell. Revised version of a lecture, originally called “Schooling and Socialization”, delivered to the Department of Sociology in Education, OISE, Dec. 10, 1970.

② Justin Saldana, PhD. Power and conformity in today’s school .International Journal of Humanities and Social Science. Vol. 3 No. 1; January 2013.

③ Gene H Brody, David R Shaffer. Developmental Review, Volume 2, Issue 1, March 1982：P31-75.

的，但在研究儿童发展中往往被忽视。该研究选取了 58 组父母双全的学龄前儿童家庭，研究父母对于养育、管教策略的神圣的宗教信仰、惩罚策略对儿童认知的影响，研究显示，父亲在管教儿童时往往比母亲更倾向于使用惩罚而较少使用情感教育。关于父母养育的神圣化问题，来自父母双方的报道都与积极的社会化、赞美、情感教育是正相关的。在所研究的家庭中发现，当父母双方都使用情感教育的方式教育时，儿童在道德行为上的得分较高。父母应该结合社会来培养信仰，共同引导儿童的道德发展。[①]

③ 道德社会化的比较研究

荷兰学者 Tsunenobu Ban 在论文《道德社会化的特征：澳大利亚和日本的比较》[②]中，研究了家庭和学校中哪些因素对儿童的社会行为产生影响，这些因素包括师生关系、课外活动、友谊和帮父母做家务。通过社会道德行为的三个指标对这些因素进行测量，研究发现学校之间存在有趣的对比。这些对比包括孩子符合社会规范的程度、处理与教师、家庭、朋友关系时所采取的行为，以及在不同的情境下的道德反应能力。

在现代西方社会转型的背景下，德国马克斯普朗克研究所研究员 Tobias Krettenauer 和 Wolfgang Edelstein 在 1996 年的论文《正义作为团结：涂尔干道德社会学理论框架下的东德和西德青少年政治社会化的研究》[③]中，解答了涂尔干一个世纪前的问题：什么使得社会成员既能够实现社会团结又能够变得越来越个性化？为了回答这个问题，他们从青少年的政治社会化及其发展影响为研究角度，并采用了涂尔干在发展心理学中的传统，这一传统由皮亚杰建立并由柯尔伯格发展。研究指出，道德自律的发展有助于形成公正相关的责任感，这种责任感有助于社会内在团结纽带的形成。他们用这种发展模式对东德和西德 15～18 岁青少年(样本为 348)进行了关于社会化变量影响的测试。数据分析揭示出道德自律、公正感、责任意愿之间存在的实质性关系。这种关系很少依赖于青少年政治社会化的政治背景指标(例如，东德或西德的血统以及父母的社会经济地位)。因此，在当前社会条件下，采取政治社会化的发展方法对于解释正义关注导致团结的出现至关重要。

④ 道德社会化与道德动机的关系研究

瑞士苏黎世大学教授 Tina Malti 和 Marlis Buchmann 在 2010 年发表了一篇论文《社会化和个人经历对成年人和青少年的道德动机的影响》[④]。该论文研究以 15 岁的青少年(人数为 1258，54%女性)和 21 岁的成人(人数为 584，53%女性)为样本，同时包括了青少年的主要照顾者(人数为 1056)。道德动机的强度与参与者对两个道德两难问题的行动决定、情绪判断和选择有关。社会化是通过衡量友谊可知的品质、亲子关系和教育背景等方面进行的，同时也评估社会公正和各种性格特征。研究结果表明，青少年的道德动机与亲子关系的程度和社会公正呈正相关，而成人的道德动机则与可感知的友谊品质、社会公正和社会

---

① Brenda L.Volling, Annette Mahoey, Amy J.Rauer. Psychology of Religion and Spirituality. Feb 2009:1(1), pp53-68.

② Tsunenobu Ban. International Review of Education, 1995, Volume 41, Issue 1-2, pp 73-96.

③ Tobias Krettenauer, Wolfgang Edelstein.Social Justice Research.September 1996, Volume 9, Issue 3, pp 281-304.

④ Tina Malti, Marlis Buchmann. Journal of Youth and Adolescence. February 2010, Volume 39, Issue 2, pp 138-149.

一致性呈正相关。在两个群体中，女性的道德动机较高。此外，该研究也讨论了上述研究结论对于道德动机发展的理论影响。

2. 关于道德社会化的其他研究

俄国学者 A. V. Yurevich 在 2011 年发表的《“不合群的社会化”社会道德退化的基础》①一文中指出，当代俄罗斯社会正经历一场系统性精神退化。这种退化主要表现在年龄歧视上，年轻人和老年人都对彼此均持有负面看法，年轻人不尊重老年人、老年人也看不起年轻人。他们认为，在影响当代俄罗斯青年道德的因素中，那些在学校和高等教育机构表现出“不合群的社会化”的人被挑出来。俄罗斯社会对教育的态度需要发生根本性的变化，不能忽视其带来的破坏性后果。

美国学者 Ingemar Hansson 和 Charles Stuart 在 2011 年发表的《社会化和利他主义》②一文中认为，利他主义可以通过社会化来实现，作为一种昂贵的公共美德而引发了人们的利他主义。他们研究这个演化方针是为了利他主义的偏好，如何在文化和社会的平衡中稳定存在，而这种平衡存在于个人的无政府状态下。这个理论本质可以追溯到亚当·斯密的《道德情操论》中。

美国达特茅斯学院 Andrew Garrod、Carole Beal、Patrick Shin 在 1990 年发表的文章《小学生道德感发展研究》③中指出，当前大多数研究都聚焦在小学生道德学习公正上，而较少关注到其他道德发展和解决道德问题的方式。该研究的样本来自 1、3 和 5 年级的学生，共计 54 人。研究中寓言故事经常被采用为道德两难问题，因为先前的研究表明，人们可以通过公正感或关怀感来解决。在个人访谈中，研究者询问孩子们如何解决道德问题，是否存在不同的解决方案，以及哪种是最好的解决方案(是公正感还是关怀感)。然后他们要求孩子们解释他们所提供的解决方案以及为什么要提供这种解决方案。研究结果表明：①儿童倾向于采用关怀感作为他们的第一解决方案，并且认为这是最好的解决方案；②在一年级和三年级的男孩和女孩中，对于解决方案的选择没有任何差异；③解决方案中提及的暴力和诡计只出现在五年级男孩中；④解决寓言故事中问题的能力是与孩子的抽象推理能力相关。

从国外道德社会学相关研究中我们可以看出，法国社会学家涂尔干的道德社会学研究为德育社会学研究奠定了理论基础，并为后续研究提供了一定的理论依据；而美国教育家杜威的经典研究则丰富了道德社会学的理论与实践。目前，当代道德社会学研究内容不断拓展，强调了学校是道德社会化的重要机构，研究的群体从关注成年人拓展到儿童和青少年，同时家庭、同辈群体等也是道德社会化的重要影响因素。研究方法以量化研究为主，研究视角则从心理学视角出发。

---

① A. V. Yurevich.Herald of the Russian Academy of Sciences.February 2011, Volume 81, Issue 1, pp 1-7.

② Ingemar Hansson, Charles Stuart. Socialization and altruism. Journal of Evolutionary Economics. 1992, Volume 2, Issue 4, pp 301-312.

③ Andrew Garrod, Carole Beal, and Patrick Shin. The development of moral orientation in elementary schllo children. Sex Roles, Vol 22, Nos. 1/2, 1990

3. 国内关于德育社会学的研究

1998 年，鲁洁教授主编的《德育社会学》运用社会学的理论、范畴、方法对道德教育进行研究，立意深刻，观点鲜明，是我国第一本德育社会学专著。该书对德育课程社会学、德育实施社会学、学生越轨和犯罪行为研究等进行了具体的分析，对本研究具有重要的参考价值。龚长宇在其 2012 年所著的《道德社会学引论》一书中，不仅对道德社会学的基础理论进行构建，更对道德社会学研究的某些领域进行了拓展。

这一时期的相关实践研究把德育社会学的研究推向了纵深的全面发展阶段，尤其以南京师范大学道德教育研究所的成果最为丰富，这一时期的主要成果有以下几方面。

(1) 关于德育模式的社会学研究

吴康宁教授于 2002 年向教育部申请了人文社会科学项目“学校德育模式的社会学研究”课题，并成功获得立项，这一项目将进一步深化和推进道德教育的社会学研究。其主要成果有：

齐学红的《我国学校德育模式的社会学研究》①一文，从制度层面与非制度层面对学校德育模式做了结构性分析：制度层面是学校直接的德育控制，非制度层面分析了直接的德育过程与作为一种影响的间接德育，文章提出了多种社会学研究方法，如：谱系学的方法、实地调查、内容与文本分析以及道德叙事知识社会学的研究视角，以深入研究我国学校德育模式。

齐学红的《制度设计与自我呈现：学校德育模式的社会学视角》②一文，首先探讨了理论与实践之间的关系，并构建出四种理想型的德育模式：规范教育模式、榜样教育模式、情感教育模式和班级教育模式。文章认为，教育者不能只停留在理想的理论层面，而应该关注到具体的实施过程以指导实践。

(2) 关于道德教育改革的社会学研究

2009 年，齐学红教授主持的全国教育科学规划“十一五”教育部重点课题“道德教育改革的社会学研究”其研究成果如下。

齐学红教授的《道德教育改革的社会学分析框架》③一文，论证了运用社会学方法研究道德教育改革的可能，并梳理了道德教育研究社会学转向的历史进程。通过社会学的视角，可以深入了解道德教育改革的内涵和实践成果，如道德教育回归生活等。同时，该研究还提出两条道德教育改革的路径。

齐学红教授的文章《在生活化的旗帜下：道德教育改革的话语实践》④，从政治学角度出发，探讨了道德教育的核心命题，即道德与生活的关系。作者认为人与生活是相辅相成的，“生活化”作为道德教育改革的核心理念，经历了从政治化到自我合理化的演变过程，成了道德教育改革的特有标志。

齐学红教授的《在生活化的旗帜下：学校道德教育改革的社会学研究》⑤一书，采用

---

① 齐学红. 我国学校德育模式的社会学研究[J]. 教育理论与实践，2005(07)：60-63.

② 齐学红. 制度设计与自我呈现：学校德育模式的社会学视角[J]. 教育科学研究，2010(03)：5-10.

③ 齐学红，孙启进. 道德教育改革的社会学分析框架[J]. 思想理论教育，2009(06)：24-27.

④ 齐学红. 在生活化的旗帜下：道德教育改革的话语实践[J]. 教育研究与实验，2011(05)：46-51.

⑤ 齐学红. 在生活化的旗帜下：学校道德教育改革的社会学研究[M]. 桂林：广西师范大学出版社，

事件史的研究方法，通过呈现中小学德育实践，展示了道德教育改革的实践进程及其内在的行动逻辑。该书共分七章，包括“道德教育改革的历史演进：教育与政治的关系”“道德教育改革的历史演进：教育与生活的关系”“在生活化的旗帜下：道德教育改革的话语政治”“地方性知识：道德教育改革的学校经验”“从压迫到解放：道德教育改革的动力学”“实践逻辑：后生活化时代的学校德育”“道德教育改革中的社会力量”。结语“道德教育改革的人性维度”，则从人性的角度探讨了学会做人的教育及其实现的可能性，即呼吁改革道德教育，并指向对现实生活的改造。

齐学红教授的《有效道德学习的课堂建构策略》①一文，探讨了如何从备课、教学、评价三环节构建有效道德学习的课堂。具体体现为，教师需要准确把握学生的思想发展脉搏、创造对话生成的课堂教学情境，并采用有效道德学习的评价策略。

(3) 关于道德学习的社会学研究

齐学红教授在 2011 年主持了教育部人文社会科学重点研究基地项目“青少年交往与道德学习的社会学研究”，该项目进一步加深了对道德教育的社会学研究。其主要成果如下：

齐学红教授的《班级社会空间：作为一种隐蔽课程的道德教育》②一文，提到了班级社会空间可作为一种隐蔽课程的道德教育，并从道德教育社会学的角度分析了考试取向的班级文化生态，包括班级物理空间的功利化、班级心理空间的规训化以及学生主体参与意识的抑制。文章提出了通过创新班级管理制度，营造班级和谐氛围，培养学生自主管理能力等方面构建班级社会空间的建议。

这些相关研究涵盖了学前教育、基础教育和高等教育等不同教育阶段，研究的道德问题包括德育模式的社会学研究、道德教育改革的社会学研究和道德学习的社会学研究等。这些研究的进行及其研究成果的取得，表明道德教育研究的社会学转向已经开始并逐渐向纵深发展。然而，尽管道德社会学的理论相对成熟和完善，我们仍应注意到道德社会学实践研究不够深入，同时也应该努力拓宽研究视角，采用更多样化的研究方法。

(二)国内外关于学校道德生活的研究

国内外关于学校道德生活的研究如下。

1. 国外关于学校道德生活的研究

近年来，国外关于学校道德生活的研究成果丰富，代表性著作包括美国教育家凯文·瑞安和卡伦·博林著的《在学校中培养品德：将德育引入生活的实践策略》《在学校中培养品德：品德教育实践导引》以及法国学者路易·勒格朗著的《今日道德教育》，这些均为学校道德生活研究的经典之作。本研究以分析这些经典著作和相关论文为主，梳理国外关于学校道德生活的相关研究。

(1) 美国关于学校道德生活的研究

2011.12.

① 齐学红. 有效道德学习的课堂建构策略[J]. 思想理论教育，2011(08)：7-10.

② 齐学红. 班级社会空间：作为一种隐蔽课程的道德教育[J]. 班主任，2013(05)：5-8.

美国学者凯文·瑞安，卡伦·博林著，苏静翻译的《在学校中培养品德：将德育引入生活的实践策略》[①]一书引用阿列克西·德·托克维尔的观点："美国因为善所以伟大，然而美国一旦失去其善的品性，那么它也将不再伟大"。认为美国社会的道德出现了危机，正威胁着美利坚民族伟大的根基性的善。教育系统仍然是最具有说服力、最具有影响力的处所。因此，这本书试图回答如何将个人对品德教育的承诺变为学校范围的想法和努力。书中包含七章内容，分别讨论了品德教育的含义及其重要性。以及"培养观念、价值还是美德"，教育者在实施品德教育计划时的一些不充分、不规范的做法。书中认为美德是道德教育的基石，只有美德能为品德的塑造提供真正的、关键性的道德支持。同时，书中探讨了如何"建设美德团体：创设增进品德的学校风气"，搭起支撑品德教育不同部分的构造要素。此外还讨论了如何通过课程培养品德。以及如何吸引家长参与品德教育。体现了品德教育中父母和教师之间的关键性联系。书中讨论如何将所有专业人士投入到教育这项工作中培养品德，并把它作为他们的中心工作。以及如何帮助学生主动养成品德。好的品德是头脑、心灵和双手三者相结合的结果。最后一章强调了学生作为新手塑造者的主动性和自主性。

《在学校中培养品德：品德教育实践导引》[②]一书由美国卡伦·博林、德博拉·法墨、凯文·瑞安著，王婷译，该书提供了促进学校进行研究、反思、对话和战略规划的专业发展蓝图，旨在促使教育工作者深化以美德为基础的品德教育理解和实践。其中心设计是一个计划工具，称为"美德内化：学校指导框架"。这个框架提供一系列帮助教育者发展品德教育综合方法的视角和主题。该框架确保教育者的所有努力都能帮助学生和成人在思维、心理和行为方面形成良好的习惯，与《在学校中培养品德：将德育引入生活的实践策略》一书各章内容相对应。

美国学者马克·霍姆斯在他的 1976 年发表的文章《道德教育——学校能做什么》[③]中指出，道德教育是一件具有深远教育意义和公共利益的事业，同时也是哲学家和心理学家之间争论的一个重要的智力和学术问题。虽然持有相互对立的观点的人们在这个问题上进行了辩论，但这并不是道德教育的本质，而只是一个偶然的结果。相反，道德教育必须认真对待，而不能视为短暂的时尚。虽然过去比较流行的方法试图解释道德教育有限的实际应用来回答这个问题。但现在学校可以尝试提供一个道德教育项目，从不同的方法和诸多元素来避免一些不切实际的、难以置信的、非理性的内容。

在《学校道德教育和民主》[④]中，美国图尔库大学的提莫·艾拉克斯宁试图提出关于学校中道德教育可能性的疑惑，但非是质疑我们是否真正了解传递给学生正确的道德理论是什么。这里只想介绍一些方法论上的缘由：个人的道德感和最基本的毁灭性民主社会需求。所述内容不会涉及一些更广泛的道德教育可行性问题，只会关注表面上看似理性的

---

① 凯文·瑞安，卡伦·博林. 在学校中培养品德：将德育引入生活的实践策略[M]. 苏静，译. 北京：教育科学出版社，2010.03.

② 卡伦·博林，德博拉·法墨，凯文·瑞安. 在学校中培养品德：品德教育实践导引[M]. 王婷，译. 北京：教育科学出版社，2012.03.

③ Mark Holmes. Moral education—what can school do? Interchange. Vol. 7, No. 1, 1976-77.

④ Timo Airaksinen. Moral education and democracy in the school. Synthese 51 (1982) 117-134.

关于道德教育大纲的决策。作者认为，真正的道德感是在学校道德教育教授过程中做出的显性的妥协中被破坏了。

(2) 法国关于学校道德生活的相关研究

《今日道德教育》[①]是由路易·勒格朗著，王晓辉译的一本关于法国当代道德教育为的著作，书中对道德教育的理论基础和制度实践进行了反思。作者对道德教育的理论基础和制度实施进行了深入反思。从理论层面强调了道德教育的重要性以及如何实现道德教育。该书分为两部分：理论基础部分探讨了道德教育所要弘扬的价值基础，包括道德是否可教、构建何种道德、传授何种价值，以及伦理价值与本体论、道德、意识形态等重要理论问题；制度实践部分则结合当前社会所面临的尖锐现实问题，如人权、歧视、暴利、性教育、尊重生命、团结等进行阐释，指出实施道德教育应当体现在知识与行为两个方面。

2. 国内关于学校道德生活的研究

国内关于学校道德生活的研究是在德育社会学作为一门独立的学科之后开始的，该领域主要关注理论研究与实践研究两个方面。

(1) 学校道德教育回归生活世界理论解读

高德胜的《学校德育的范式转换》[②]一文中提出，德育范式不能只停留在理论上，而应将德育范式转换为生活德育范式，这种生活的德育范式应成为学校德育的实践范式。具体表现在德育目的、内容、过程和思维等方面的转换。他认为，德育目的应该是培养“有道德的人”，而不仅仅是通过无目的的影响来实现德育；德育内容应与生活真正综合，而不是脱离生活实践。

唐汉卫的专著《生活道德教育论》[③]，该书分为四个部分。第一部分从现实问题、历史透析和哲学检讨三个方面对脱离生活的道德教育进行批判；第二部分阐述道德教育生活基础的确立；第三部分梳理道德教育向生活回归的历程；第四部分提出以生活为基础的道德教育的基本构想，从性质、目的、内容、方式和师生关系等方面进行阐述。该书被认为是道德教育向生活世界回归的典范。

胡晓霞认为，回归生活世界的学校道德教育以“人性向善”为价值预设，并赋予学校道德教育主体性、本真性、超越性和开放性。她最后对回归生活世界的学校道德教育的具体运作进行构想：认为道德教育是人类生命起点，自由的道德教育是人类前提。[④]

冯建军的《主体道德教育与生活》[⑤]一文中认为，现代社会受科学世界技术理性支配，导致道德教育失去了生活底蕴。他主张道德教育应该基于道德知识是可教授的，并将“美德袋”与道德灌输作为道德教育形式，认为道德教育应对日常生活重构。

---

① 路易·勒格朗. 今日道德教育[M]. 王晓辉，译. 北京：教育科学出版社，2009.12.

② 高德胜. 学校德育的范式转换[J]. 教育研究与实验，2004(02)：7-11.

③ 唐汉卫. 生活道德教育论[M]. 北京：教育科学出版社，2005.9.

④ 胡晓霞. 解读回归生活世界的学校道德教育[J]. 教育与职业，2008(17)：120-122.

⑤ 冯建军. 主体道德教育与生活[J]. 教育研究，2002(05)：36-40.

(2) 关于学校道德生活的主体

刘国永的《学校道德生活的复杂性审视》①一书中提出，在复杂性视野下，教育是一个复杂的系统，非简单构成。他强调教育对象、内容、方法、结构、功能的复杂性，并将教育本身视为复杂系统，强调“整体涌现”的重要性。在复杂性理论的视野下，德性生成的核心是德性涌现，学校德育的关键是促进教育主体德性涌现。因此，实施学校德育需要依据复杂性思想进行。

(3) 道德教育回归生活的途径

尚靖君在博士论文《学校道德教育生活性研究》②中认为生活是道德教育的基础，并提出如何构建道德教育的生活性以及道德教育回归生活的问题，他围绕这两个问题展开研究，提出构建道德教育生活性的思路，首先，从目的观、过程观和方法论三个方面对学校道德教育价值观进行澄清；其次，基于“生活性”的学校道德知识选择和课程编制；再次从创设学校道德教育生活空间、找回校园生活向度、回归学生主体现实生活世界、关注虚拟的生活世界、提高有意义生活的整体影响力；最后搭建学校道德教育与家庭德育、社会德育紧密结合的实践平台。

张芳明在文章《学校道德教育向现实生活世界的回归》③中分析了道德教育回归现实生活的困境，包括形式教育、缺乏德育资源、以及评价片面性。文章探讨了造成这一困境原因，如有教育功利性倾向、传统教材管理影响和德育教学的认识误区，并提出学校道德教育向现实生活回归的途径，包括改革管理制度和评价制度，提出重视德育内容的灵活性、采取体验式德育方法和全方位评价方式。

叶文梓在文章《从“知识世界”走进“生活世界”——对学校道德教育基础的反思》④中讨论了从道德认知教育目标向幸福教育的道德教育目标的转化：从“我教你学”的知识传授走向师生之间的人生引导与探讨关系，从道德教育知识传授走向对话式教育，实现道德教育走向生活的转变。

关于学校课程建设，鲁洁先生在《道德教育的当代论域》⑤一书中探讨了德育回归生活的重要性。该书分为三编，第一编讨论人学关照中的道德教育，第二编探讨现代化语境中的道德教育；第三编系统论述德育课程的生活转型。该书批评当前教育所培养的“知识人”，并提出小学德育课程应该先在观念上转变，将生活作为道德基础，探索德育回归生活的途径。

钟晓琳、朱小蔓在《再论德育中的“知识”与“生活”——基于义务教育品德课程改革的反思》⑥中认为，德育需更明确地探讨知识与生活的关系。回归生活的德育应与个体

---

① 刘国永、薛晓阳. 学校道德生活的复杂性审视[M]. 镇江：江苏大学出版社，2009.12.

② 尚靖君. 学校道德教育生活性研究[D]. 长春：东北师范大学，2013.

③ 张芳明. 学校道德教育向现实道德生活世界的回归[J]. 内蒙古师范大学学报(教育科学版)，2014，27(06)：91-93.

④ 叶文梓. 从“知识世界”走进“生活世界”——对学校道德教育基础的反思[J]. 浙江社会科学，2001(03)：103-106.

⑤ 鲁洁. 道德教育的当代论域[M]. 北京：人民出版社，2005.10.

⑥ 钟晓琳，朱小蔓. 再论德育中的“知识”与“生活”——基于义务教育品德课程改革的反思[J]. 课

生活经验结合，因为个体生活经验是个体道德成长的基础。德育过程中需要关注并引导个体生活经验的丰富和发展，但也不能笼统地反对知识学习。道德生活根本在于道德知识的获得，而道德知识的获得需要个体生活经验带入，个体生活经验扩展需要道德价值引导。因此，德育基于知识与生活的关联，触及个体内在生命，以实现价值引导。

(4) 学校道德生活的研究方法

学校道德生活的研究方法以叙事研究为主，这已成为学者探索的一种趋势，它强调对教育现象的研究，并以此来反思学校道德教育的发展。

薛晓阳在《学校道德生活的教育叙事》①中认为道德生命的成长与发展是内容丰富、形式多样、范围广泛的过程。作者通过叙述强调学校生活中的道德教育与学校教学中的道德生活，营造生动、活泼、真实、自由的学校生态环境的重要性。

丁锦宏在《道德叙事：当代学校道德教育方式的一种走向》②中认为，道德叙事是20世纪80年代中期以来西方学校道德教育的重要方式之一，具有客观性与真实性。

(5) 学校道德生活的建构研究

班华和薛晓阳在《学校道德生活教育模式的探寻与思考》③中研究了学校道德生活德育模式，详细阐述了该主题。该书共有五章，包括近30年来德育发展趋势与模式研究、历史探寻与理论发展、哲学探索与建构策略、德育模式与学校德育文化、及新时期学校德育模式的实践探索。探索出自主德育模式、情感陶冶模式、共生性人格培育模式、民主对话模式和人际关系类模式等。

甘剑梅在《学校道德生活的现代性问题辨析》④中深入探讨学校道德生活的现代性问题，包括现代性语境及其问题、伦理难题与价值困境、内容建构、转型、重构等。

王家军在《学校道德生活的管理透视》⑤中从伦理学的角度论述学校管理的理论与实践，涵盖现行学校管理实践反思、伦理可能性、定义、结构及功能、外在形态与内在形态研究。

总的来说，国内外关于学校道德生活研究取得了一定的成果。美国、法国等西方国家的研究较为系统成熟，实践性更强。我国近几年研究取得了进展，但与国外相比，在实践性与推广性上仍有提升空间。

(三)相关研究的不足

根据文献分析，目前我国关于道德生活的研究比较零散，尚未形成完整的理论与实践研究体系。相比之下，西方国家如美国和法国在这方面的研究更为系统。我国对于学校道德生活的研究主要存在以下几个方面的不足。

程. 教材. 教法，2014，34(06)：39-44.

① 薛晓阳. 学校道德生活的教育叙事[M]. 镇江：江苏大学出版社，2009.

② 丁锦宏. 道德叙事：当代学校道德教育方式的一种走向[J]. 中国教育学刊，2003(11)：5-8.

③ 班华，薛晓阳等. 学校道德生活教育模式的探寻与思考[M]. 镇江：江苏大学出版社，2010.06.

④ 甘剑梅. 学校道德生活的现代性问题辨析[M]. 镇江：江苏大学出版社，2009.12.

⑤ 王家军. 学校道德生活的管理透视[M]. 镇江：江苏大学出版社，2009.09.

1．学校道德生活的定义界定不一

目前尚未形成关于学校道德生活的统一定义。一些学者从学校道德生活的范围和意义进行探讨，认为学校道德生活范围与学校道德生活领域一样广泛，因为学校道德生活无处不在，对学生的道德发展产生持续影响。因此，本研究正是受到该理论的启发，深入研究学校道德生活中最重要的方面，并根据学校社会组织理论，建立了一个分析框架。

2．对于学校道德生活的实证研究相对较少

现有研究成果主要关注学校道德教育脱离生活的理论研究，但未详细说明哪些方面脱离了生活，为何脱离，以及当前学校道德生活对学生道德成长过程产生了怎样的影响。此外，现有研究并没有具体地说明学生道德成长过程中出现了什么样的问题。因此，本研究应该补充和澄清这些问题，毕竟研究学校道德生活的目的本就是为了使学生道德更好的成长。再者，我们发现已有研究缺少对学校道德生活的实证研究，学校道德生活如何影响学生道德的成长以及学生道德成长过程中出现了哪些问题，需要深入探讨。

3．关于学校道德生活的结构与特征研究不足

学校道德生活的结构与特征是展开实证研究的基础，然而，现有研究并没有专门对学校道德生活的结构与特征进行研究，并且没有充分展现学校作为重要的道德教育机构的重要性，这些研究更多的是对学校道德生活某些方面不足进行批判。虽然可以批判学校道德生活的某些方面，但不能全盘否定其重要性，因为自学校建立以来，各种教育模式对道德教育发挥的作用在历史上是合理的，并且在今天也仍继续发挥作用。因此，我们应该秉持继承和改进的态度，研究学校道德生活的结构与特征。

(四)已有研究对本研究的重要启示

现有研究为本研究从社会学角度研究学校道德生活提供了丰富的理论基础，也探讨了学校这一重要机构对学生道德成长的影响。然而关于学校道德生活的已有研究存在一定局限性，即研究的内容都以学校道德生活为背景，探讨学校道德生活的利弊得失，这启发作者以现实的学校道德生活为切入点，研究“学校道德生活”本身，而不单是在学校道德生活背景下研究学校道德教育问题。本研究旨在从社会学角度更好地研究学校场域中的学生道德生活，以弥补学校道德教育研究的不足之处。

相关研究表明，涂尔干基于世俗生活的德育思想、杜威回归生活的德育思想，都强调道德的“实践性”，即把道德看作“道德事实”和“道德生活”。这些理论对本研究主要有以下启示。

1. 关注学校道德生活中的学生心理发展特点

心理发展是一切发展的基础，因此，道德教育的实施应该以学生的品德心理发展为前提。了解学生心理发展的特点，是更好地认识学生的基础。

教师应该清楚学生道德成长的过程特点，这个过程是一个复杂的过程，既受到外界环境的影响，又受到自身心理发展的制约。学生的品德心理由道德认识、道德情感、道德意志、道德行为等多个要素共同构成，搞清这些要素的发展特点是实施道德教育的前提。

2. 注重学校道德生活环境对学生的影响

一个民族的素质在很大程度上是在校园和教师的影响下形成的。学校环境对学生的发展有着深远的影响，其中学校环境对学生的影响最为显著。涂尔干认为，要想培养学生对集体的依恋，就必须让他们在集体生活中锻炼。班级生活能够培养规则意识与纪律精神。杜威也十分注重集体给予的道德训练。

3. 突出各门课程中的德育渗透

涂尔干建议将科学和历史作为道德教育中最重要的两门课程，因为它们是有关“真诚生活”的课程，并且可以帮助人们真诚地面对和理解现实。科学可以告诉我们事实的真相。因此，通过科学，并且只能通过科学，我们才能获得各种引导行动的概念，无论是道德行动还是其他行动，都是如此，这就是涂尔干所说的科学教学的道德影响所在。[①]杜威认为，学科具有的训练价值是出于社会目的考虑才具有的价值。因此，在道德教育中，我们应该重视学科的训练价值以培养学生的社会责任感和公民意识。

在学校教育中，我们应该充分发挥学科的道德教育作用，而不单是学科知识的获得。德国哲学家约翰·弗里德里希·赫尔巴特的教学思想早已向我们证明了学科教学的本质。新课程标准的情感态度与价值观目标是对学科的道德渗透最好的诠释。小学课程中语文课是最具工具性与人文性的学科，教师应该充分利用语文课的思想教育条件，充分地进行德育渗透。小学艺术课可以陶冶情操、提高审美能力；小学综合实践课、科学课等可以培养学生热爱生活、热爱科学的态度，进而帮助他们形成正确的世界观、人生观和价值观。

4. 强调学校道德实践

杜威反对直接的道德教学，没有实践的道德教学就像在岸上教儿童游泳一样，孔子认为观察言行可以培养道德，而涂尔干认为道德行为表现在对社会规范的服从上。主张通过道德实践掌握“道德观念”。在品德课程教学的实践中，要求教师对课程的理念、性质和目标有清晰的认识。学生通常缺乏探究和解决实际问题的能力，参与社会公益活动的经验不足。他们既缺乏对我国历史常识的了解，也缺乏用实际行动表达爱国主义、民族归属感和自豪感的经历。这些都是学校道德实践应该予以强化的。

二、本研究的理论基础

在国外，通常认为，法国社会学家涂尔干是道德社会学的奠基人，他认为道德是社会事实。美国教育家杜威则从民主主义社会的视角建立了道德生活教育理论。现代许多国家也都关注道德社会学问题的研究。西方现代道德社会学的引入开启了我国道德社会学的研究，中国古代儒家传统道德教育思想为构建中国特色道德社会学提供了思想来源和构成元素，其中蕴含着深刻的学校道德生活理论。本研究从中西方经典研究中汲取了学校道德生活理论基础。

---

① 爱弥尔·涂尔干著. 道德教育[M]. 陈金光，沈杰，朱谐汉，译. 上海：上海人民出版社，2006.07.

(一)孔子道德思想中的“体知”理论

中国古代儒家道德教育思想蕴含着丰富的学校道德生活理论，其中孔子的“体知”理论和以师生关系为道德教育起点的儒家思想，为现代师生关系的理论提供了渊源，同时也奠定了学校道德生活实践的基础。

1. 以实践为基本前提的德育思想

孔子提出道德修养的两条途径：一是自我修养，二是通过学习来实现修养。他认为道德是通过自身努力实现的结果，与外在因素无关，他曾经说过：“仁远乎哉？我欲仁，斯仁至矣。”[①]又说：“为仁由己，而由人乎哉。”[②]孔子还强调，道德修养必须积极参与社会实践活动才能形成。也就是说，道德修养要与社会生活联系在一起，在参与社会生活中来形成道德修养。孔子教育学生要坚持志向，“笃信好学，守死善道”[③]，不要因为外界因素的干扰而动摇。“士志于道，而耻恶衣恶食者，未足与议也。”[④]追求衣食享受算不上什么大的理想。而颜回的志向远大，立志追求道德修养。可以看出，个人的信仰和自觉努力对坚守道德的重要性。孔子要求自己严格，对他人宽容。除此之外，他还强调要及时改正错误，他说：“过也，人皆见之；更也，人皆仰之。”[⑤]犯错误后要敢于接受批评，并认真改正。在孔子的道德教育思想中充分体现了他对道德教育的态度，即“体知”的道德生活理论。这也是孔子道德思想中最具价值的内容。他的“体知”道德教育理论为本研究奠定了坚实的理论基础。道德之知乃是一种实践之知，需要受教育者亲自去体验、去实践才能发挥德育的效果。

2. 以师生关系为教育起点的德育思想

中国自古以来就是一个尊师重教的国家，只要有教育活动，就必然存在教师与学生两种角色，自然也就形成了师生关系。现代师生关系的形成正是对古代师生关系的继承与发展，儒家传统道德思想中关于师生关系的理论为学校道德生活理论提供了理论源泉。

孔子的师生关系理论主要包括以身作则、学而不厌、诲人不倦、热爱学生、无私无隐、有教无类、教学相长等方面。孔子认为教师应该以身作则，不仅重视言教，更注重身教，认为身教比言教更重要。孔子说：“不能正其身，如正人何？”[⑥]他强调教师必须具有高尚的道德修养是为师的前提条件，并要求学生应该做到的事情和遵守的行为规范，教师自己应该先做到和遵守。“德之不修，学之不讲，闻义不能徒，不善不能改，是吾忧也。”[⑦]孔子认为，如果自己不能做到和遵守，而要求学生应该做到和遵守的事情，行为

---

①《论语·述而》篇

②《论语·颜渊》篇

③《论语·奉伯》篇

④《论语·里仁》篇

⑤《论语·子张》篇

⑥《论语·子路》篇

⑦《论语·述而》篇

规范就不配称为教师。孔子自觉努力学习，他说“发愤忘食，乐以忘忧，不知老之将至云尔。”[①]他终生好学的精神，影响着一代又一代学生，树立了为师的典范。教师是一种崇高的职业，孔子一生都在从事教育事业，以耐心说服的态度教育学生，如子路在孔子的教导之下成为优秀的人才。

(二)涂尔干的“道德事实”理论

涂尔干致力于建立一种世俗的道德教育，认为理性的道德教育是完全可能的，前提是应该把道德看作一种重要的社会事实。

1．道德事实是一种社会事实

涂尔干认为社会学研究的是“社会事实”。因而，从社会学角度来看待道德时，必须将其视为社会事实，即道德社会学研究的是“道德事实”。涂尔干的社会事实理论认为“所有道德呈现给我们的，是一个行为规范体系”，[②]道德是客观存在的，它不受任何人的意志影响，具有善和义务两个基本特征。所有的道德行为都是对社会规范的服从，这种社会规范是预先确定的、固定的行为和行为模式。道德权威来源于外在的道德规范体系，使人必须知道这种道德的约束力量并履行道德规范，最终走向道德的必然——善。因此，只有遵循社会规范的行为才被认为是道德行为。

道德是一种社会现象，即社会学研究的是道德事实(道德行为事实)，个体道德事实的研究具体化为学校道德生活这一核心主题。按照涂尔干的理解，道德事实是一种重要的社会事实，具有社会事实的“外在性”“客观性”“强制性”的特点。同时，道德事实主要表现为“道德规范总和”，体现出“权威性”的特点。道德意识事实与道德行为事实是道德事实的主要表现形式，而道德行为事实才能真正体现道德过程的完整性。

2．学校道德生活是一种道德事实

在学校道德生活中，学生的道德行为事实是学生道德生活事实的组成部分，这些道德行为通过师生关系、班级组织、课堂行为和品德课程四方面表现出来。因此，本研究正是通过这四个方面道德事实考察，揭示学校场域中的道德生活事实。

(三)杜威的“道德生活”理论

杜威的道德教育理论正是在批判传统道德教育的基础上建立的。他否定了传统道德教育通过对学生灌输一定的道德知识的做法，认为以往的学校道德教育存在两个偏差：在课程方面，学校设置专门的道德课程，进行直接的道德知识教授；在教学方面，学校选择的是直接的道德教学，期望课程或教学能培养学生的基础美德、中级美德乃至高级美德。因此，他主张把学校视为一个社会，通过儿童自身参与各种社会活动来获得道德观念。其核心思想包括回归生活的德育课堂和注重实践的间接德育方法。

---

①《论语·述而》篇

② 爱弥尔·涂尔干. 社会学与哲学[M]. 梁栋，译. 上海：上海人民出版社，2002：10.

1. 回归生活的德育课堂

杜威认为，区分“道德观念”和“关于道德的观念”是更好地研究道德问题的基础。“道德观念”是一种行动的观念，能够促进学生道德行为往好的方向变化的观念，其落脚点为道德行为。“关于道德的观念”则是与实际行为无关的一般道德知识、见解，“在性质上是不能自动地使这些观念变为好的品格或好的行为”。[①]因此，在道德教育中，学校道德教育的目的应该是不断地向学生传授“道德观念”，使学生在道德行为上有所进步。而在课堂教学中，杜威反对传统的学校道德教育中直接向学生灌输一些“关于道德的观念”，认为这种直接的教学效果收效甚微，学生只能获得一些脱离实际生活的道德知识，无益于其品德的最终养成。真正的品德教育课程应该回归生活，在生活中进行道德教育。

2. 注重实践的间接德育方法

杜威主张的学校道德教育中，训练学生的道德行为，相应的道德教育方法为注重实践的道德教育方法，把所获得的知识效果与实际行动有机结合起来，从学校生活、教学方法和课程三个方面进行间接的道德教育，进而达到提高学生道德品质的目的。

本研究旨在探究学生在学校道德生活中的真实成长，通过“学校道德生活”的实践，揭示学校教育在学生道德生活中的具体体现，进而考察学生的道德成长。

(四)品德心理相关理论

本研究以品德心理的构成要素作为划分品德心理的维度，研究道德认识、道德情感、道德意志和道德行为四个方面发展上的特点，在四个构成要素上探索中小学生品德心理发展的特点及规律。

1. 幼儿品德心理发展特点

幼儿处于皮亚杰所研究的自我中心阶段，又称为前道德阶段，这一阶段是儿童道德发展的起点，其特点是儿童无法区分自己与外界，认为自己与外界是一体的，没有和外界共处的规则意识。只有当儿童的道德判断达到了自律水平时，才称得上是真正具备了道德意识。在幼儿期，游戏为基本活动，儿童通过游戏反映内部需求，解决主观与客观之间的矛盾，并促进自身的发展。在三岁的时候通过在游戏中立规矩，并让孩子遵守这些规矩对于培养孩子规则意识非常重要。

幼儿在三四岁的时候出现第一逆反期。此时孩子的自我意识增强，认知发展、言语发展和行为活动能力等都有了明显进步。其心理需求在于：要实现自我意志、实现自我价值感。希望得到父母能亲近他人的认可。在这时期，幼儿会反抗父母的控制，要求行动自由，这时父母要因势利导，耐心地帮助幼儿顺利度过逆反期，父母要认识到这种现象是正常的并积极应对。此外，父母可以通过游戏活动和幼儿生活自理能力训练等方式来满足他们参加社会活动和个性发展的需求，采用民主型的教养方式也是很重要的。

---

① 赵祥麟，王承绪．杜威教育论著选[M]．上海：华东师范大学出版社，1981：03．

2．小学生品德心理发展特点

小学生道德认识发展特点主要体现在道德理解力和道德判断力显著提高方面；小学生道德情感的发展具有不平衡性，存在关键期；小学生道德意志发展易受到外界影响，具有很强的外在依附性；小学生道德行为的发展是随年级的升高而逐渐发展的，呈现不同时期小学生的道德行为发展速度不均衡趋势。

3．中学生品德心理发展特点

初中生品德发展具有动荡性，这种特点反映出品德的不成熟，体现了独立性和依赖性、自觉性和幼稚性并存的过渡期特点。初中生在处理问题时存在矛盾性，既有独立判断的能力，又容易依赖他人看法。高中生由于心理的成熟、文化知识的积累和社会化程度的提高，已经形成自己的一套比较符合现代社会文化要求的品德观念，虽然三观已形成但还未稳定，还在不断地改善、修正。这一过程中，高中生的品德行为也会受到心理、外部环境、社会等各种因素的影响。其中外显行为并不具有真实性，容易受到环境干扰(从众、社会赞许效应等)。因此，更应加强对于高中生品德培育力度、提高对于高中生品德培育重要性的重视程度，确保他们都能够形成正确的品德观念、改善其不良的品德行为。

第三节　研究内容、方法与思路

本书以制定学校场域以及道德生活的内涵为研究逻辑起点，作为探究学校场域道德生活问题的研究基础，首先要确定本研究的研究内容、方法与思路。

一、研究内容

德育社会学通常把道德放置于社会政治、经济、文化的视域中进行解读，朱小蔓教授认为，中国德育需要更明确地探讨“知识”与“生活”的关系。她强调：德育正是基于“知识”与“生活”的这种关联才可能触碰到个体的内在生命，实现其应有的价值引导。从场域的视角审视学校道德生活，将道德置于广阔的学校生活中，是本研究的研究起点。本研究以德育是否可能触碰到学生个体的内在生命为逻辑起点，将学校场域中的四种道德生活事实作为研究对象，进行一种德育社会学的探索。

(1) 构建学校场域道德生活研究的基本分析框架。对学校场域道德生活的内涵进行系统梳理，从词源与词义的角度对“场域”“学校场域”“学校场域中的道德生活”内涵进行清晰的界定，以限定本研究的论域。同时需要探究学校作为一种社会组织的特征，从存在论意义角度审视学校道德生活，并将学校道德生活置于场域关系中进行研究。学校场域中的道德生活作为学生道德成长的生存环境具有其自身的独特性，依据学校社会组织理论，构建学校场域中的道德生活研究的基本框架。

(2) 调查与考察小学学校场域、中学学校场域中的道德生活现状。依据学校场域中的道德生活研究的基本分析框架，综合质性与量化相结合的分析方法，考察小学学校场域、中学学校场域在不同维度的学校场域道德生活现状，及其不同因素的差异性。

(3) 学校场域道德生活问题及原因分析。通过对小学学校场域、中学学校场域中的道德生活调查与考察，揭示学校场域道德生活存在的主要问题。并分析这些问题的原因。

(4) 改善学校场域道德生活的对策。在分析学校场域道德生活存在的问题及原因基础上，进行横向比较，确定不同学段的学校场域道德生活目标定位的改善对策，构建适合学生成长的学校场域道德生活，促进其道德健康成长，实现学校场域的学园、乐园、家园。

二、研究方法与思路

本研究采用质性与量化相结合的研究方法，以社会学的视角，在真实的道德情境中研究学校场域的道德生活。

(一)研究方法

本研究通过问卷调查、访谈、实地观察等方式，从学校道德生活事实的角度出发，探讨学校场域中的道德生活现状以及学生在道德成长过程中存在的问题，结合文献法和文本分析法，发现学校场域中的道德生活存在的主要问题，并进行归因分析。以此为前提，探索改善学校场域中的道德生活的对策。

“量化研究”是以自编问卷的形式进行，通过对学校场域中的道德生活的调查，考察学校场域中的道德生活现状。

“质性研究”运用文本分析的方法对收集来的学生作文日记进行分析，考察学校场域中的道德生活的事实。

本研究以实地观察、田野调查学校场域中的道德生活事实为研究材料，分别在辽宁省沈阳市、大连市、辽阳市选取了七所具有代表性的城市学校、县城学校和农村学校。以确实、可信的量化研究数据为基础，与质性研究相结合，比较客观地反映出真实的学校场域中的道德生活现状。具体综合运用以下三种研究方法。

1．文献研究法

本研究通过搜集和检索中外关于“德育社会学”和“学校道德生活”的研究成果，发现其不足，并得到新启示。这些研究成果为本研究提供了理论和实践依据，也为构建本研究的学校场域中的道德生活理论框架提供思想来源。

2．调查研究法

本研究的调查研究法涉及问卷调查法、实地观察法和访谈法三种研究方法。

(1) 问卷调查法

问卷调查法的目的主要是对当前学校场域中的道德生活有一个了解。本研究的问卷设计根据《中小学德育大纲》《中小学生守则》和《中小学生日常行为规范》所包含的道德内容，结合相关文献与一线教师实践，以及研究者本人的工作经验，通过自编问卷进行调查。根据学校场域中的道德生活研究的分析框架，即师生关系、班级组织、课堂行为和品德课程四个维度，设计了 37 道题目，同时运用 SPSS20.0 统计软件对搜集的数据进行统计分析。

(2) 实地观察法

实地观察法是本研究厘清事实的方法，其目的是把事实清晰地表现出来。作为质性研究最基本的研究方法。本研究通过深入学生道德生活、进入学校内部、触摸学生真实的道德情境，分别以“局内人”和“局外人”两种身份感悟学校场域中的道德生活。观察发生在具体道德事件中，按照时间顺序，以学校场域中的道德生活研究分析框架的四个维度为依据，从课堂学习到课外活动进行观察。在重点观察学生道德行为的同时，也注意对教师道德行为的观察。然后对观察笔记进行整理总结。本研究旨在探索学生在学校真实情境中的道德生活现状，并探索如何改善学校场域中的道德生活，以促进学生道德成长。

按照时间顺序观察学校场域中的学生道德生活事件：本研究所选取的样本共七所学校，一所是作者曾经工作过的 QS 小学，以“局内人”的身份进行观察，通过一年的工作经验，写下了大量的观察记录和工作日记。因此可以作为实证研究的材料对学生的道德生活进行描述。对其他几所学校的观察，作者分别在挂职锻炼学校及寒暑假进入幼儿园进行观察，观察学生们从早上进校门到晚上离校所有的道德生活。包括学生课堂学习和课外活动，在观察课堂教学时，选定特定的学习小组进行观察。同时也注重对教师道德行为的观察。

(3) 访谈法

访谈法是研究者“寻访”“访问”被研究者并且与其进行“交谈”和“询问”的一种活动。访谈法是搞清事物的原因、构成要素和相互关系的一种好的方法。

本研究的访谈分为两个阶段。第一阶段是对学校场域中的道德生活研究分析框架的编码检验，以探索合理性；第二阶段的访谈则在问卷统计结果之后进行，目的是对量化研究的结果进行检验并提供实践基础。此外，还通过访谈学生，对学生道德成长现状有一个真实的了解。结合观察，才能清晰描述道德生活的现状。同时，对校长的访谈主要是关于如何提升学校道德生活及促进学生道德成长的具体操作方面合理化建议。最后，对教研员的访谈主要是了解当前学校德育课程，即《道德与法治》课程的教学及实施情况。

3. 文本分析法

文本分析法是一种独特的研究手段，常常作为对观察法和访谈法的一种补充，有其自身的特点。本研究针对学校场域中的道德生活事例，选取部分学生一整学年作文日记作为分析的文本事例，充分了解学生在学校中的道德生活现状，分析学生在学校场域中的道德生活事实，从而客观地提出合理化对策。

本研究将通过一个个真实、具体的案例，从社会学层面对当前学校场域中的道德生活加以剖析，提出如何促进学生道德成长的对策。

关于研究对象的选择与抽样。本研究遵循“目的性抽样”原则选择研究的样本。并分为优质教育资源的学校、中等教育资源的学校和资源相对匮乏的学校三个层次，依据研究的目的进行观察和访谈。本研究选择了七所中小学，分别位于城市、县城和农村地区，这些学校的办学模式特色突出、师资配备合理、班级人数分布等都较为理想。因此，我们在这七所学校进行问卷发放、访谈和文本搜集，并反复的研究收集的资料，以提炼出具有代表性和客观性的研究结果。

关于数据统计：本研究运用 SPSS20.0 统计软件对问卷数据分析统计，以寻找科学的数据支撑。问卷设计采用五点积分法，并结合学校场域中的道德生活研究分析框架，通过描述统计、独立样本 t 检验、单因素方差分析方法对数据进行统计。主要考察学校道德生活各维度的现状，包括师生关系、班级组织、课堂行为、品德课程，以及学校场域道德生活不同因素的差异情况。此外，还对男生、女生在学校场域中的道德生活差异，不同性别的班主任学校场域中的道德生活差异、不同年级学校场域中的道德生活差异、班干部与非班干部学校场域中的道德生活差异以及独生子女与非独生子女学校场域中的道德生活差异进行了分析。

关于资料分析。本研究对访谈和文本分析资料进行编码，以提炼出本土概念。在质性研究中，资料的分析是通过归纳而不是演绎进行的，研究者要努力“悬置”先入为主的观念。本研究首先把搜集来的学生日记文本的资料转换为可操作的文字材料，然后通过反复阅读，提取“本土概念”，来客观呈现学校道德生活的真实面貌。最后根据作者的教育经验和对理论书籍的阅读，对学校道德生活进行客观描述，并对存在的问题进行原因分析。

关于写作。本研究强调情境性。真实的道德生活是由一个个具体的道德事例构成的。因此，本研究的主题是对道德事件的描述和分析。在本研究中，我们从社会学视角观察学校场域中的道德生活事例，并客观地描述道德事例，以还原一个真实的学校场域中的道德生活事件上，并根据存在的问题，准确而充分地描述研究情境。

(二)研究思路

研究思路包括研究视角和研究路线。

1. 研究视角：社会学视角

本研究选取社会学视角对学校场域中的道德生活进行研究，把学校看作一种社会组织，并在学校这个特定的场域中研究道德生活。

对道德问题的研究可以采用不同的学科研究视角，如社会学、心理学、伦理学和文化人类学。每种视角都有独特的方向和侧重点。从社会学角度来看，研究道德问题侧重对道德现象本身的研究，具有其独特的优势。实际上本研究关注的是学校场域中的道德生活的实际问题，分析存在的道德事实和道德事件。因此，从社会学视角来研究学校场域中的道德生活。具有一定的客观性和科学性。本研究旨在通过这种视角来深入探讨学校场域中的道德生活的现状和事实。

2. 研究路线：理论与实践相结合

本研究选择理论研究与实践研究相结合的路线，教育既非纯科学，也非纯艺术。傅维利教授在给博士生授课时，分析过教育学中的理论逻辑和实践逻辑，认为教育的理论(逻辑)是人为创造的工具，用于分析和认识实践，具有工具性质。教育实践问题涵盖教育活动中所发生的一切事件。理论必须是指导实践的。

基于对教育的理论问题和实践问题的理解，作者选择理论研究与实践研究相结合的路线。理论研究侧重理论的梳理与分析框架的构建，在前人经典研究的基础上，尝试构建学校道德生活研究的基本分析框架。以中国古代儒家道德教育思想、西方社会学家的研究成果作为理论源头。通过涂尔干的“道德事实”理论和杜威的“道德生活”理论，两种理论的结合，作者构建学校场域道德生活研究的基本分析框架，随后开展实证研究。实证研究分为量化和质性两部分。量化研究通过问卷调查方法清晰呈现学校场域中的道德生活现状；质性研究通过分析中小学生的日记文本，考察学校场域中的道德生活现状以及学生道德成长中的问题，然后从社会学角度探究问题的深层原因。如图 1-1 所示。

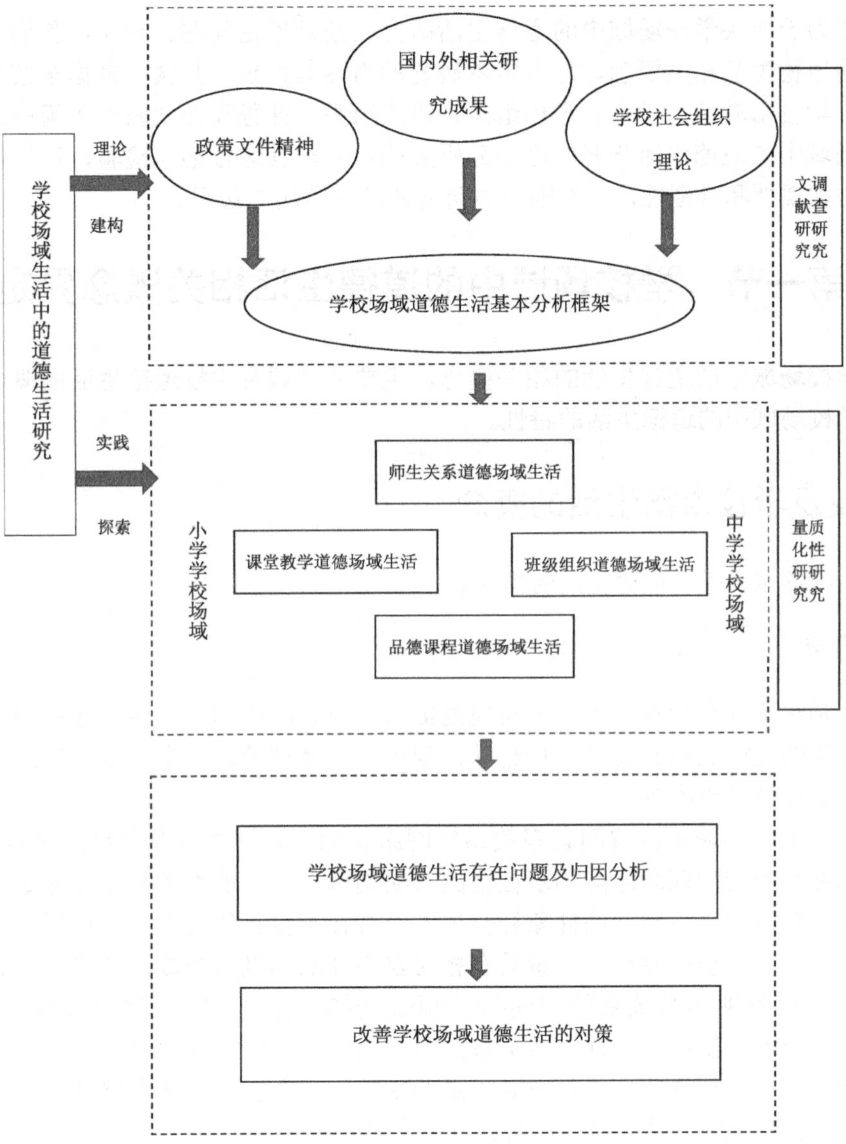

图 1-1　研究思路图

第二章　学校场域中的道德生活理论探索

本章致力于解决学校场域中的道德生活研究的基础理论问题。首先，我们需要界定学校场域中的道德生活相关概念，好限定本研究的内涵与外延。其次，根据学校作为社会组织的理论，学校由教师、学生、学校组织、班级组织、课程和课堂教学等组成，我们构建关于学校场域中的道德生活研究的基本分析架构，并对其进行编码检验，以证明这一基本分析架构的客观性和合理性，从而限定本研究的基本范畴与边界。

第一节　学校场域中的道德生活相关概念界定

关于学校场域中的道德生活的相关概念，主要从场域及学校道德生活的概念出发，进而总结出学校场域中的道德生活的特性。

一、场域及学校道德生活的概念

系统阐释场域、学校道德生活的概念。

(一)场域

场域，是法国社会学家皮埃尔·布迪厄提出的概念，资本、习性一起构成文化社会学的三个中心范畴之一。在布迪厄的社会学框架中，场域理论是一个重要的概念，贯穿于他的整个社会学理论思想体系。

布迪厄提出，场域是位置间客观关系的网络或构型，这些位置是经过客观限定的。[①]只有场域和社会空间的观念才能揭示社会的真实结构，而一般性的社会概念是空泛的，缺乏实际内容，功能主义理想化的抽象社会也不符合社会世界的现实。布迪厄还认为，在高度分化的世界里，社会世界是由大量具有相对自主性的小世界构成，这些小世界就是具有自身逻辑和必然性的客观关系的空间[②]。因此，所定义的场域不能简单地理解为一个领地，它有三个基本内涵：一是社会成员按照特定的逻辑要求共同建设的领域；二是社会个体参与社会活动的主要场所；三是充满力量的空间，指个体在场域中展开竞争，每一个场域中都有统治者和被统治者，而任何统治都隐含着对抗。

场域还需分析几个要素：一是分析与权力场域相对的位置，描述行动者或体制所占据的位置及关系；二是分析行动者的习性，分析他们所拥有的性情系统。

---

① L. D. Wacquant, Towards a Reflexive Sociology: A Workshop with Pierre Bourdieu [J], Sociological Theory, Vol. 7, 1989: pp.26-63.

② 布迪厄，华康德. 实践与反思：反思社会学导引[M]. 李猛，李康，译. 北京：中央编译出版社，1998.01：133-139.

布迪厄所定义的场域不仅仅是一个领地，他主张将场域作为一种开放式的概念来使用。以场域的视角审视学校，这个特定的场域就需要符合场域的基本特征，即有关系的存在。因为学校中存在学生与教师两种基本角色，必然存在学生与教师的关系。本研究中的场域是指学校生活空间，即学校场域。这个特定场域基本符合场域的三个基本内涵，可以描述为学校场域是社会成员按照特定的逻辑要求共同建立的学生从事学习活动的主要场所。在这个场域中，存在着教师(管理者)与学生(被管理者)之间在目标一致的基础上的隐含对抗，以及教师之间、学生之间、班级之间，年级之间的竞争现象。学校场域中的各种关系，决定了学校道德生活事实本身所具有的教育张力，需要进行深入的考察与研究。

(二)学校道德生活

界定学校、道德、生活、学校道德生活的概念。

1. 学校

《教育大辞典》中对学校的解释是：“学校是按照一定社会的需要，有目的、有计划、有组织地对年轻一代进行培养教育的场所”。①

《辞海》对学校的解释是：“学校是有计划、有组织进行系统教育的机构。起源于奴隶社会。中国古代一般称‘学’。清末兴办近代教育，在 1902 年(光绪二十八年)的《钦定学堂章程》中称为学堂。1912 年的壬子学制中改称学校。”②

中国古代学校的说法有多种，代表性的有“名堂”“成均”“庠”“序”等，如西汉教育家董仲舒在《春秋繁露》中提到：“成均，均为五帝之学”。中国著名教育史学家孙培青在《中国教育史》一书中认为，成均不是劳动的场所，所进行的内容也不是以生产劳动为内容的教育。它是在生产过程之外进行的独立性活动，说明当时的教育者和学者都已脱离了生产劳动，成为专门从事教和学的人，可以视为古代学校的萌芽。③“庠”一词，一种说法是装粮食的地方，由老人看管，成为老人活动聚集的场所，也是氏族敬老养老行礼之地。另一种说法是养老的地方，孟子也认为“庠”是养的意思。后一种说法更贴切，即“庠”这种机构兼有养老与教育两方面的重要活动，而教育的任务重在德教。虽然当时的学校还没有完整的体系，但已经有了学校所应具有的性质。我们把他们概括为一种专门活动的机构，这种机构不同于其他机构的原因之一是，它是一种育人的机构，而育人最重要的内容是德育。这为后世真正具有体系学校的出现奠定了良好的基础。

现代学校经过几千年的演变，形成了完整的学校体系，包括学前教育机构、小学、中学、职业技术学校、师范学校、艺术学校、特殊教育学校、大学等不同类型的学校，还有一些特殊类型的学校，如九年一贯制学校和完全中学。本研究主要关注小学和中学的学校场域。

---

① 顾明远．教育大辞典（第 1 卷）[M]．上海：上海教育出版社，1990：06.

② 辞海．教育、心理分册[M]．上海：上海辞书出版社出版，1980：03.

③ 孙培青．中国教育史[M]．上海：华东师范大学出版社，2000：09.

2. 道德

《现代汉语大词典》中对道德一词是这样解释的，“道德是社会意识形态之一，是人们共同生活及其行为的准则和规范。道德通过社会的或一定阶级的舆论对社会生活起约束作用。”①

李诚忠先生认为，道德是一种社会意识形态，同政治观点、宗教观点、法律观点以及其他意识形态一样，都属于上层建筑。它是调整个人行为、个人和整体(集体、社会)之间的关系的行为规范总和。在阶级社会里，道德还调整着人们对自己的阶级和对敌对阶级之间的关系。道德是依靠人们的信念、习惯、传统和教育的力量来维持的。②

这两种定义都强调了道德的阶级属性，从意识形态与社会行为规范的角度来看，他们都试图说明道德发挥作用的主要途径。然而，近年来学者的定义已初步脱离了强调阶级属性这一思想，从高度抽象的人类道德共同属性出发来界定道德概念。

陈桂生教授认为，道德指的是诉诸社会舆论和个人良心维持的调节人们相互关系的行为规范的总和③。他认为“道德”是伦理学的概念，是指向人们的行为规范，是在一定社会中人们应该遵循的行为准则，包括调节个人与个人之间关系的准则和调节公共生活(个人在公共生活中的行为)的准则。道德规范属于以社会舆论和个人良心调节的行为规范。只有公众舆论和个人良心认同为‘道德’的行为准则，才属于‘道德规范’。违背道德规范的行为，被称为‘失德’或‘不道德’行为。④

陈桂生教授的定义淡化了道德的阶级属性，强调道德就是行为规范的总和，是依靠社会舆论和个人良心所形成的行为规范。尽管他的定义淡化了道德阶级属性，但他仍然强调道德行为规范首先是一定社会所公认的道德价值尺度，是人们必须遵守的最基本的社会准则。然而，道德规范作为道德行为的一种判断标准，必然触碰到个人的良心。因此，道德教育正是通过激发人的最根本的品质——良心来促进人的品德发展。而个人的良心还是内化道德规范必不可少的条件。这一认识启发作者，从社会与个人对立统一关系的角度理解道德的形成。

黄向阳认为，道德是一种特殊的意识形态和行为规范，用于调整人与人、人与社会、人与国家之间关系。除了道德规范之外，还有政治规范、法律规范、礼仪规范等行为规范。道德规范与其他行为规范的区别在于它包含善恶评价标准。对道德事件可以根据善恶标准进行评价，而纯粹的政治事件、礼仪事件等却不可以从善恶上加以评价。虽然法律规范也包含善恶标准，但法律事件是诉诸国家机器的。而道德规范一方面诉诸社会舆论和传统习惯，另一方面诉诸个人内心信念(良心)。⑤

黄向阳的定义提出了道德规范的适用范围，即能够用善恶的标准去评价的领域属于“道德领域”(在这里，还进一步排除了诉诸国家机器进行判断的法律规范，划清了法律规

---

① 现代汉语大词典[Z]．北京：商务印书馆，2002：259.

② 李诚忠．教育词典[Z]．哈尔滨：黑龙江科学技术出版社，1989：12.

③ 陈桂生．学校教育原理[M]．上海：华东师范大学出版社，2012：284.

④ 陈桂生．学校教育原理[M]．上海：华东师范大学出版社，2012：289.

⑤ 黄向阳．德育原理[M]．上海：华东师范大学出版社，2000：11.

范与道德规范的边界)，而不能从道德上进行善恶评价的领域属于“非道德领域”。本研究积极吸纳这一观点，并将研究的重心放在学校生活中能够用善恶的标准来评价的“道德事实领域”。

傅维利教授认为，道德是调整人们之间及个人同社会之间的行为规范的总和。它以善和恶、正义与非正义、公正与偏私、诚实与虚伪等行为规范，通过各种形式的教育和社会舆论等力量，使人们逐渐形成一定的信念、习惯、传统而发生作用。①很显然，这个定义汲取上述四个定义的合理内核，并在某些核心要素上保持了一致性，如行为规范的总和、社会舆论、善恶判断等。这个定义一方面脱离了道德阶级属性的思想桎梏；另一方面也抓住了道德是社会行为规范的总和这一根本属性，成为本研究道德定义的一种必然选择。不仅如此，傅维利教授还从道德起源于生活的立场出发，指出：道德源于生活，用于生活；道德的形成与发展源于人类自身生存和发展的需要；道德起源于人类的社会实践。②突出强调了道德与生活的关系，也为学校道德生活的研究提供了重要依据。本研究以学校道德生活事实为研究对象，更主要地是受到这一立论的深刻启发。

本研究的道德生活涉及的领域较广，为了避免挂一漏万，我们不以具体德性为例。涂尔干认为，询问道德的要素是什么，并不是要开列一张能够把所有德性，甚至是最重要的德性都涵括在内的完整的清单。相反，我们应该采用适当的方法去培育那些一般意义上的性情，使之成为全面构造特殊的人类生活环境的基础。③基于这一观点，本研究从学校道德生活的事实出发，将道德回归于日常生活，回到教育实践中，回到教育事实本身。我们只以在学校场域中能够用善恶标准来判断的道德事实为研究的根本出发点，探求适应性更为广泛的一般性原理以指导德育实践。

3. 生活

20 世纪以来，西方哲学家胡塞尔首次提出生活概念，并逐渐受到关注。在道德教育向生活世界回归的过程中，教育界也对生活给予了大量的关注。为了研究的需要，本研究借鉴了马克思主义经典著作中对生活的理解、西方哲学家胡塞尔对生活的理解、西方教育家杜威的生活观点、中国教育家陶行知对生活的观点等资源，从中得到许多启示。

(1) 马克思主义经典著作对生活的理解

马克思主义经典著作对“生活”的理解，包括以下四个方面的含义：首先，生活是人类的存在方式，是人生活其中的现实世界。强调生活的主体是人，只有人类的存在才有生活。马克思曾指出，个人怎样表现自己的生活，他们自己就是怎样，④意识在任何时候都只能是被意识到了的存在，而人们的存在就是他们的现实生活过程。⑤其次，生活是以物质资料的生产为前提的，这是人类历史得以可能的基本前提。人们必须满足物质条件的供给，才能从事精神生活。因此，生活是以物质为基础的。再次，生活包含了人的活动的所

① 傅维利．师德读本[M]．北京：高等教育出版社，2003：09.

② 傅维利．教师职业道德教育指南[M]．北京：高等教育出版社，2002：12

③ 爱弥尔·涂尔干. 道德教育[M]．陈金光，沈杰，朱谐汉译．上海：上海人民出版社，2001.03：19.

④ 马克思恩格斯选集：第一卷[M]．北京：人民出版社，1995：67-68.

⑤ 马克思恩格斯选集：第一卷[M]．北京：人民出版社，1995：72.

有方面，生活是人类在实践过程中形成的全面表现。包括物质生活、精神生活、社会生活、组织生活、文化生活、群体生活等各个方面，其中任何一种生活都不能脱离了人的活动，是在人类活动范畴之内的。最后，生活使自然和人类达到了统一。

(2) 西方哲学家胡塞尔对生活的理解

胡塞尔首次在《欧洲科学危机和超验现象学》一书中确立了生活世界的概念，这一概念对 20 世纪西方哲学产生了重大的影响，促使理性向生活世界的回归成为这一时期哲学的主要趋势。我国学者张庆熊认为胡塞尔的生活世界具有以下三种不同含义。狭义的生活世界概念，是指日常的、直观地给予的世界，即日常生活世界；作为特殊世界的生活世界概念，是指人们各自的实践活动所构成的特殊世界领域；广义的生活世界概念，则指与人有关的一切世界。①无论从哪个方面讲，生活世界都涉及人类活动的各个方面。

从以上定义可以看出，马克思主义经典著作和胡塞尔对生活的理解有共同之处，那就是生活是与人有关的活动，是人类活动的一切。教育是生活的一部分，杜威和陶行知是教育界最具代表性的人物，他们对生活的理解都有其独特之处。

(3) 杜威、陶行知对生活的理解

杜威在他的教育观中提出生活的概念，认为教育即生活，教育即生长，教育即经验的不断改造。虽然生活无所不在，包罗万象，种类繁多，但“教育即生活”这一命题并非将教育与各式各样的生活相混同，而是关注正规的学校教育生活。杜威认为学校是社会生活的一种形式，即学校生活也是生活的一种形式。他提出学校生活应与儿童自己的生活相契合，满足儿童的需要和兴趣；同时学校生活应与学校以外的社会生活相契合。②教育即生活的理论前提为“学校即社会”“从做中学”奠定了基础。

陶行知在接受杜威教育思想的基础上，提出“生活教育”理念，认为教育应该无处不在，即生活主义包含万状，凡人生一切所需皆属之，其范围之广，实与教育等。③他认为，是生活便是教育，不是生活便不是教育；过什么生活便是受什么教育；好生活是好教育，坏生活是坏教育。④陶行知的生活教育思想本质就是“生活即教育”，由此引发出“社会是学校”“教学做合一”的思想，他主张社会是学校，把教育扩大到社会上，增加了教育的范围和广度。他认为坏的社会也可以作为学校，但是要有所认识和准备才能对坏的社会有抵抗力，不至于走上社会时手忙脚乱。“教学做合一”是一种教育法，它的含义是教的方法根据学的方法、学的方法根据做的方法。事怎样做便怎样学，怎样学便怎样教。教与学都以做为中心。⑤

纵观马克思主义经典著作、胡塞尔、教育界杜威和陶行知对“生活”的理解，我们发现：人是生活的主体，生活包括人类活动的方方面面。本研究所指的“生活”，单纯指学校生活。

---

① 张庆熊．熊十力的新唯识论语胡塞尔的现象学[M]．上海：上海人民出版社，1995：11.

② 吴式颖．外国教育史教程[M]．北京：人民教育出版社，1999：08.

③ 陶行知．生活教育文选[M]．成都：四川教育出版社，1988：03.

④ 陶行知．生活教育文选[M]．成都：四川教育出版社，1988：03.

⑤ 陶行知．生活教育文选[M]．成都：四川教育出版社，1988：03.

4. 学校道德生活

目前国内对“学校道德生活”概念的界定尚未达成统一的定义。然而，不同的学者已从不同的视角出发，对学校道德生活进行了描述和解释。例如，班华从学校道德生活的范围出发，认为，学校生活领域有多宽，学校道德生活领域就有多广。整个学校道德生活构成了学生道德成长的生态环境。①

甘剑梅从学校道德生活的意义出发，认为，学校道德生活是一个广义的概念，它泛指影响儿童道德形成与发展的所有学校教育活动。从这一意义来说，发生在学校场域中的所有活动，都对儿童的道德形成与发展有着某种影响。学校道德生活既有显性的课程教育影响，也有隐性的环境与制度影响，是一种宽泛意义上的学校德育。②

本研究选取班华先生对学校道德生活的描述，认为学校道德生活的领域十分宽广，道德生活存在于学校生活的各个方面。学校的各种教育活动、各项工作都涉及人与人之间的关系，也必然有人与人之间的道德生活关系。道德是学校生活全部的一个层面、一个维度；换言之，学校的一切教育、教学、管理等工作，都具有道德的层面。在此基础上，本研究以学校道德生活事实为主要依据，选择学校道德生活中最重要的方面进行研究。这是本研究不同于以往以德目为基本出发点进行研究的新视角。

5. 学校场域道德生活

本研究认为，学校场域道德生活是学生在学校生存空间中，按照特定的逻辑要求，建构学生与教师之间的道德关系以及学生的道德生活状态。学校场域中的道德生活的构建是一个复杂的过程，需要考虑学生当下的现实道德生活，包括日常生活内容、生活方式、生存状态等方面，同时还要关注学生未来发展的无限可能性。

二、基于学校社会组织的学校场域中的道德生活特性

从学校道德生活实际出发，进行德育社会学研究，需要对学校社会组织的结构与特征进行分析，以确认本研究学校道德生活概念界定的学科立场与视角。

(一)学校作为一种社会组织的结构

学校作为一种社会组织，是一种有目的、有计划的社会活动组织，它与其他社会活动有所区别是。吴康宁教授在其《教育社会学》一书中认为，学校教育活动有其特殊的参与主体——作为社会代表者的教师及作为社会未来成员的学生，有其特殊的组织环境——作为师生共存的组织的学校及作为学生自身组织的班级，有其特殊的内容依据——作为法定文化的课程，以及特殊的活动形式——作为功能形成之基本途径的教学。③总而言之，学校作为一种社会组织由教师、学生、学校组织、班级组织、课程、课堂教学所组成。

① 此为班华先生为刘国永、薛晓阳主编的“校园道德生活丛书”的总序言中对学校道德生活的描述。

② 甘剑梅．学校道德生活的现代性问题辨析[M]．镇江：江苏大学出版社，2009：6.

③ 吴康宁．教育社会学[M]．北京：人民教育出版社，1998：07.

师生关系构成了学校道德生活的基础，班级是学校的基层组织，而班级组织能够对学生的道德成长产生潜在的影响。德育课程是学校最特殊的社会文化，对于学生道德的养成应着重品德课程的开设和德育渗透于其他课程。而在学校中，核心社会活动是“课堂教学”，课堂行为最能体现师生互动的社会学特质，对学生道德成长产生直接的影响。

(二)学校作为一种社会组织的特征

吴康宁教授认为，学校作为一种社会组织，既有规范性也有强制性。从社会学角度看，学校的主要构成成员是教师和学生。学校有一套比较完整的规范和制度系统，通过制度和规范，学校组织的各种活动基本能够保持一种稳定的秩序，这种制度和规范正是道德的前提，决定了它对于学生道德成长的促进功能。

学校组织规范通常还具有引导性，而不是禁止性。学校组织在规范学生行为时，更多的教导他们如何去做，而不是限制他们不能做什么。对于生理和心理仍在发展中的青少年来说，他们更需要知道如何去做，而不仅仅是知道不能做什么。例如，在处理道德问题时，教师应该教导学生正确的行为方式，而不是简单地禁止他们的不当行为。正如杜威所说，学校应该把重点放在养成积极的习惯，而不是矫正错误的行为。学校组织规范也是学校潜在课程的主要内容之一，学生通过学习这些规范，可以明确正确与错误，恰当与不恰当，了解实际行为的道德标准和社会价值观。

由于学校是一种具有强制性的社会组织，为了维护学校的纪律和权威，学生必须遵守学校纪律。

基于学校作为一种社会组织的结构与特征，学校道德生活必然具有与其他社会生活不同的特质。例如，引导性、规范性和强制性等，这些特质展现在学校道德生活的不同方面，因而，学校道德生活与其他场域中的道德生活有所不同。

(三)学校场域道德生活的特征

从存在论角度审视学校道德生活，并将其置于场域关系中研究，具有重要意义。学校场域为学生提供了教育背景结构，使他们在学校场域中感受到真实的道德生活世界，只有在真实的道德生活世界中，学校才能够激发出真正的教育力量。道德指向生活，更指向人生的价值追求，因此道德并不是形而上的理论，而是存在于我们周围的生活中，我们应该拆除道德和生活之间的隔离墙，让学校的道德生活充满生活气息，焕发出生命的活力。

学校场域中的道德生活作为学生道德成长的生存环境具有其自身的独特性。首先，具有关系性。学生必须处理好个人与个人、个人与他人、个人与组织等各种关系，而学校场域中的道德生活本身就是要实现各种关系的和谐。其次，具有情境性。学生存在于学校场域中的道德生活情境中，这是一种育人的场域情境，充满爱和正能量的场域情境，包括物理和心理两个层面的场域情境，为学校场域所独有。再次，具有历史生成性。场域关系及场域情境并不是一成不变的，学校场域是一种随历史的发展演进而不断变化的，是一种共时性和历时性的统一。关注学校场域中的道德生活的历史生成性就是既要关注学生当前的现实场域道德生活，又要关照学生理想场域中的道德生活，只有这样才能够把握学校场域中的道德生活的本质。最后，具有教育性。场域并不是简单的学生生存的场所或空间，其本身就具有道德教育的价值，生存于该场域中的学生不需要特意地“受教育”，因为场域本身就是一种教育力量。因此，从存在论意义上讲，学校场域中的道德生活的关系性、情境性、历史生成性和教育性，共同决定了学校场域中的道德生活所具有的一种独特的教育张力。

第二节 学校场域中的道德生活研究的基本分析框架

班华先生曾经指出，学校的一切生活都具有道德的层面。这意味着整个学校生活都具有德育功能。在本研究中，我们只从学校道德生活事实的基本构成出发，无法涵盖学校的全部道德生活。这种做法从积极方面讲，是为了给予研究有限定性，避免研究本身的泛化。但从消极方面来说，也暴露了本研究的局限性。在研究中，我们必须承认每一种研究都限定性和局限性，限定性恰恰是深入研究的前提条件之一。因此，本研究首先探究学校道德生活的基本结构，以此作为研究的基本分析框架。

一、学校场域中的道德生活研究的基本框架

学校作为一种社会组织，其本质是育人。吴康宁教授在《教育社会学》一书中指出，学校教育活动有其特殊的参与主体——作为社会代表者的教师及作为社会未来成员的学生，有其特殊的组织环境——作为师生共存组织的学校及作为学生自身组织的班级，有其特殊的内容依据——作为法定文化的课程，以及特殊的活动形式——作为功能形成之基本途径的教学。[①]学校社会组织理论认为，学校由教师、学生、学校组织、班级组织、课程、课堂教学组成。作者认为这些要素构成了学校组织体系，缺少任何一个要素都无法构成完整的学校组织体系。

育人被认为是学校教育中最重要的内容。杜威的道德生活理论强调道德无处不在，具体体现在学校的各种生活中。为了研究的便利，作者把散见于学校各处的道德生活事实进行了分类。简而言之，本研究将学校道德生活中的“关系”“组织”“行为”“课程”四个层面作为落脚点，构建了学校道德生活研究的基本分析框架。此外，本研究强调将师生关系场域道德生活、班级组织场域道德生活、课堂行为场域道德生活和品德课程场域道德生活作为研究的重点。这样的分类框架只是为了便于对学校道德生活的研究，并不涵盖学校道德生活的全部。道德教育置于广阔的学校场域生活中，摆脱了传统的外在教化方式。学生在学校场域中的道德生活，不是以受教育者和被教化者的身份，而是以存在者的身份，实现着当下的道德生活，这表明道德教育应该是一种生活状态，而非单纯的教育行为。

(一)师生关系场域道德生活

师生关系是教师和学生在教育、教学过程中结成的相互关系，包括各自的地位、作用和互相对待的态度等。[②]在学校场域中的道德生活，师生关系是其最重要的构成因素之

① 吴康宁．教育社会学[M]．北京：人民教育出版社，1998：07.

② 中国大百科全书教育卷[M]．北京：中国大百科全书出版社，1985：08.

一，因为学校场域中的基本构成成员是教师和学生，而师生关系的质量决定了学校道德生活的质量。良好的师生关系是开展学校各种活动的前提，也是学校道德生活的基础。社会学认为，一种社会角色的存在总是需要与其交互作用的另一种角色存在的。因此，在学校生活中，没有学生角色的存在，教师的角色存在也就毫无意义，而教师与学生所构成的是师生关系。

师生关系模式可以借用帕森斯的“自我”与“他者”的关系模型中的“报酬”概念，他用情感性——中立性与具体性——扩散性两对模式变量建立了四种类型的报酬(关系类型)①，如图 2-1 所示。

具体性	扩散性
接受——反应	爱
同意	尊敬

图 2-1　师生关系模式

本研究使用四组关键词来阐述师生关系场域道德生活由具体性到扩散性的师生关系模式。关键词为：教师作为学生的榜样、教师的教育权威、教师作为学生的重要他人、教师对学生的关心。

1．教师作为学生的榜样

作为社会的代表者，教师应该为学生树立道德的榜样，向学生阐明何谓符合社会要求的文化，并对学生进行有效的文化引导和熏陶。身教重于言教，教师首先应该成为学生的榜样，这是中国道德教育传统一贯强调的。教师的道德榜样作用是构成师生关系场域道德生活的重要组成部分。为了培养学生正确的价值观念，教师对待学生必须公平，不应受学生的民族、性别或者经济地位等因素的影响。学校教育是学生社会化的重要场所，教师对学生的表扬、批评和惩罚都要公平。学生身边存在具有良好品德的人时，学生就能理解什么是品德。教师不仅是学生人格上的榜样，其学识也能够影响学生的求知欲望。教师在日常生活的各方面表现都会对学生产生影响。例如，教师的生活习惯、对待其他同学的态度、与同事交往的方式以及教师组织和领导班级的方式，都潜移默化地影响着学生的道德成长，甚至会对学生的一生产生深远的影响。

2．教师的教育权威

教师权威，即教育权威。涂尔干在其《教育与社会学》一书中指出，教育在本质上是一种权威性的活动。教师作为社会的代言人，是他所处的时代和国家的重要道德观念的解释者；与此同时，教师必须是具有坚强意志和权威感的道德权威。②涂尔干的观点说明教师权威首先是来源于社会，同时还来源于教师自身的人格力量。克里夫顿与罗伯兹研究了关于教师权威的层面构成，提出了教师权威的四个层面，即来源于教育制度的法定权威与

---

① 谢立忠．西方社会学名著提要[M]．南昌：江西人民出版社，1998：07.

② 张人杰．国外教育社会学基本文选[M]．上海：华东师范大学出版社，1989：06.

传统权威，来源于教师个人因素的感召权威与专业权威。[①]这四个方面的权威是相辅相成的，缺少任何一方面的权威，都会影响教师的权威性。此外，彼得斯把权威划分为形式权威和实质权威两种类型。教师权威来自制度所赋予他的监护儿童的权力和自己拥有的专门知识而产生出来的专家性权威。[②]因此，教师权威既要考虑社会制度赋予，也要注重自身专业素质，这两方面缺一不可。

教师权威的基础是学生的认可。我国自古以来就是一个尊师重教的国家，儒家的荀子认为“天、地、君、亲、师”是并列的，在来源于社会权威和来源于教师权威这两种权威中，来源于教师权威是指作为社会的代言人。而当今社会，教师地位似乎并没有像传统观念那么尊贵了，这其中既有教师的原因也有学生的原因。教师只因自己在学校中，通过制定严格的纪律、对学生要求严格、让学生尊重。这种师生关系较疏远。“人格权威”来源于教师的人格魅力和专业素养。表现为教师对学生以了解、信任、尊重、公正，与学生在人格上是平等的，学生在内心当中对教师产生自发的尊重感，对学生道德成长产生重要的影响。这种权威不是高高在上、仗势欺人，而是尊重和爱。

3. 教师作为学生的重要他人

重要他人，是指对个体的社会过程具有重要影响的具体人物。在学校道德生活中，教师是学生的重要他人。与同学和其他学校成员相比，教师在学校中扮演着更为关键的角色，因为他们是学生的监护人，学生在整个上学时间段，都与老师生活在一起，教师是学生心灵的依托。在学校中，教师同时也扮演着父母和朋友的角色，遇到什么样的事情都要找老师解决，因此，教师被赋予了超人的形象，他们的能力影响着学生的一切。小学生通常非常重视老师的意见，甚至有家长反映，老师的一句话比家长的十句话都好用。例如，小学生通常会欣赏老师的书法，并表示希望写得和老师一样漂亮。同样，学生的行为风格、气质都受到老师的影响，老师的温和与从容会使学生的行为也变得温和与从容。因此，可以说教师在扮演着学生的重要他人角色时，无时无刻不在影响着学生的成长和发展。

4. 教师对学生的关心

将关心置于关系中看待是十分必要的。在师生关系中常常会出现：学生们抱怨老师不关心他们，而老师则声称自己已经付出了全部的精力去关心学生了，问题就出在关心的关系上。良好的师生关系需要教师对学生敞开心扉，无条件地接纳每一名学生。并时刻关注学生的需求，如年级较低的小学生放学时，学生大衣的扣子怎么也系不上，老师在这时应该主动帮她系上，这就在她的心里埋下了关心的种子。在接纳学生的基础上，教师应该时时专注于学生的一切，包括学生的饮食、健康状况等。教师与学生之间的心灵是相通的、感情是相互作用的，只有用心地去关心学生，才能获得学生的尊重和关爱，进而促进良好师生关系的形成。

---

① 吴康宁．教育社会学[M]．北京：人民教育出版社，1998：07.

② 周浩波．教育哲学[M]．北京：人民教育出版社，2000：07.

(二)班级组织场域道德生活

这里要探讨的是班级组织的概念。如果将学校看作一种社会组织，那么班级组织、少先队组织和社团组织都与学校组织存在关系，从形式上看是并列的。然而，在实际学校中，学校组织是一个总称，班级组织、社团组织和少先队组织都存在于学校组织之中，形成一种包含的关系。因为学生每天生活最多的地方是班级这个集体，从对学生道德影响角度来看，班级组织是最重要的影响因素。所以本研究为更好地解读班级组织的重要性，只选择班级组织进行研究。此外，学生参加其他组织的活动时也多数以班级为单位进行，班级组织可以视为学校道德生活的又一重要因素。

因为班级组织具有一般社会组织的规范性特点，作者可将其视为一种社会组织。班级组织由教师和学生组成，师生之间存在互动关系，所以班级组织有特有的规章制度和纪律。学生道德习惯的形成正是从班级组织中的各种规章制度开始的。班级的规章制度通常是学生和教师一起制定的，违反规章制度会受到惩罚。这体现班级组织的社会化特点。良好的班级组织可以使学生更好地适应未来的社会组织生活。因为班级组织能够提供良好的道德环境、整体风气、班级凝聚力、学生之间的和谐关系以及规范的制定和执行。所以班级组织是培养学生道德品质最佳的环境。作为教师，我们不仅要用学校、班级的纪律去规范学生的日常行为、言行举止，更重要的是要培养他们在学校组织中建立基于信任和互相尊重的人际关系，学会过集体生活。

1. 班级是民主的组织

班级组织是学校组织的基本构成单位，班级的风气包括班风、学风、教风等，这些风气影响着学生的道德成长。班级成员是否有凝聚力，班长是否起到了带头作用，班委会成员是否各尽其职，以及班规的制定方式等都是影响班级组织的重要因素。此外，在班级组织中，班长选举是否民主也影响着学生的整体面貌。有研究表明，班级中担任过班干部 3 年以上的学生比例更高，这说明班级这个社会组织实际上也存在着两个相对稳定的阶层——干部阶层和群众阶层，这会在班级中初步形成社会的结构。①

班规的制定方式是班级民主的体现，对学生是否服从管理影响很大。如果班规是班主任老师主观制定的，没有得到学生的认可，学生在遵守时可能会不服气，甚至会故意反抗和不遵守；如果班规是班主任老师和学生一起商定的，学生就会心服口服，并且会主动去遵守，即使犯了错误，他们也会欣然接受老师的批评。因此，班主任老师将自己视为班级中的一员，经常和学生一起讨论班级中的事务，并提出建议性的意见，以营造班级民主的氛围。

民主的对立面是权威。在之前的论述中已经提到了教师权威，我们应该承认并保护教师正当的权威，同时反对权利主义，这是民主的合理选择。

2. 班级是公平的组织

班级公平的作风是实现教育过程公平的前提。班级是实现教育过程公平的重要阵地。

---

① 吴康宁. 教育社会学[M]. 北京：人民教育出版社，1998：07.

因为学生们来自不同的家庭，拥有不同的遗传禀赋、心理特征等。如果教师施以同样的教育，就会造成实质上的不公平。因此，教师作为调节班级公平氛围的主要人员，应该“差别”对待，以实现真正意义上的公平，这也体现了班级具有个性化教育的功能。教师应该发现每一名学生的潜能和优点，并按照这个方向去塑造他们。在对学生要求上，如遵守纪律规范上的一视同仁，对待学生态度上的不偏不倚。但是在学习成绩的管理上，教师应该“因材施教”“差异对待”，实现正义上的平等。

3．班级是团结向上的组织

班级应该是团结向上的组织，这样才能培养出良好品德的学生，避免产生散漫的班级组织。散漫的组织也不会使学生产生归属感。当班级组织成员心往一块想，劲往一块使，这种情感还会扩展到家庭、社会、国家等层面。

班干部选举是对学生影响最大的一件事情。因为通过民主选举的班干部具有广泛的群众基础，易于开展工作，并形成班委会成员之间的和谐风气，对全体学生的发展有利，可以增强班级凝聚力，使全体同学的心都凝聚在一起，共同为班级的荣誉而奋斗。班主任任命的班干部可能会依赖于老师的支持，在班级里作威作福，导致大多数同学不服气，造成了恶劣的影响，严重影响班级的团结和和谐。因此，班干部应该起到班级的带头作用，带领大家在老师的领导下，共同把班级管理好。

4．学生参与班级活动

杜威主张道德教育必须以生活实践为依托，反对用抽象的说教进行德育，否则培养学生的道德品质就无从谈起，这无异于在岸上教学生学游泳，学生只能获得关于游泳的理论知识，而不让学生到水里游泳是学不会游泳的。因此，只有学生参与到班级的活动中，并且这种参与是学生发自内心的自愿，学生才能获得真实的道德体验，才能感受到活动的意义，才能取得活动的效果。而当前学校开展的形式化的活动对于学生道德养成是无效的，主要原因是学生在参与道德活动时只是走过场，并没有实际的道德体验。因此，要求学生所参与的班级活动应该是实质性的、有意义的活动。

(三)课堂行为场域道德生活

课堂是育人的主渠道，而课堂教学则是学校一切工作的重心，学生知识的习得和品德的形成主要是在课堂教学中完成。作为学校道德生活的载体之一，课堂行为涉及到教师与学生、学生与学生之间的互动，包括道德与非道德行为，对学生道德成长具有重要影响。这种影响主要体现在时间与空间、控制与服从、奖励与惩罚、竞争与合作等方面。例如，在课堂提问环节，教师为了提高教学效率，通常会选择优秀的学生回答问题，而很少关注成绩较差的同学，甚至剥夺他们举手回答问题的权利。这种做法制造了不公平的课堂教学氛围，导致学生学业成绩的两极分化，进而严重影响了学生的道德成长。

1．课堂行为中的时间与空间

本研究中课堂行为的时间，是指学校的作息时间表。在我国，一般课堂教学时间是 40 分钟，也有少数学校有 35 分钟或 45 分钟的课堂时间。课间休息时间为 10 分钟，在上午还有大课间时间为 30 分钟，要求全校学生来到操场上进行活动。从生理学角度看，学生需要充分的休息时间，以缓解紧张的 40 分钟课堂教学压力；从心理学角度看，小学生的注意力保持时间较短，因此教师应该抓住小学生的兴趣点，不断地在上课与下课之间变换，以避免小学生感到疲劳。此外，充足的课间休息也能够调节小学生的情绪，使他们以最佳的状态投入到下节课的课堂教学中。

课堂教学的空间构成指的是课堂内整个物理环境，包括教室桌椅的摆放、教室的装饰等。在班级中，空间构成主要体现在座位编排的形式上。最常见的是传统的秧田式，这种形式利于教师的管理，但缺点也是显而易见的，容易造成教师忽略某些位置上的同学。其次还有马蹄形，其优点是教师与正对着老师的位置的学生互动最多，但在管理上也会存在照顾不到的死角。还有小组合作式，相对前两种形式，小组形合作式，能够营造公平、和谐的课堂氛围。

2．课堂行为中的控制与服从

教师的课堂控制是教学顺利完成的保证，也是培养学生道德规则意识的重要途径。吴康宁教授将教师在课堂行为中的控制方式分为显性控制和隐性控制。显性控制是教师直接提出具体条目的行为规范，例如，按时上课，不迟到早退，课堂上不乱讲话、发言时举手、及时完成和上交作业、讲究卫生、考试时不作弊等。显性控制能够达到一定的效果，但有时会给学生带来强迫的感觉。而隐性控制则是指教师通过间接方式教育学生遵守纪律。例如，不明确规定课堂应遵守的具体要求，而是在课堂上通过对违反纪律的同学进行教育，让学生知道应该遵守哪些纪律，对于犯错误的同学，教师不直接批评学生的错误，而是让他自己意识到犯错误应该承受的后果。显性控制的实际效果很明显，学生可以很清楚地知道教师的要求，而隐性控制对于低年级学生来讲，可能难以使学生清晰地认识到相应的教师课堂要求，造成学生道德成长缓慢。两种控制课堂的方式各有利弊，要想取得较好的课堂教学效果，应该灵活、交叉使用。在我国小学课堂行为中，大多数教师均采取显性控制方式，通过严格管理的方式规范学生的行动，使学生时刻在教师的掌控之下。这种方式的结果是，教师在场时，课堂秩序良好；而教师不在场时，课堂秩序混乱，这也是所有老师对课堂纪律管理的困惑所在。

在课堂教学中，学生的服从也可以分为对显性规范的服从和对隐性规范的服从。对显性规范的服从具有强制性，学生必须遵守。例如，学校的校规、校纪、班级的班规等。学生明确知道这些规范是不能违反的，否则将会受到一定的处分。对隐性规范的服从，有些源于教师树立的榜样影响，或者是由教师和学生共同承认的规范，是在班级组织生活中师生共同达成一致的。无论是对显性规范还是对隐性规范的服从，都是因为教师权威的存在。换言之，学生对于规范的服从，实际上是对教师权威的间接服从，特别是对教师人格权威的服从。然而，当前学生通常表现出来的都是被动的服从，需要在教师严格的管教下才能听话，缺乏自我管理能力和自控能力，这也是造成学生不能主动履行道德义务的原因之一。

3．课堂行为中的奖励与惩罚

奖励与惩罚是德育中的辅助方法。是以鲜明的态度和适当的方式对学生的思想表现、学习成果、举止行为等及时地给予评价。[1]在课堂教学行为中，教师会根据学生在课堂上的表现，是否遵守纪律、是否按照课堂要求去做，对学生做出奖励或惩罚的行为。如果学生能够遵守课堂纪律，并能够按照教师的要求去做，教师就会给予学生一定的奖励，这种奖励包括言语的激励、物质的奖励等。教师通常会对表现优秀的学生给予更多的奖励，受到奖励的同学往往是班级里的佼佼者，而这些同学也成为了其他学生的榜样，让其他学生来效仿。他们的表现能够激发其他学生的学习兴趣和遵守纪律的积极性。

当学生在课堂上违反纪律或做与课堂无关的动作的时候，教师就要适当的制止，并给予相应的惩罚，如罚站、罚抄写等。适当的惩罚有利于学生的社会化发展，但惩罚和批评必须要适度，批评不当会严重地伤害学生的自尊心，甚至会导致师生之间的正面对抗。在小学课堂教学中，教师在全班同学面前斥责某位同学时，会让这名同学失去了自尊心。因此，教师在教育学生时要适度运用批评的方法教育学生，时刻注意保护学生的自尊心。虽然惩罚能够促进学生的社会化，但必须以尊重学生的人格为前提，这样学生才能够对教师有相应的尊重，不应把批评演变成对学生一味地呵斥和谩骂。在课堂行为中，无论是表扬还是批评，都是为了维持课堂教学秩序。

奖励与惩罚是课堂行为中一对关键的矛盾体。教师应该在公平的前提下适当实施奖励和必要的惩罚，然而过于频繁的奖励可能演变成廉价的奖励，无益于学生的道德发展；太严重的惩罚又伤害了学生的自尊心。因此，应该把握奖励和惩罚的适度程度。

4．课堂行为中的竞争与合作

在课堂教学过程中，学生之间的互动行为主要是竞争与合作。竞争行为是指学生之间在课堂教学过程中为达到某种目的而展开的一种较量。[2]学者们对竞争的研究既有赞成也有反对，赞成者认为竞争行为与发展自力更生、不屈不挠和勤奋刻苦这些个人特征有关，竞争行为是产生自信和自尊的根源；反对者认为竞争是矛盾的根源，导致人变得自私、自利。[3]在我国小学课堂中的竞争，主要表现为成绩的竞争，包括班级里的学生相互竞争、班与班之间的竞争、校与校之间的竞争等。尽管在当前的社会背景下，注重教育的效率和英才教育是必要的，但我们应该认识到，基础教育应该是以培养学生的素质，而不是以学生成绩为衡量标准。

当前，我国小学课堂中，采用小组合作学习的形式以促进学生合作能力的提升，从而适应未来社会的需要，合作学习对培养学生集体精神和道德水平具有很重要的作用。在合作学习小组中，主要作用在于学生之间互教互学，相互促进，以保证所有成员都学会教师讲授的内容。

作者认为，竞争与合作是课堂教学中不可避免的一对矛盾体，但它们又是相互依存的。我们应该提倡竞争，但在竞争的过程中应该遵循伦理道德的原则，如果出现损害其他学生利益的竞争是违背道德的。同时我们也应该提倡合作，因为合作能够促进学生的社会性发展。合理运用竞争与合作，使之成为课堂教学中激发学生兴趣和促进学生道德发展的

---

① 李诚忠．教育词典[Z]．哈尔滨：黑龙江科学技术出版社，1989：12．

② 吴康宁．课堂教学社会学[M]．南京：南京师范大学出版社，1999.12：182.

③ 吴康宁．课堂教学社会学[M]．南京：南京师范大学出版社，1999.12：183.

手段，才是课堂教学的真正目的。

(四)品德课程场域道德生活

在西方，英语“curriculum”一词指的是教学的内容和计划。课程为学生的发展提供了广阔的空间，本研究旨在探讨品德课程以及具有道德教育功能的其他课程在学校中的应用，主要关注内容选择、实践运作、评价以及品德课程与其他课程的融合这四个方面的道德生活。

1. 品德课程内容选择

小学品德课程内容的选择严格按照小学品德与社会课程的总目标进行，涵盖个人、家庭、学校、社会、国家、世界六个方面的主题，以提供广泛的学习空间，其道德教育含义如下。

个人道德教育，即我的健康成长，包含：对己的内容——认识自己的优缺点、自信、自尊、自爱、自省、有荣辱感、爱护自己的身体和健康、积极健康地生活。对人的内容——知道他人的长处、诚实守信、感恩、欣赏、宽容、尊重他人。对事的内容——能面对困难和问题、尝试解决、体验成功、了解迷恋网络和电子游戏的危害、抵制不良生活方式、知道毒品的危害、远离毒品。

家庭道德教育，即我的家庭生活，包含：对己的内容——自理、承担、责任感。对人的内容——感恩、尊重、关心他人、与他人和睦相处、沟通、谅解。对事的内容——勤俭节约、合理消费、爱护环境。

学校道德教育，即我们的学校生活，包含：对己的内容——珍惜时间，独立学习，诚实学习。对人的内容——尊敬师长、友爱同学、尊重他人的劳动、平等待人。参与集体生活的内容——参加集体活动、维护集体荣誉、承担责任，遵守规章制度。

社会道德教育，即我们的社区生活，包含：对己的内容——讲文明、有教养、守道德、自我保护。对人的内容——尊重人，平等待人，关心、同情弱势群体。参与社会生活的内容——保护环境、了解职业、劳动、知晓本地社会文化、遵守公共安全、爱护公共设施、遵守公共秩序、参加公益活动。

国家道德教育，即我们的国家，包含：对国家地理知识、文化知识、历史知识、社会生活，经济发展、国防和法律等。

世界道德教育，即我们共同的世界：包含有关世界的基本常识、不同国家民族和文化、传统以及人类文化遗产等方面。

由于我国幅员辽阔，各地区根据自身情况编制了具有地方特色和紧密联系学生实际道德生活的品德课程教材，辽宁省所使用的品德课程教材版本包括人民教育出版社、北京师范大学出版社、辽海出版社和辽宁师范大学出版社等。

2. 品德课程实践运作

品德课程来源于生活，其实践运作需要将课程内容与学生的实际生活紧密联系，并融入课堂教学中。如何将品德课程实践运用到生活中去，是影响道德教育效果最关键的因素，也是当前品德课程实施过程中最难的问题，也是理论与实践需要突破的点。课程的实践运作是指作为法定知识的课程内容，能在多大程度上进入课堂教学的实际过程，并被学生完全吸收为自身文化结构的有机成分。[①]品德课程实践运作是指品德课程在实际教学中的情况、教师对课程内容的传授情况以及学生对品德课程的适应情况。

首先是品德课程的课节安排。当前我国小学的《品德与社会》课程安排分别为每周 2 节课(中年级)和 4 节课(高年级)。这样的课时安排从时间上保证了品德课程的开设，并随着年级的增高，逐渐增加课节。我们认为，虽然专门的品德课程所传授的是知识层面的内容，但是要想让学生获得“道德的观念”，还需要把道德知识融入到学校生活实践中去。

其次是教师对课程内容的传授。在实际的课堂教学中，教师通常会根据自己的教学经验和生活经验，对所教授的品德课程进行重组，并将重组后的内容教给学生。不同地区和教师自身素质的差异导致课程实施也不尽相同。这也是造成品德课程存在差异的原因之一。对于这种对课程内容的重构是积极的还是消极的，作者不作价值判断，只阐述这种对课程内容传授的事实。

学生对品德课程的适应情况是品德教育的最后一个方面。由于学生个体差异很大，包括遗传素质、认知水平、生活经验等方面的不同，因此对课程的理解和接受程度也不同。为了使每一名学生都得到充分的发展，教师应该充分了解学生，并有针对性地开展教学。此外，开展小组合作学习也是培养学生民主平等意识与合作交往能力的关键。

3. 品德课程评价

品德课程的评价应该采取综合评价的方式，包括对学生的学习态度、学习能力、学习方法、学习结果等方面进行评价。我们应该认识到学生品德的发展绝不仅仅是掌握品德条目和具有品德知识，更重要的是对品德课程学习过程中的评价，最终结果是要促进学生道德行为的养成。通过以上分析，我们可以看出，学校教育要培养具有道德知识和道德实践能力的学生。仅仅依据道德知识来评价某个学生的道德优劣是不科学的，用知识检测道德不是品德评价的标准。道德存在于生活中，生活是道德存在的载体，因此品德课程要求在生活中进行道德教育，学生的道德行为能力是最重要的评价标准。

4. 品德课程与其他课程的融合

品德课程与其他课程的融合意义在于将其他课程内容视为道德观念载体，通过学科的学习，达到道德教育的目的，即在其他课程中蕴含的道德影响。例如，科学实验能增强学生团队合作、责任心以及诚实等品德的道德体验。在当前我国小学学科中，语文学科在德育方面承担着重要的角色，因为语文是一门人文性很强的学科，其中的思想性是不可忽视的。因此需要教师在对具体课文讲授时逐步融入道德教育。小学其他课程如数学、科学、音乐、体育、美术等学科都具有道德教育的作用，教师应该充分利用课程资源进行道德教育。

二、学校场域中的道德生活基本框架的编码检验

为了验证学校场域中的道德生活基本框架的合理性，通过编码进行验证。

---

① 吴康宁．教育社会学[M]．北京：人民教育出版社，1998：07.

(一)编码检验

编码验证设计了 16 个问题，并对 35 位具有 15 年以上教龄的一线教师进行访谈。随后，利用 Nvivo 软件对访谈资料进行分析，并认真阅读收集到的资料，挑选出对本研究最有用的资料，最能反映学校道德生活的句子，进行录入。

本研究的编码标准源于教育理论和一线教学实践。研究者通过认真阅读和筛选资料，找出代表学校道德生活的 16 个关键代码，包括："教师作为学生的榜样""教师的教育权威""教师作为学生的重要他人""教师对学生的关心""班级是民主的组织""班级是公平的组织""班级是团结向上的组织""学生参与班级活动""课堂行为中的时间与空间""课堂行为中的控制与服从""课堂行为中的奖励与惩罚""课堂行为中的竞争与合作""品德课程内容选择""品德课程实践运作""品德课程评价""品德课程与其他课程的融合"这 16 个编码，分别对应下面的关键词句：

"教师作为学生的榜样"编码下的词句有：公正公平的处事原则、丰富的知识、端庄的仪表、博爱的情怀、敬业精神；诚实、守纪、严于律己、为人师表、有爱心；敬业、爱国；品行善良、勇敢；文明礼貌、尊敬长辈、懂得感恩；孝顺、懂礼、孝敬父母；注重自身形象、个性魅力，有更高的人文目标、关心他人，乐于助人；讲文明、有礼貌、讲诚信；树木先树人；树立诚信方面的榜样最重要；乐观向上、守信最重要，坚韧、有刻苦钻研精神的榜样更重要；为学生树立怎样做人这方面最重要；以身作则。

小学生模仿能力比较强，说教作用不大；树立身边的榜样，可以树立品德好、习惯好、讲文明懂礼貌、讲诚信的榜样。

"教师的教育权威"编码下的词句(该题重点访问教师是如何树立权威的)有：教师和学生是平等关系，所谓的权威是指教师经过自己的努力，才得到了学生的尊重；教师的人格魅力和学识是让学生认可的前提；教师的言行得到学生的认同；公平正确的决策及解决问题的方法方式能得到同学们的认同；相互尊重、谦虚会赢得尊重，就有威信；身教重于言教；以身示范；学高为师、身正为范，自己先做到；没有教不好的学生；师生是平等的，让学生亲其师，信其道；身体力行，要求学生做到的自己首先要做到；教师的权威，我的理解是用自己的人格魅力、广博的学识、专业的知识去影响学生，使学生信服；权威就是表率；教师权威应是教师具备高尚的品格、丰富的知识、较强的责任心；教师应该以身作则、恩威并用；权威就是给学生做好榜样；师生是在互相尊重的基础上共同学习的一个整体，无论师、生都需要威信、言必信、行必果；教师权威应该是知识储备上的权威，而不是态度上的威严；教师作为传道者，应具有一定的威信；以理服人、以榜样、示范，学生信服；教师没有必要让学生害怕，要以理服人，让学生从内心佩服你；让学生在理解的前提下听教师的；人格权威、知识权威；教学活动组织权、班级管理权、一般意义的威信；做好自己，注意仪表美；要求学生做到的，自己尽量做到；学生来到学校一切由老师负责；学生信服老师、崇拜老师的学识及为人；教师在知识上的权威是必须的，在教学中，课堂上应努力做到民主一些，但个别时候也应该有教师的威严。

"教师作为学生的重要他人"编码下的词句有：教师任教、管理时，爱学生；身教胜于言教；言行一致，不断学习新知识，丰富头脑，做学生的知心朋友；交朋友、言而有信，以身示范；说到做到；言必行、行必果；通过自身的品德知识、水平而定；在学习上严格要求，并以身作则；让学生做到的，首先老师做到；公平、公正、说话算数；在严格要求的同时，给学生更多的爱；做好自己，树立形象，超人实力；身正为范，有言必行，严于律己；增加教师自身的人格魅力；爱每一个学生，公平客观地看待每一名学生；严于律己、以身作则；教学上认真、班级管理严格、对待同学公正；教师应该起到榜样作用、恩威并用；在学生面前说话算数，宽严相济；首先尊重学生、从学生的角度考虑问题，以德服之，则威信立之；教师应该时时刻刻做学生的榜样；关爱学生，最大限度理解他们，得到他们的信任；要求学生的，教师首先做到；刚柔相济；学高为师，身正为范；德行端正、对待学生公平、公正，是非分明、讲理讲信、不断丰富充实自己的学识；尊重和宽容学生，平等对待每个学生；关爱学生，把学生的学习放在最重要的位置；说到做到，对自己的要求严格，以身示范；认真备课，用精彩的课堂吸引学生；拓宽知识面，丰富学生的见闻，吸引学生；讲自己的亲身经历，感染学生；适当的时候严厉，树立教师的威严。

“*教师对学生的关心*”编码下的词句有：教师在教学管理时，要以鼓励和表扬为主；当学生犯错时，让学生明确有错就该受到惩罚，严厉不等于体罚，要教育为主，明理为上；从学生的角度放大学生的优点、宽容学生的不足；从孩子的成长作为出发点，把握孩子的一举一动；严格要求，爱心教育；鼓励为主、不控告、不体罚，讲道理；学生做得好就表扬，做错了就教育批评；育人有道，爱心为先，宽严有度，关键在于“度”字的把握；平时要求严格，生活上细心照料；双重身份，严中有爱；严格要求，用慈爱之心去教导；针对学生出现的问题性质、大小来进行；因材施教；有进步表扬，有缺点批评，公平对待每个学生；首先要爱孩子们，包容他们的童心，“严字当头，爱在其中”；扩大学生的优点，缩小学生的不足，多表扬，少批评；正确的给予鼓励、错误的先讲道理，并给予一定的惩罚；好的行为及时表扬，不好的先教育、说服为主，再提出或指明怎样做，让学生认识错之所在，明确努力方向；鼓励与批评相结合；总是很严厉；对学生出现的错误马上指出，督促其改正，并讲清道理；管理学生过程中应讲原则、不应讲理由，应多了解学生，对学生生活上给予适当帮助；批评而不伤害学生的自尊心，让学生理解、体会到老师批评他是在帮助他；校、班有规，有章可循为严，具体情况具体分析为益；在学习上应该严格要求，在生活上像妈妈一样关心学生；在学习习惯、日常行为规范上严格要求，遇到困难、挫折时给予关心；奖惩分明；生活上多给学生关爱，学习上要求必须严格；原则错误严厉批评，过后找闪光点；该严格时决不放纵，可以放松时要微笑；要求严格，执行班级管理严格，知识界定要求严格，教学态度慈祥，生活中与学生相处慈祥；对学生的学习习惯和行为做到严格要求；但是对学生的冷暖要多关心，学生生病了要嘘寒问暖；生活上慈祥，学习纪律上严格；奖赏分明，教学与管理中要求严格，但语言中带有鼓励；课上的纪律必须严格遵守，回家的作业必须严格完成，也就是学生该认真完成的都要严格完成，但当学生犯一些小错误的时候，可以给予言语的教导与鼓励。

“*班级是民主的组织*”编码下的词句有：“班规是如何制定的”从侧面反映出班级是民主的组织：教师提出方案、学生讨论通过，并且不断修改完善；大部分是自己定；教师制定和学生交流通过；学校要求和班级情况；自强、自信、自立、自律，本着学生特点，号召学生积极向上，养成良好品质制定的；班主任、班级干部围绕学校校规制定；根据学校要求制定；根据学校相关要求，老师和学生们一起制定；家长委员会共同制定；大家共同讨论；家长与老师共同制定；根据学生年龄及学生心理以及学校规章制度来制定；符合班级学生年龄、性格、心理等，针对班级情况，出现的一些问题制定的；通过班会课，由全班孩子或者我提议，然后民主建议，最后表决；班会上、集体共同制定；提出基本方案后，与学生共同探讨；根据学校要求和班级学生特点制定的；根据学生们的特点；针对学生的年龄特点、身心特点和学习特点制定的；根据班级的实际情况制定；学生为主，教师为辅；依据同学们的特点和需要；在校规的基础上，针对学生情况制定；在开学初即制定班规；在班会上和学生一起制定；师生共同制定；小组合作共同制定；在征求学生意见的基础上，教师确定；老师和学生共同制定；教师制定为主，遇到临时在制度以外的，可以让学生一起商议怎么样解决及处理；教师为主，先制定一份班规，学生为辅，在执行的过程中，遇到某些不合理的，可以进行合理化的建议。师生共同制定班级中的规定。

“班级是公平的组织”编码下的词句有：对每个学生都有仁爱之心，要因材施教，方法灵活；对学生一视同仁，对个体采用不同的教育方法；一视同仁、公正，有特殊情况特殊对待，细心关心学生；纪律上一视同仁，学习上差别对待；平时一视同仁，教学上有差异，对学困生下功夫多；根据个性差异而教育；可以一视同仁，以事论事；针对性教育，无差异；基本能一视同仁，但对个别弱者会有偏袒；我对学生不能够一视同仁，而是差异对待，因为每个学生的情况不同；首先是一视同仁，对条件特殊的孩子如父母离异或是先天疾病还是差异对待；能够一视同仁，班内决不允许特护群体，但针对实际，确实有个别情况要区别对待，以人性化为主；差异对待，因为性格不同等，一视同仁会引发管理上的冲突；尽量做到，有时因材定要求；班级管理、选举、选拔一视同仁，教学时根据不同孩子特点差异对待，因材施教；关爱学生一视同仁，教育学生个性教育；差异对待，因材施教，不一样的学生不一样的要求，只能做到机会相对平等，由于每个孩子对待机会的态度，自然结果不同；基本能做到一视同仁，对于优缺点，努力发现并表扬他。

“班级是团结向上的组织”编码下的词句有：必须力争上游，事事争先，让学生有奋斗方向；我们有凝聚力，必须力争上游、事事争先，让学生有努力的方向；通过活动，多鼓励学生，多开展竞争性活动，多开展集体活动，增强集体荣誉感；让学生明白荣耻，每个人的荣耻都与大家息息相关；树正气，表扬优秀生；重视集体活动；树立主人翁艺术，人人都愿意为班级尽全力；多表扬，少批评，以班为家；通过多种形式的活动，在班级活动中，言传身教；天天教育；利用班队会教育，结合学校、班级开展的活动来促进；结合学校开展的各项活动进行教育；结合学校组织的一些活动进行思想教育；真心真意对待学生，以友相处，以诚相待；结合学校、班级组织的各项活动对学生进行集体训练，使学生具有集体主义精神；在提升个人荣誉感的基础上培养集体荣誉感；多开展集体活动；组建班级核心，利用核心的影响力来提高学生的集体荣誉感以增强班级凝聚力；树立榜样、多搞集体活动；调动积极因素，对个别学生出现的问题，找谈话进行个别教育；多搞集体活动、活动后总结；树立榜样，教授向心力的表现，并建立监督奖惩制度；树立班级典范，利用活动提升班集体的感召力，提升学生的集体荣誉感；先确定班级主流思想、表扬肯定正能量；建立共同的奋斗目标，坚强的领导力量，和谐的人际交往，严格的组织纪律；多表扬、多宣传正能量；组织活动、树立信心、向心力；确定班级的奋斗目标，搞活动，形成团结、互助的班风；看到班级有人主动做好事，能够在全班表扬，树立榜样，而且每天坚持去发现，并且老师也能够平等去做，久而久之，就好了；多鼓励，少批评，树典型；组织班级活动，每次活动后做总结，树立有集体荣誉感的榜样。

“学生参与班级活动”编码下的词句有：由班主任提出要求、明确活动方针、老师指导、验收；由班主任提出要求，明确活动宗旨、方向，班级干部具体策划，教师指导、验收；根据学校要求，以学生为主，教师给予必要的检查；班干部设计，以月计划为主；不同的活动做不同的准备；自行策划——家长辅助——齐心协力；以校活动为主，师生共同策划具体做法；按学校方案进行；按学校要求，有计划完成；按学校规定；结合学生中出现的共性问题及学校德育工作；结合学校德育要求及班级中学生出现的共性问题，配合学校的一些活动进行策划。

班委会研究决定，班委会由干部和同学们共同讨论确定方案；老师确定主题，师生共同策划，以学生为主、老师为辅；班主任提议、科任教师协助，班长负责策划和组织；广泛听取学生的意见、结合社会环境来策划活动；每次活动均由学校制定或根据教学需要或由学生提出，然后师生共同商议；班级活动一般结合学校每周的道德教育来制定主题；围绕学习安排、教材安排，先和班委会商定，然后在班内协调；先民主后集中，大家讨论共同完成；听从学校指挥；利用天时、地利、人和的优势；班级活动主要围绕学校活动展开，偶尔每学期有一两次围绕课程内容和节日内容举办的活动，步骤简单；因为孩子小(二年级)，所以基本上是和家长一起商量确定；辅导干部根据学生实际情况确定；根据学校总体目标，制定本班活动目标，主题可以选择班级急需解决的一些问题，也可以是以教师期待学生的发展方向作为主题；活动主题一般是学校制定的，根据学生情况定的主题，设计班级个性化的活动。低年级的时候，活动由老师组织的，高年级时可以交给学生来做。

“课堂行为中的时间与空间”编码下的词句有：课堂教学的时间安排，主要是针对学校的作息时间的观察；空间安排，主要是针对教室中的桌椅摆放形式的观察，有秧田式、马蹄形、小组合作学习型。

“课堂行为中的控制与服从”编码下的词句是通过作者对教师的访谈题目“学生有不接受批评的时候吗？在言行上有什么反应？”而得到的，教师们的回答如下：没有不接受批评的现象，让学生冷静后再教育；没有不接受批评的案例，我都让学生把自己的理由说清，让学生冷静之后再说服教育；有，强词夺理；有，眼神中有内心的流露，课余会和同伴交流不满情绪；有，言行上强词夺理；也有接收不到位的情况，言行没有，眼神可知；有，做小动作，反驳；有，分辨、极力分辨；有不接受批评的时候，为自己的错误言行辩解；偶尔有，认识不到自己的错误而不服气；有，主要表现在行为上，反复犯错；基本上没有不接受批评的；有，抗拒，特别是在学生面前批评时，抗拒行为较明显；基本没有，但由于小学生年龄小，有些错误改了还犯，需要经常提醒；有，学生不接受批评时行动会我行我素，会和老师说“不”；有，属于青春期逆反；有，学生不接受时行为会我行我素，会对老师说“不”；很少有学生不接受批评，个别表现只看到别人的错误，认识不到自己的错误，经过教育后，均能达到知错的目的；有顶撞老师的地方；现在学生不听话的越来越多，个别学生还与老师争吵，认为自己没有过错；有，态度不坚决；有，不倾听你说的话；冷处理；摆事实、讲道理，学生先说自己不接受批评的理由，教师再一一讲解；现在我所任教的学生年龄小，批评的时候只是不太高兴；有，不承认错误；有，语言上会有反驳，讲出自己的道理，但都是很主观的理由，没有从客观情况出发，没有从大局去考虑问题。

“课堂行为中的奖励与惩罚”编码下的词句有：当场表扬，并有一定的物质奖励；榜样示范；肯定成绩，提出切实的新目标；以点带面；树立榜样作用，随时随地表扬；口头表扬、园地红花；说出学生的表现，号召学生学习；口头表扬——获奖积累——物质奖励；适当物质奖励；当众表扬，适当物质奖励；以表扬信的形式，以树立榜样的形式表扬；在班级树立其为榜样；全班表扬、树立典范；针对一些小事，全班表扬，加笑脸；表扬的方式要恰当，表扬的方式因人而异；在全班同学面前大肆表扬、宣传并号召其他学生向其学习；说明其优点，长处所在，并在全班学生面前给予口头表扬及代表一定奖励的小印章或小红花；随时发现、随时表扬；班会表扬；多表扬他的优点、树立榜样；及时表扬；立刻表扬、树立榜样；夸她的品德；言语鼓励、小奖品，以及赞许的目光和手势，并树立典型榜样；在班级学生面前表扬，树立道德榜样，提升正能量；给予公开表扬、奖励，并号召学生学习；先讨论什么是“良好行为”？谁具有？大力宣传与表彰；在全班学生面前表扬；物质奖励、语言鼓励和树立榜样；点名表扬，给红花，发奖品，给予重要的任务等；进行评比(不贪多)，然后发奖状、表扬，奖励小红花，张贴小榜样的相片在评比栏等长期有效的措施；在全班情况下，根据个人的表现，突出表场好行为；及时的语言表扬。让其反思自己的过错，说服教育让其明理；提示、改正；找学生个人谈话，讲利弊关系，肯定其优点，再作批评。请求家长帮助，教师家长共同配合；认识错误，说服教育，与家长沟通，说出错误在哪，让其明确错误在何处，引导其努力改正；说服教育为主；说服、讲道理，教育他；摆明利害关系，摆事实，讲道理，并指导改正；让他说说自己做什么了，有哪些危害别人、自己的行为，教育他该怎样做，严重行为和家长沟通；耐心教育引导违反纪律的学生，私下找他谈话，指出他的缺点、不足，也有在全班同学面前批评、以警示其他同学；讲道理，并给予对应的惩戒；先个别谈话批评，再在班会上不点名，指出问题的错处；私下谈心、班会上点名批评教育；以真诚的心来教育；严厉批评的同时也要讲道理；在班级说现象，背后找学生个别教育；以谈心为主，从学生的角度分析更贴近孩子内心，也更容易接受；首先不要在人前批评他，私下里找他谈话，指出他做得不正确的地方；首先让他知道自己错在哪，然后道歉；说服、写日记；以爱动其心，以爱导其行；找学生个别谈心；点名警告、课后谈话、适当惩罚；首先让其明确规章制度，了解为什么不能这样做。以及这样做的弊端，问他应该怎样做；找学生了解情况。承认自己的错误，确定改正的方法；一般先自己反思，然后说错在哪，怎样改正；先让学生反思自己的不良行为，自己认识到错误，并作出未来的承诺。教师作出期望，希望他以后不要再犯这样的错误。

“课堂行为中的竞争与合作”编码下的词句有：今天我们又换了一个小组，总共五个人，一女四男。今天上美术课的时候可以小组合作，所以我们小组开始合作了，有三个人画画，有两个人涂颜色，所以我们很快就做完了，老师说做得非常好。这就是我们小组的情况，我爱这个小组。

新的学年开始，我们小组也有新的合作计划，有新的纪律和要求。我们组的纪律很好，学习也很认真，每当老师让我们讨论问题的时候，我们总会认认真真、滔滔不绝的开始讨论，假如，有哪个同学不会，其他组员都会一起去教他，向他说明思路和方法，从中找出问题中的一些规律。在一次《品德与社会》课上，我们小组表现很好，而其他小组则闹成一团，品德与社会老师表扬了我们组，并让其他组向我们学习，大家一起取长补短、互相帮助。偶尔，我们组也会犯错误，这时组长起了至关重要的作用。他让我们互相帮助、互相监督，尽最大的努力来纠正自己的不足。这就是我们的小组，一个充满爱心与快乐的小组。

“品德课程内容选择”编码下的词句主要是通过对辽宁省小学品德教材版本使用情况的调查得到的。在辽宁省沈阳市、大连市、辽阳市的城市、县城、农村，所使用的教材版本有三种：北京师范大学出版社、辽海出版社、辽宁师范大学出版社。

“品德课程实践运作”编码下的词句主要是通过对《品德与社会》课上，教师和学生的访谈得到的。大多数教师认为，《品德与社会》课上不能进行道德实践活动，主要出于时间、课程类型、安全等因素的考虑。

老师布置任务让学生回家后进行，例如帮长辈做家务，帮妈妈刷碗，并说一句“妈妈我爱你”。低年级进行道德实践，偶尔会情景再现。品德课上很难进行道德实践，因为道德的情境是真实的，而不是刻意就能创造出来的，那样就不真实了。因此，品德课上基本都是在进行道德认识和道德判断的过程。

例 1，在我们的校园生活里，有许多事情是快乐的，多姿多彩的。下面我要介绍一节普普通通却给我带来快乐的品德课。 前几天，侣老师跟我们讲了品德课的主要内容供我们选择。第一个是故事会，讲诚信的故事和不诚信的故事，分成两个小组。第二个是辩论赛，正方观点是“不管我有没有钱，都要学会节约”；反方观点是“我们的钱够多，不用节约”。每组 6 人。第三个，就是我们这月汇报的最后一组，是班会，由我们班的中队长带领。我是诚信故事小组的领读者，负责讲一篇故事和伴舞。我们的小组长是耿浩义和高晓池。每天中午，我们都到水泥蘑菇那里排练，第一次我们让侣老师检查一下我们的故事并提一些建议。侣老师说：“我们的故事不够广，全是历史中诚信的故事，应该增加一些贴近我们生活的诚信故事。”过了几天，组长给了我们新的稿子，让我们熟读。周四，我们开始汇报了，第一个故事由李佳韵朗读，第二个是李若曦，第三个是我，第四个是韩佳璇。最后是耿浩义，之后我们跟着节拍跳舞。 我们组的汇报我很满意，也很开心，我喜欢我的校园生活！

例 2，下周一就是我们的品德课了，我们准备了许多礼品，有小本子(4 本)，不可擦蓝色水性笔(2 支)和 20 厘米的格尺一把。我还选了火灾这一课做了 PPT，不过还没有练习，打算周一中午练习。我做了很多页 PPT，PPT 中有的全是字，有的全是图，有的字多图少，有的图多字少，我给爸爸读了一遍所有人的台词，爸爸很高兴：“这一定是一节完美的品德课！”

例 3，我们组一共有 5 个人，分别是：我、高玉凯、卢荣波，张一鸣和陈可辛。我负责翻页，高玉凯负责给发言的同学发奖品，卢荣波负责记录下发言的同学，张一鸣负责叫同学发言，陈可辛负责板书。除了这些，我们还有一个任务，那就是读 PPT 和完成一节标准的品德课。希望品德课圆满成功！

“品德课程评价”编码下的词句有：考试、考核、档案袋评价、阶段性评价、课程作业、课堂表现。一二年级的《道德与法治》课程保证采用档案袋评价的方式，档案袋中主要包括平时上课时学生制作的手抄报、宣传报、手工、图画等。例如，关于节约用水主题，我让学生在图画纸上绘制一幅宣传节约用水的画，然后放入档案袋中，以此记录学生道德成长的轨迹。三至六年级主要通过作业和期末考试进行评价，作业要求学生必须在教材中找到准确的答案，因为教研员需要进行检查，每周布置两次作业，期末考试有时是开卷，有时是闭卷，但不计入期末的主科成绩。

“品德课程与其他课程的融合”编码下的词句有：德育无处不在，教学生如何处事、节俭、做人、孝顺；根据教学内容随机融合，自主感悟，不必生搬硬套；抓住品德因素；每一课都要融合德育，如语文课文中的诚信教育、爱国教育，同学友爱教育；围绕教材，尤其语文课，加深思想情感教育；结合学科内容恰当进行德育教育；根据教材内容，适时融合，然后“润物细无声”乃是最高境界；在语文课中，每一次都会融合德育教育；以点带面；抓住契机，联系实际；时时融合，以点概面；具体事例，具体说明；结合教学内容，联系学生生活实际，有针对性地融合；结合教学内容，联系学生生活实际；在语文课上对学生进行爱祖国、敬老师、关爱同学，孝顺长辈的教育；具体到各学科的德育融合，语文、数学等课程都应进行德育教育。针对各课程的具体内容，进行德育教育。例如，在语文《蓝色的树叶》一课中，强调同伴间的互相帮助。数学课的德育教育主要体现在中华情怀的感知上，如介绍祖冲之研究圆周率、中国研究分数的历史等，同时培养学生认真思考、检查和书写的好习惯。

(二)检验结果

运用 Nvivo 软件，按编码相似性得出本研究的聚类节点，如图 2-2、2-3 所示。

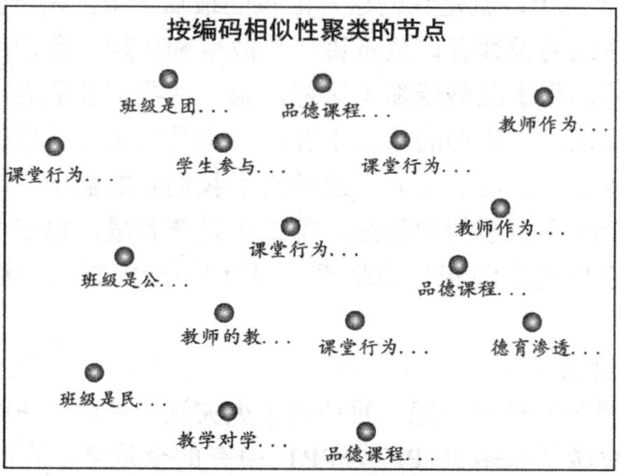

图 2-2 按编码相似性的聚类节点图 I

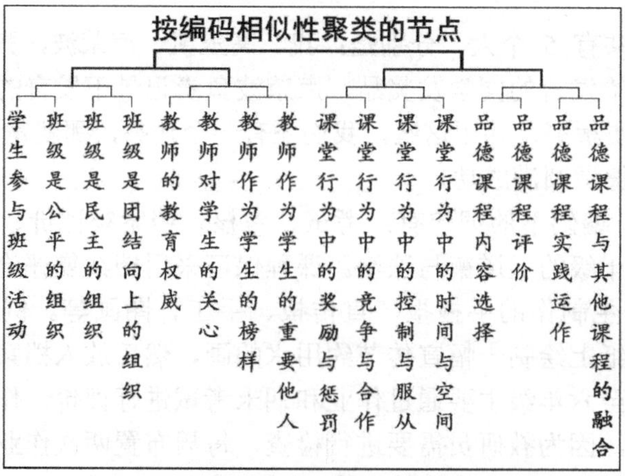

图 2-3 按编码相似性聚类节点图 II

建立类属：通过 Nvivo 软件的分析结果，把学校道德生活归为四大类：即师生关系场域道德生活、班级组织场域道德生活、课堂行为场域道德生活和品德课程场域道德生活。如表 2-1 所示。

表 2-1 学校道德生活维度及因子

类属	码号	
师生关系场域道德生活	1.“教师作为学生的榜样”	2.“教师的教育权威”
	3.“教师作为学生的重要他人”	4.“教师对学生的关心”
班级组织场域道德生活	5.“班级是民主的组织”	6.“班级是公平的组织”
	7.“班级是团结向上的组织”	8.“学生参与班级活动”
课堂行为场域道德生活	9.“课堂行为中的时间与空间”	10.“课堂行为中的控制与服从”
	11.“课堂行为中的奖励与惩罚”	12.“课堂行为中的竞争与合作”
品德课程场域道德生活	13.“品德课程内容选择”	14.“品德课程实践运作”
	15.“品德课程评价”	16.“品德课程与其他课程的融合”

编码检验与理论预设的学校道德生活研究分析框架相匹配，这不仅证明了预设的理论分析框架的相对合理性，也证明了本研究所建构的分析框架是源于实践，面向实践，同时体现了理论与实践的充分结合。

第三章　学校场域中的道德生活现状调查

我们采用问卷法和访谈法旨在对当前学校场域中的道德生活现状有一个清晰的了解。具体调查方法通过学校场域中的道德生活研究的基本分析框架，该框架分为师生关系、班级组织、课堂行为、品德课程四个场域维度。我们从这四个维度设计了问卷，确定了 37 个反映学校道德生活的题目，确保问卷具有良好的区分度、信度和效度。我们在辽宁省不同地区的中小学生选取被试进行了问卷调查，并运用 SPSS20.0 数据处理软件对收集的数据进行统计分析。通过描述性统计、独立样本 t 检验、单因素方差分析等数据分析方法，我们展示了学校场域中的道德生活现状。

第一节　调 查 设 计

本研究遵循理论来自实践的原则，根据学校场域中的道德生活研究基本分析框架的四个维度设计问卷，并进行项目分析和信度、效度检验，以证明问卷具有良好的区分度、信度和效度。随后，我们确定了最终问卷并进行施测。通过问卷调查，我们得出了调查研究的结果，并结合对教师的访谈，得出了最后的调查研究结论。

一、问卷设计

本问卷根据学校场域中的道德生活研究的基本分析框架、《中小学生守则》(2015 年修订)、《中小学德育工作指南》、相关文献、对一线教师的访谈，以及研究者本人的工作经验，自编问卷进行了调查。

(一)问卷编制

学校场域中的道德生活的基本分析框架由四个场域维度组成，每个维度设有 8—12 道题目不等，共计设计 40 道反映学校道德生活现状的题目，编制初始问卷。通过一线教师对问卷的评定，讨论问卷内容，并对问卷内容进行修改、完善，完成了初始问卷的编制。将初始问卷在所调查的学校中，通过班主任老师及不同年级的学生对问卷进行反复试读、理解，对问卷的内容和语句表达再次进行修改，完成了问卷的编制。(问卷见附录Ⅰ)

(二)问卷预测

问卷预测在 SSY 学校进行，以该校五年级和八年级的学生作为调查对象。选择理由是五年级学生已经形成了独立思考的能力，道德正处于从他律走向自律的过程中，自己对问题的看法，能够保证数据的真实性；八年级是道德成长的关键期。我们亲自到每一个班级中进行问卷发放，以保证学生的答题质量，避免学生心中的忌讳。强调问卷仅用于调查研究，对学校及个人不产生任何影响。为保证问卷的有效性，避免漏选或多选，反复告知学生一定要认真填写并检查有无漏选或多选。本次共发放问卷 360 份，无效问卷 9 份，有效问卷 351 份。

1．问卷的项目分析

首先对问卷的 40 道题目进行了题目的区分度检验，步骤如下。

对 40 道题的总分进行排序，将前 27%的题目作为高分组，后 27%的题目作为低分组，采用独立样本 t 检验来分析高低分组在每个题目上的差异性。检验结果表明，第六题、第九题、第十八题的两组被试得分无显著差异，说明这三道题没有区分度，应予以删除。其余 37 道题目具有很好的区分度，能够反映不同被试学校道德生活的真实情况。如表 3-1 所示。(项目分析数据见附录III)

表 3-1　项目维度及其题目构成表

维度(项目)	题　目
师生关系场域道德生活	1、2、5、8、11、15、21、23、26、31
班级组织场域道德生活	4、14、20、25、30、32、33、34、35、37、40
课堂行为场域道德生活	~~6~~、7、~~9~~、13、17、~~18~~、27、28、29、36、38
品德课程场域道德生活	3、10、12、16、19、22、24、39

2．问卷的信度检验

本问卷采用内部一致性信度和分半信度对问卷进行信度检验。结果表明，各维度的内部一致性信度与问卷总体信度的克隆巴赫 α 系数均大于 0.70，表明内部一致性较高；四个维度的分半信度系数均大于 0.60，分半信度较好。通过两个信度指标的检验，证明了问卷的每个维度都具有良好的信度指标，且总问卷信度指标达到了非常理想的状态。因此，该问卷具有很好的信度，检验结果如表 3-2 所示。

表 3-2　《学校道德生活现状调查问卷》信度检验

	师生关系道德生活	班级组织道德生活	课堂行为道德生活	品德课程道德生活	总分
内部一致性信度	0.788	0.766	0.804	0.829	0.915
分半信度	0.749	0.751	0.663	0.683	0.858

3．问卷的效度检验

关于问卷的效度，本研究以理论维度为预设维度进行题目设置，并通过专家评议，请教龄均在 15 年以上的小学高级职称的班主任老师对每个题目进行评议，以及在施测前找学生进行试读。通过删掉不合格题目，最后剩下 37 道题反映学校道德生活现状。通过 SPSS 检验的 KMO 和 Bartlett 的检验，KMO 值为 0.884，大于 0.8，p 值为 0.000，显著性小于 0.05，说明该问卷的效度比较好，内部结构合理，能够对学校场域中的道德生活进行有效的分析。如表 3-3 所示。

表 3-3　KMO 和 Bartlett's 的检验

取样足够度的 Kaiser-Meyer-Olkin 度量	KMO 值	0.884
Bartlett 球形度检验	近似卡方	4138.097
	df	666
	Sig	0.000

二、访谈设计

本研究的访谈是在问卷统计之后进行的，目的是对量化研究的结果进行实践检验和原因分析。

(一)访谈题目编制

根据量化研究的结果，编制 7 个能够如实反映每个结果的问题，旨在为量化研究结果提供分析的实证依据，并对量化研究结果进行实践检验。访谈题目针对量化研究呈现的结果，与教师在实践中进行印证，主要围绕以下两个方面进行访谈。

(1) 针对学校场域中的道德生活各维度得分频率统计结果的访谈，通过比较高分组和低分组，探讨在学校道德生活四个维度上的现状。

(2) 针对学校场域中的道德生活不同因素的差异检验结果进行访谈，包括在各维度上的性别差异，城乡差异(城市、县城、农村)，班干部与非班干部差异，班主任性别差异，独生子女与非独生子女差异，年级差异等。

(二)访谈对象选择

本研究从辽宁省沈阳市、大连市、辽阳市的七所小学中选取了 35 位具有 15 年以上教龄的小学高级以上职称的班主任进行访谈，其中包括中学教师 10 位，小学教师 25 位。其中，女性 30 位，男性 5 位，这与中小学教师性别比例的实际情况相符合。(访谈对象基本信息见附录Ⅳ)

(三)访谈具体实施

本访谈采取个别访谈和集体访谈相结合的方式。个别访谈主要是访谈每位教师半个小时，共访谈 35 位班主任老师，集体访谈主要是参与到各年级每周一次的教研活动中，共实施 5 组集体访谈，每组 4 人，共 20 人，以了解学校道德生活的现状。采用集体访谈的方法，是因为集体智慧能提供更全面的答案，避免个别老师回答有遗漏，集体访谈能够结合教研组的力量，对访谈问题给出更为完整的答案。

作者与大部分访谈对象为朋友关系，无需再建立人际关系，可以直接进入调查本身，无需浪费时间做准备工作，容易获得学校道德生活真实的情况。因此，调查结果具有较高的真实性。一是作者对访谈对象十分了解，基于亲密关系，避免了不讲真话的现象，能够探究一些制度背后深层的原因；二是本书作者有一年的小学班主任工作经历，对学校道德生活有一个比较整体的把握，并在 2019 年再次到附属学校挂职锻炼，进一步保证了研究的客观性。

三、被试分布

本研究在辽宁省选取沈阳市、大连市、辽阳市不同地区的七所具有代表性的学生作为被试，共发放问卷 2618 份，剔除无效问卷 118 份，共得到有效问卷 2500 份，有效率为 95.5%。其中城市学校三所，分别是 SSY、QS、BT 小学，县城学校两所，分别是 XMEX，SSZ 小学，农村学校两所，分别是 HHZ，NJJ 小学；男生 1322 人，占总人数的 52.9%，女生 1178 人，占总人数的 47.1%，男女人数比例相对均衡。中学选取 FKX 两所中学初二年级的学生，发放 300 份问卷，回收有效问卷 261 份(因中学主要是做质性研究，为更精确在该所学校调查，所以样本选取仅限于两所学校)，男生 143 人，占总人数的 54.8%，女生 118 人，占总人数的 45.2%，男女比例不均衡。

第二节　小学学校场域中的道德生活现状调查

小学阶段是人生的“拔节孕穗期”，在这一时期，道德行为的养成丨分重要。因此，培养良好的行为习惯，进而养成优良的品德是小学德育的重要任务。

在小学学校场域中的道德生活研究中，作者分别选取五年级和六年级的小学生作为问卷调查的对象，涵盖了城市、县城和农村的样本。研究运用质性与量化相结合的方式，通过搜集来的数据和文本资料进行分析，力求客观、真实地反映小学学校场域中的道德生活现状。

一、调查结果与分析

为了调查研究小学校园中的道德生活现状，我们采用了自编问卷的形式，在辽宁省沈阳市、大连市、辽阳市的城市、县城、农村三个地区，选取了七所具有代表性的学校的学生为样本。所选取的样本性别比例均衡，年级分布合理。作者亲自到每个班级中发放并收回问卷，同时现场解答学生的问题，这提高了问卷作答及回收的有效性。量化结果的分析结合了对教师的访谈，以验证量化研究结果能够客观反映学校场域中的道德生活现状。

(一)小学学校场域中的道德生活各个维度现状与分析

研究结果主要通过问卷调查数据统计呈现，运用了描述统计中的频率统计，独立样本 t 检验、单因素方差分析等方法进行数据统计。对问卷调查结果的分析，采用了与访谈资料相结合的方式，以验证问卷结果的客观性和真实性，研究结果客观地反映了学校场域中的道德生活现状。

1．师生关系场域道德生活现状

师生关系场域道德生活维度共有 10 道题，总分为 50 分。得分的高低代表师生关系道德生活的水平。运用描述统计的方法，将所得分数分为五组，具体如下：1～10 分为第一组、11～20 分为第二组、21～30 分为第三组、31～40 分为第四组、41～50 分为第五组。统计结果如表 3-4 所示。

表 3-4　师生关系场域道德生活现状

	分值	人数	百分比	有效百分比	累积百分比
有效	1～10 分	0	0	0	0
	11～20 分	8	0.3	0.3	0.3
	21～30 分	68	2.7	2.7	3.0
	31～40 分	695	27.8	27.8	30.8
	41～50 分	1729	69.2	69.2	100.0
	合计	2500	100.0	100.0	

图 3-1 更为清晰地呈现了师生关系场域道德生活现状。

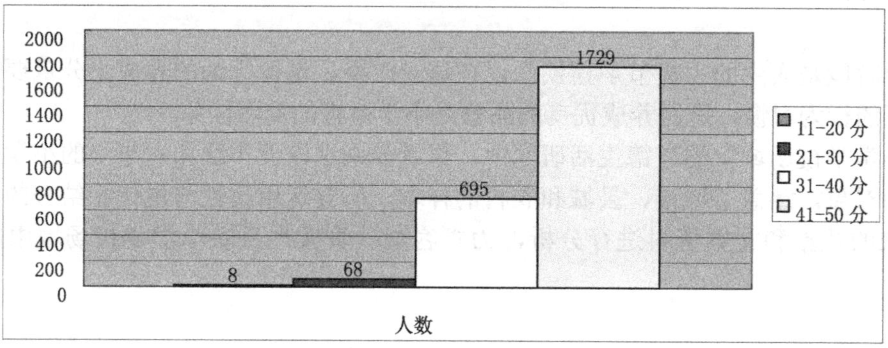

图 3-1　师生关系场域道德生活现状

师生关系场域道德生活现状为：得分在 41～50 分的有 1729 人，占总人数的 69.2%；得分在 31～40 分的有 695 人，占总人数的 27.8%；得分在 21～30 分的有 68 人，占总人数的 2.7%；得分在 11～20 分的有 8 人，占总人数的 0.3%。这些统计结果表明，当前学校道德生活中，师生关系比较良好、和谐，符合学校道德生活的实际情况。

本研究涉及的师生关系道德生活包括四个因子：“教师作为学生的榜样”“教师的教育权威”“教师作为学生的重要他人”“教师对学生的关心”。从调查结果看，在“教师对学生的关心”这一项目上，学生们普遍反映教师对他们的关心程度还不够。以“班主任老师总是关心我：如找我谈心、帮我系扣子、量体温等”这个问题为例，得分情况是：选择 5 分的有 750 人，占总人数的 30%；选择 4 分的有 575 人，占总人数的 23%；选择 3 分的有 491 人，占总人数的 19.7%；选择 2 分的有 333 人，占总人数的 13.3%；选择 1 分的有 350 人，占总人数的 14%。这说明当前学校教师在对学生的关心方面做得不够好。我们分析认为，教师主观上都认为关心学生是教师的本分，自己也是关心学生的，但学生们却普遍没有感受到教师的关心。客观分析导致这一现象的主要原因是：现在的小学教师普遍不太清楚应该如何关心学生。

2．班级组织场域道德生活现状

班级组织场域道德生活维度共有 11 道题，总分为 55 分。得分的高低代表班级组织道德生活的水平。运用描述统计的方法，将所得分数分为五组，具体如下：1～11 分为第一组、12～22 分为第二组、23～33 分为第三组、34～44 分为第四组、45～55 分为第五组。统计结果如表 3-5 所示。

表 3-5　班级组织场域道德生活现状

	分值	人数	百分比	有效百分比	累积百分比
有效	1～11 分	0	0	0	0
	12～22 分	15	0.6	0.6	0.6
	23～33 分	230	9.2	9.2	9.8
	34～44 分	1095	43.8	43.8	53.6
	45～55 分	1160	46.4	46.4	100.0
	合计	2500	100.0	100.0	

图 3-2 更为清晰地呈现了班级组织场域道德生活现状。

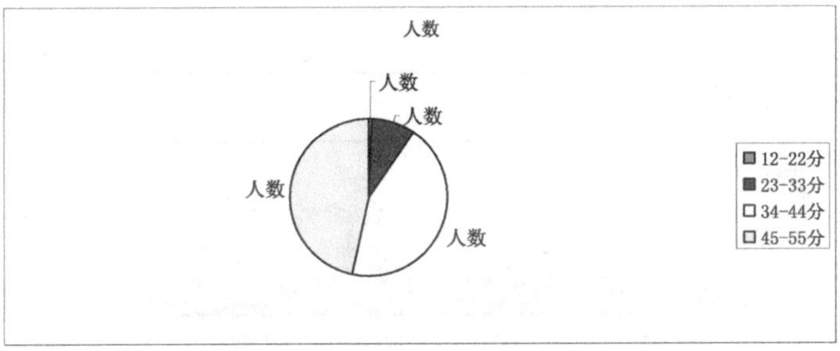

图 3-2　班级组织场域道德生活现状

在班级组织场域道德生活现状中，显示得分在 45～55 分的有 1160 人，占总人数的 46.4%；得分在 34～44 分的有 1095 人，占总人数的 43.8%；得分在 23～33 分的有 230 人，占总人数的 9.2%；得分在 12～22 分的有 15 人，占总人数的 0.6%。

根据统计结果，班级组织场域道德生活处于良好的状态中，班级组织比较公平、民主，学生积极参与学校道德生活。但是，得分在 34～44 分的人数在总人数中占较大比例，这表明班级组织道德生活的某些方面还需要进一步改进。例如，学生参与班级活动的程度，在对“我参与班级的手抄报、板报的设计”一题的作答时，选择 5 分的有 792 人，占总人数的 31.7%；选择 4 分的有 429 人，占总人数的 17.2%；选择 3 分的有 361 人，占总人数的 14.4%；选择 2 分的有 293 人，占总人数的 11.7%；选择 1 分的有 625 人，占总人数的 25%。这些数据说明在班级活动的参与上，还有部分学生没有参与到班级活动中。通过访谈，我们得知小学班级中班干部们的表现十分活跃，而普通同学积极性不高。

3．课堂行为场域道德生活现状

课堂行为场域道德生活维度共有 8 道题，总分为 40 分。得分的高低代表课堂行为道德生活的水平。运用描述统计的方法，将所得分数分为五组，具体如下：1～8 分为第一组、9～16 分为第二组、17～24 分为第三组、25～32 分为第四组、33～40 分为第五组。统计结果如表 3-6 所示。

表 3-6 课堂行为场域道德生活现状

	分数	人数	百分比	有效百分比	累积百分比
有效	1～8 分	0	0	0	0
	9～16 分	13	0.5	0.5	0.5
	17～24 分	265	10.6	10.6	11.1
	25～32 分	1175	47.0	47.0	58.1
	33～40 分	1048	41.9	41.9	100.0
	合计	2500	100.0	100.0	

图 3-3 更为清晰地呈现了课堂行为场域道德生活现状。

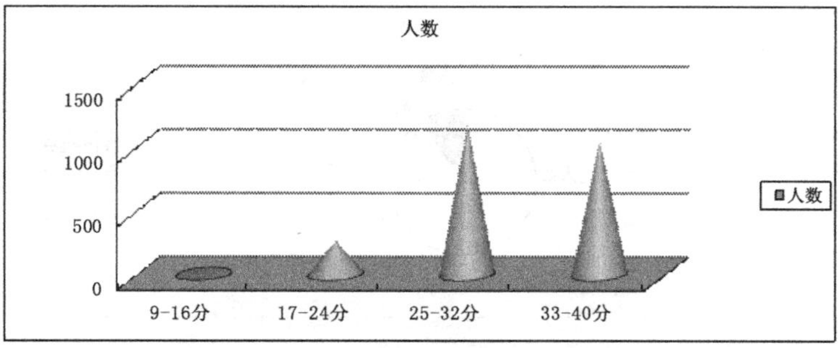

图 3-3 课堂行为场域道德生活现状

课堂行为场域的道德生活现状为，得分在 33～40 分的有 1048 人，占总人数的 41.9%；得分在 25～32 分的有 1175 人，占总人数的 47%；得分在 17～24 分的有 265 人，占总人数的 10.6%；得分在 9～16 分的有 13 人，占总人数的 0.5%。

根据统计结果，课堂行为场域道德生活总体得分较高，当前学校课堂基本发挥了其应有的育人功能。但是在对“无论班主任老师课还是科任课，我们班纪律都很好”一题的回答上：选择 5 分的有 630 人，占总人数的 25.2%；选择 4 分的有 930 人，占总人数的 37.2%；选择 3 分的有 602 人，占总人数的 24.1%；选择 2 分的有 223 人，占总人数 8.9%；选择 1 分的有 115 人，占总人数的 4.6%。这说明学生在班主任课和科任教师课表现不一致。通过对班主任教师的访谈我们了解到，学生在科任教师课上管不住自己，不听科任教师管教。我们认为，这与科任教师权威有关，班主任的权威要远远高于科任教师。因此，亟待提升科任教师的权威。

4．品德课程场域道德生活现状

品德课程场域道德生活维度共有 8 道题，总分为 40 分。得分的高低代表品德课程道德生活的水平。我们运用描述统计的方法，将所得分数分为五组，具体如下：1～8 分为第一组、9～16 为第二组、17～24 分为第三组、25～32 分为第四组、33～40 分为第五组。统计结果如表 3-7 所示。

表 3-7　品德课程场域道德生活现状

	分数	人数	百分比	有效百分比	累积百分比
有效	1～8 分	0	0	0	0
	9～16 分	15	0.6	0.6	0.6
	17～24 分	300	12.0	12.0	12.6
	25～32 分	1350	54	54	66.6
	33～40 分	835	33.4	33.4	100.0
	合计	2500	100.0	100.0	

图 3-4 更为清晰地呈现了品德课程场域道德生活现状。

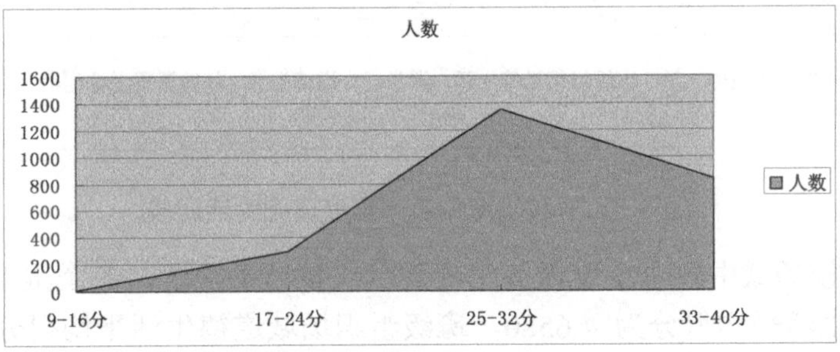

图 3-4　品德课程场域道德生活现状

品德课程场域的道德生活现状显示，得分在 33～40 分的有 835 人，占总人数的 33.4%；得分在 25～32 分的有 1350 人，占总人数的 54%；得分在 17～24 分的有 300 人，占总人数的 12%；得分在 9～16 的有 15 人，占总人数的 0.6%。

根据统计结果，品德课程场域的道德生活总体表现一般。例如，“我们学校每学期都有参观博物馆、教育基地等活动”一题的作答结果，选择 5 分的有 652 人，占总人数的 26.1%；选择 4 分的有 350 人，占总人数的 14%；选择 3 分的有 328 人，占总人数的 13.1%；选择 2 分的有 315 人，占总人数的 12.6%，选择 1 分的有 855 人，占总人数的 34.2%。这说明班级在学校的领导下，极少进行道德实践活动。通过访谈也证实了这一点，除了拥有优质教育资源的学校能够组织道德实践活动外，在其他学校，无论是城市、县城还是农村学校，几乎没有校外道德实践活动。究其原因：一是学校没有安排道德实践的时间，二是出于学生人身安全的考虑，没有组织道德实践活动。所以说，学校道德实践活动在学校道德生活中还是一个空白。

5. 学校场域中各个维度道德生活现状比较

为了研究学校场域中各个维度道德生活之间的现状，我们运用均值比较的方法，结果如表 3-8 所示。

表 3-8　学校场域中各个维度道德生活现状比较

维度	N	M	Max	Min
师生关系场域道德生活	2500	4.6580	2	5
班级组织场域道德生活	2500	4.3600	2	5
课堂行为场域道德生活	2500	4.3028	2	5
品德课程场域道德生活	2500	4.2024	2	5

为了更清晰地呈现数据统计结果，详见如图 3-5 统计显示。

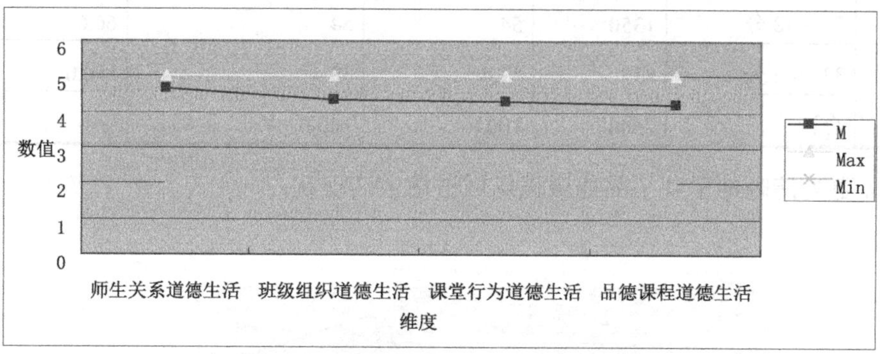

图 3-5　学校场域中各个维度道德生活比较

从表 3.8 学校场域中各个维度道德生活现状比较结果显示，各个维度得分均值为，师生关系场域道德生活平均得分为 4.6580，班级组织场域道德生活平均得分为 4.3600，课堂行为场域道德生活平均得分为 4.3028，品德课程场域道德生活平均得分为 4.2024。因此，在学校场域道德生活中，师生关系场域道德生活相对较好，而品德课程场域道德生活相对较差。

(二)小学学校场域中的道德生活不同因素差异现状与分析

学校场域道德生活差异现状，主要考察以下因素：不同性别的学生、不同地区的学生、不同班主任的性别、班干部与非班干部、独生子女与非独生子女、不同年级的学生。

1. 不同性别的学生在小学学校场域中的道德生活差异现状分析

为了研究不同性别的学生在小学学校场域中的道德生活差异现状，我们采用独立样本 t 检验分析男生和女生在学校场域中的道德生活差异情况。结果表明在各个维度上性别差异，都达到了极其显著的水平(即 $p<0.001$)，女生在各个维度上得分均高于男生。具体结果如表 3-9 所示。

表 3-9 不同性别的学生在小学学校场域中的道德生活差异现状

维 度	性 别	N	M	SD	t
师生关系场域道德生活	男	1322	41.7837	5.54113	-4.995^{***}
	女	1178	42.8608	5.23672	
班级组织场域道德生活	男	1322	42.0136	6.99939	-6.784^{***}
	女	1178	43.8506	6.53503	
课堂行为场域道德生活	男	1322	30.4365	4.96690	-5.163^{***}
	女	1178	31.4244	4.59967	
品德课程场域道德生活	男	1322	29.7791	4.67291	-3.729^{***}
	女	1178	30.4711	4.58522	

注：$^{***}p<0.001$

不同性别的学生在小学学校场域中的道德生活差异现状结果显示，男生和女生在学校场域中的道德生活各个维度上的差异极其显著。师生关系场域维度，t 值为-4.995，$p<0.001$，男生的平均得分为 41.7837，女生的平均得分为 42.8608，女生得分高于男生；班级组织场域维度，t 值为-6.784，$p<0.001$，男生的平均得分为 42.0136，女生的平均得分为 43.8506，女生得分高于男生；课堂行为场域维度，t 值为-5.163，$p<0.001$，男生的平均得分为 30.4365，女生的平均得分为 31.4244，女生得分高于男生；品德课程场域维度，t 值为-3.729，$p<0.001$，男生的平均得分为 29.7791，女生的平均得分为 30.4711，女生得分高于男生。因此，男生、女生在学校道德生活各个维度上的差异极其显著，女生在各个维度上的得分普遍高于男生。

根据 t 检验的结果，并结合相关教育理论、自身的教育经验以及对一线教师的访谈，分析如下内容。

小学班级中，大部分女孩都遵守纪律、认真学习、积极参加组织活动等“好学生”的角色，相比男生，女生得到老师的批评较少，更容易受到教师的认可，师生关系比较融洽。在日常生活中，女孩也更容易与老师相处，平时也能帮助老师做一些力所能及的事情，比如女生常常承担中午盛饭的任务，且做事时，女生比较稳重、细心。再如，女孩有时看到老师疲倦时，女生会主动给老师倒水或帮老师捶捶后背等。

从女孩的心理发展水平上看，无论是语言的发展，还是认知的发展，女孩普遍先于男孩，且自控能力也优于男孩，这也是女孩更守纪律，更容易得到老师肯定的原因之一。在访谈中我们了解到：“五、六年级的女孩相对于男孩大多更安静一些，比较懂事。当然也有很多男生在班级发生矛盾冲突时，更有担当，更容易接受老师的批评教育。而女孩也不乏叛逆、难以劝说的个例，这还要看孩子的家庭教育环境和家长的素质。”有老师说：“女生较听话，纪律较好，自律性更强一些。男生比较调皮，喜欢玩游戏，经常带玩具到学校”“男孩好动，女孩安静。女孩多半会按照老师的指令做事，而个别男孩会搞怪，偶尔的奇思妙想，弄出新花样，让人眼前一亮。女孩心细，安稳，但创新能力不如男孩。”

从教育实践经验上看，在班级组织场域道德生活中，女孩确实在班级中表现得很活跃，比如开联欢会时布置黑板、布置教室、帮助老师干活、主动打扫卫生等。作者以前的班上，有个女班长，特别地负责任，老师不在时把班级管理得井井有条。当然，也会有很积极的男生，但是从一般意义上讲，在参与班级活动时，女生比男生要积极。有的老师也反映女生一般表现得很听话，但偶尔也会很强势。

从中国传统文化上讲，女孩成长过程中所要遵守的规则、恪守的道德准则成为评价女孩是否优秀的标准。古代有《女学》《女训》等“三从四德”的道德标准。虽然随着时代的发展而发生变化，但是其核心思想如：温良、顺从、听话等标准却依然延续着。例如，男孩子调皮、捣蛋会被视为正常现象，而女孩则会遭到严厉批评，因为这不符合作为好女孩的标准。因此，女孩从小受家庭教育的影响，形成的这种思想观念会约束指导日常生活中的言行举止，在学校场域中的道德生活表现比男生更加遵守各项规章制度，并按照老师的要求去做。因此，这一分析表明，女生在学校场域中的道德生活表现优于男生。

2. 不同地区的小学学校场域中的道德生活差异现状分析

为了研究不同地区的小学学校场域中的道德生活差异现状，我们运用单因素方差分析法，检验城市、农村、县城三个地区学校场域道德生活的差异情况。具体结果如表 3-10、3-11 所示。

表 3-10　不同地区的小学学校场域中的道德生活描述统计

维度	不同地区	N	M	SD
师生关系场域道德生活	城市	908	42.3084	5.67977
	县城	781	42.4161	5.55529
	农村	811	42.1517	4.99387
	总数	2500	42.2912	5.42547
班级组织场域道德生活	城市	908	42.9064	6.64264
	县城	781	41.1985	7.10004
	农村	811	44.4673	6.43024
	总数	2500	42.8792	6.84492
课堂行为场域道德生活	城市	908	31.2302	4.76538
	县城	781	29.6261	4.89595
	农村	811	31.7633	4.55888
	总数	2500	30.9020	4.82171
品德课程场域道德生活	城市	908	28.9350	4.33228
	县城	781	31.0487	4.52091
	农村	811	30.5068	4.82467
	总数	2500	30.1052	4.64374

表 3-11 不同地区的小学学校场域中的道德生活差异现状

维度	变异来源	平方和	df	均方	F	事后比较
师生关系场域道德生活	组间	28.248	2	14.124	0.480	
	组内	73531.758	2497	29.448		
	总数	73560.006	2499			
班级组织场域道德生活	组间	4252.353	2	2126.177	47.052***	农村＞城市***
	组内	112833.165	2497	45.187		城市＞县城***
	总数	117085.517	2499			农村＞县城***
课堂行为场域道德生活	组间	1970.725	2	985.362	43.836***	农村＞城市***
	组内	56128.265	2497	22.478		城市＞县城***
	总数	58098.990	2499			农村＞县城***
品德课程场域道德生活	组间	2069.302	2	1034.651	49.856***	县城＞农村
	组内	51820.030	2497	20.753		农村＞城市***
	总数	53889.332	2499			县城＞城市***

注：$^{***}p<0.001$

不同地区的小学学校场域中的道德生活描述统计和差异现状显示：不同地区在小学学校道德生活各个维度存在不同的差异状况。在师生关系场域维度，不同地区差异不显著；在班级组织场域维度，不同地区差异极其显著；在课堂行为场域维度，不同地区差异极其显著；在品德课程场域维度，城市与县城差异极其显著，城市与农村差异极其显著，县城与农村差异不显著。结合访谈，具体结果分析如下内容。

(1) 师生关系场域道德生活：城市、农村、县城差异不显著

师生关系场域道德生活维度 F 值为 0.480，$p>0.05$，差异不显著；即城市、县城、农村道德生活在师生关系场域维度上差异不显著。这表明师生关系在全省不同地区学校中差别不大。师生关系场域道德生活维度共有 10 道题，总分为 50 分，平均得分在 42 分以上，反映当前学校道德生活中，师生关系状况较好，符合小学的实际状况。虽然，在总体上看，师生关系场域道德生活维度上地区差异不太大，状况普遍较好，但细致分析，却反映出师生道德关系方面的深层问题。师生关系场域道德生活现状的分析结果表明：教师不懂得如何关心学生，说明当前无论是农村、县城，还是城市地区，教师对学生的关心都不够。

(2) 班级组织场域道德生活：城市、农村、县城差异极其显著

班级组场域织道德生活维度 F 值为 47.052，$p<0.001$，差异极其显著。进行多重比较发现，城市与农村差异极其显著；城市与县城差异极其显著；县城与农村差异极其显著。三者平均分比较为：农村＞城市＞县城，说明农村地区班级组织场域道德生活好于城市和县城。

社会学家涂尔干认为，从组织角度分析，团结是组织是否紧密的核心要素。而这一要

素又区分为：有机团结和机械团结这两种不同的属性。有机团结形成的社会组织中，成员之间表现得很融洽，有共同的价值观和默许的规范；而机械团结形成的社会组织成员之间只是为了完成某件事情而聚在一起，成员之间可能存在价值观方面的冲突，没有共同的规范。根据涂尔干的社会组织理论，我们发现农村学校的班级组织更倾向于有机团结形成的组织。因为农村学校往往是随机分班，班级规模较小，甚至一个年级只有一个班，同学之间彼此都很熟悉，教师与学生之间也有着亲近的关系。例如一位农村教师在访谈中表示："我家和学生们的家都居住在同一个村子，我们彼此都认识，看着孩子们长大的，孩子们比较尊重我，十分听话。"因此，在这样的氛围下，教师制定的班规、组织的班级活动，很容易受到学生和家长的认同与支持，学生们也能积极主动地参与班级活动。班级氛围比较民主和公平。而城市和县城的班级组织，在分班时可能进行挑选，座位也可能是老师根据学生的不同状况安排，学生之间往往不了解彼此的家庭状况，只是为了共同学习的目的而组成的班集体。这样的班集体主要是由机械团结形成的，自然的凝聚力较弱，这也是农村班级组织道德生活好于县城和城市的一个重要原因。

(3) 课堂行为场域道德生活：城市、农村、县城差异及其显著

课堂行为场域道德生活维度 F 值为 43.836，$p<0.001$，差异极其显著。进行多重比较后发现，城市与农村差异极其显著，城市与县城差异极其显著，农村与县城差异极其显著，三者平均分比较为：农村＞城市＞县城。

农村小学班级人数相比县城和城市少，能够提高课堂教学效率。调查中发现，农村小学的班级人数一般在 30 人以下，班级规模较小，教师容易管理，课堂上教师可以兼顾到每一名学生，每一名学生都有机会回答问题，有利于教师与学生之间的互动。客观事实表明：在人数少的班级中，学生学习兴趣更浓，学习态度更好，更遵守课堂纪律，师生关系融洽，学生有较强的归属感。

相比之下，县城和城市学校的班级规模普遍较大。调查结果显示：城市、县城班级平均人数为 40 人以上，甚至最高达到 70 人的规模，出现了三名学生共用两张桌子的现象，加重了课堂教学管理的困难。当前我国学校大班额现象的出现主要源自学校所面对的教育供需矛盾。由于城乡一体化进程的加速，大量农民工子女进入城市小学，此现象改变了中国教育城乡二元结构，但也增加了城市、县城学校的教育负担。此问题必须引起高度的重视，加以合理解决。

(4) 品德课程场域道德生活：城市、农村、县城差异显著

品德课程场域道德生活维度 F 值为 49.856，$p<0.001$，差异极其显著，进行多重比较后发现，城市与农村差异极其显著，城市与县城差异及其显著，县城与农村差异不显著，其平均分比较为：县城＞农村＞城市。具体分析城市与县城、农村差异显著的原因。

其一，县城和农村小学对开展学校德育实践活动比较重视。通过对某县城老师的访谈得知："学校会定期组织学生看电影，听报告，开主题大队会，每周一节主题班会等。"这反映出县城以下小学道德课程的实践活动开展相对频繁。每周一次主题班会，这在城市小学是很难做到的。在对城市小学教师进行访谈时，老师明确地说："结合中国的传统文化进行教育，还有日常中发现的问题，进行道德教育，开展的道德教育活动较少。" 德育课程实践是提高德育效果的有效环节，应引起高度重视。

其二，重视《道德与法治》教材的使用。我们认为，教材是实施德育的重要载体，教

材的使用和德育的效果密切相关。辽宁省不同地区学校均使用统编版《道德与法治》的品德教材。调查中发现，辽宁农村和县城对品德教材的使用比较灵活，这也是这两个地区学校道德生活得分较高的原因之一。因此，我们认为《道德与法治》教材的使用以学校道德生活为基础是至关重要。

本研究所调查的农村学校有一所是作者的母校。作者老家是沈阳市法库县秀水河子镇，这里是打响东北解放战争第一枪的地方，是东北解放战争的“第一个春天”，因此，秀水河子中心小学每年在清明节时都会去烈士陵园祭扫烈士墓，缅怀先烈。作者从 1992 年至 2000 年，每年都参加了此活动。二十多年过去了，作者依然能够回忆起小学时全班同学一起和老师做小白花，老师教同学们如何佩戴小白花，以及如何往松树枝上绑小白花的情景。我认为这是对学生缅怀历史的道德教育，无需过多的言语，只需带同学们去体验，真正地去缅怀先烈，祭奠他们，这样的效果才是刻骨铭心的，这是真正的道德实践。而当前小学出于安全因素及各种原因的考虑，很少带学生去体验生活，感受生活，住在城市的孩子，接触自然、生活的机会较少，甚至有的地区的学校连仅有的春游、秋游都取消，冬天下雪学生在操场上打雪仗都被学校制止。甚至有些诗歌朗诵会、辩论赛等活动也被无故取消了。学校应该尽量组织各种实践活动，以增强小学生对道德生活的体验，深刻挖掘实践活动中的道德资源。

3. 不同性别班主任的小学学校场域中的道德生活差异现状分析

为了研究拥有不同性别班主任的学生在学校道德生活的差异现状，我们运用独立样本 t 检验分析男性和女性班主任在小学学校道德生活的差异情况。结果表明，在第一、二、四维度上差异不显著，在第三个维度上差异显著，具体分析结果如表 3-12 所示。

表 3-12 不同性别班主任的小学学校场域中的道德生活差异现状

维度	班主任性别	N	M	SD	t
师生关系场域道德生活	男	136	42.0221	5.49001	-0.595
	女	2364	42.3067	5.42251	
班级组织场域道德生活	男	136	43.6985	6.29088	1.436
	女	2364	42.8321	6.87370	
课堂行为场域道德生活	男	136	31.6618	4.35842	2.077*
	女	2364	30.8583	4.84423	
品德课程场域道德生活	男	136	30.1618	4.12440	0.146
	女	2364	30.1019	4.67263	

注：$^{*}p<0.05$

班主任性别在不同维度的学校道德生活中差异情况不一。在师生关系道德生活维度，t 值为-0.595，$p>0.05$，差异不显著；在班级组织场域维度，t 值为 1.436，$p>0.05$，差异不显著；在品德课程场域维度，t 值为 0.146，$p>0.05$，差异不显著。然而，在课堂行为场域维度，t 值为 2.077，$p<0.05$，差异显著，男性班主任得分高于女性班主任得分。

根据 t 检验的结果，并结合相关教育理论、自身教育经验以及对一线教师的访谈，分析如下。

本调查结果显示，班主任性别对学校道德生活的影响并不显著，但值得注意的是，本调查中男性班主任的样本数量相对较小。在参与调查的七所学校中，仅有两个班级的班主任是男性。如果男性班主任的样本数能够与女性班主任的样本数量相匹配，或许结果将有所不同，这一发现亟待未来进一步的研究与探索。

访谈中了解到，男性班主任和女性班主任在管理上并没有太大的区别。不过，不同气质类型的人可能会管理出不同的班级。那些管理细致、严格的班主任，他们所管理的班级学生通常比较听话、纪律良好、打架斗殴现象较少。从表面上看，这样的班级似乎很好，但实际上可能在一定程度上限制了学生的独立自主能力。另外，不同年龄段的班主任管理下的学生也有所不同。

在实践中发现，大多数女性班主任更细心，耐心且富有爱心；而男性班主任可能更加粗线条，更适合教授小学高年级学生。男性班主任往往对一些小事不太在意，更倾向于让学生自己去完成任务，这样学生就能得到充分的锻炼。相比之下女性班主任则更细致，可能比男班主任更严格，对学生观察也更仔细。男性班主任的思维活跃，有助于培养学生的各种能力，因此五六年级的学生普遍反映他们更喜欢听男性班主任的课。从学生的日记中可以看出，男老师十分受学生欢迎。

《我的新老师》

我有一位新老师，名叫宋老师，他是一位男老师。而我从 1～3 年级都是女老师教我，体育课有时是男老师。现在，我要分享一下关于宋老师的事情。宋老师对人友好，从不发脾气，性情温和，总是用微笑对待我们。上课的时候他告诉我们：“我们没有对错之分”。这句话让我感到很开心，也让我对老师充满了好感。老师告诉我们学校要举行运动会，全班都非常高兴。老师选好运动员后带着我们去练习。练完后，我们都大汗淋淋，老师也不例外。但是，当我们看到老师经常吃药，我们都会听从他的指示，这就是我的老师，他充满爱心和耐心，是一位优秀的好老师。

当然，不同性格的老师解决问题时采取的方法也会有所不同。通常情况下，性情温和的班主任所带领的班级，学生多数比较听话；而性格刚烈的老师所带领的班级，学生叛逆性更强，也更难以管理。

4．班干部与非班干部在小学学校场域中的道德生活差异现状分析

我们为了考察班干部与非班干部在学校道德生活的差异现状，采用了独立样本 t 检验分析他们在学校场域中的道德生活的表现差异情况。结果显示，在学校场域中的道德生活各个维度上，班干部与非班干部之间差异极其显著。具体分析结果如表 3-13 所示。

班干部在学校场域中的道德生活各个维度上的表现与非班干部相比具有极其显著的差异。在师生关系道德生活维度上，t 值为 7.731，$p<0.001$，差异极其显著，班干部得分高于非班干部；在班级组织道德生活维度上，t 值为 9.425，$p<0.001$，差异极其显著，班干部得分高于非班干部；在课堂行为道德生活维度上，t 值为 6.251，$p<0.001$，差异极其显著，班干部得分高于非班干部；在品德课程道德生活维度上，t 值为 5.372，$p<0.001$，差异极其显著，班干部得分高于非班干部。这表明班干部在每个维度上的得分均高于非班干部。

表 3-13 班干部与非班干部在小学学校场域中的道德生活差异现状

维度	担任班干部	N	M	SD	t
师生关系场域道德生活	是	839	43.4243	5.04147	7.731***
	否	1661	41.7188	5.52321	
班级组织场域道德生活	是	839	44.6341	6.49699	9.425***
	否	1661	41.9928	6.84703	
课堂行为场域道德生活	是	839	31.7437	4.65439	6.251***
	否	1661	30.4768	4.85019	
品德课程场域道德生活	是	839	30.8033	4.44303	5.372***
	否	1661	29.7526	4.70397	

注：*** $p<0.001$

根据 t 检验的结果，并结合相关教育理论、自身的教育经验以及对一线教师的访谈，分析内容如下。

班干部通常能为学生起到带头作用，他们是班级中积极上进的学生。班干部在日常活动中更加积极，善于自我表现，容易获得教师的肯定。同时，他们在处理师生关系、参与学校组织活动、课堂发言以及课程学习等方面都表现良好。相较于非班干部，班干部拥有更强的号召力，愿意组织并参与各种活动，积极展现自己。尽管非班干部也有积极表现自己的愿望，但他们往往只对喜欢的活动感兴趣，对于不喜欢的活动则漠不关心。班干部表现出自信、大胆、会做事的特点，尤其在老师面前，他们在处理事情时顾全大局。而非班干部则显得被动，在参与班级活动时，他们不是思考“我要做什么”，而是考虑“他(她)让我做什么。”在学校道德生活中，教师应引导班干部带动全班同学，发挥榜样作用，以促进良好班风的形成。

5. 独生子女与非独生子女在小学学校场域中的道德生活差异现状分析

为了探讨独生子女与非独生子女在小学学校场域中的道德生活差异现状，我们采用独立样本 t 检验进行了分析。结果显示，在学校场域道德生活各个维度上，独生子女与非独生子女之间的差异并不显著。具体分析结果如表 3-14 所示。

表 3-14 独生子女与非独生子女在小学学校场域中的道德生活现状

维 度	独 生	N	M	SD	t
师生关系场域道德生活	是	1642	42.3465	5.48822	0.705
	否	858	42.1853	5.30489	
班级组织场域道德生活	是	1642	42.7052	6.94697	-1.759
	否	858	43.2121	6.63654	

续表

维 度	独 生	N	M	SD	t
课堂行为场域道德生活	是	1642	30.8362	4.81422	-0.944
	否	858	31.0280	4.83633	
品德课程场域道德生活	是	1642	30.0743	4.52584	-0.450
	否	858	30.1643	4.86358	

在师生关系场域道德生活维度，t 值为 0.705，$p>0.05$，差异不显著；在班级组织场域道德生活维度，t 值为-1.759，$p>0.05$，差异不显著；在课堂行为场域道德生活维度，t 值为-0.944，$p>0.05$，差异不显著；在品德课程场域道德生活维度，t 值为-0.450，$p>0.05$，差异不显著。

根据 t 检验的结果，并结合相关教育理论、自身的教育经验以及对一线教师的访谈，分析内容如下。

在小学学校场域中的道德生活的各个维度上，总体上独生子女与非独生子女之间的差异并不显著，也无法区分谁更优秀。由于教师对全体学生按照学校的标准统一管理，独生子女与非独生子女在学校场域中的道德生活的各个维度并未展现出差异。我们普遍认为独生子女可能会表现出叛逆等性格特点，但在学校生活中，这种性格表现却并不明显。因此，在学校道德生活方面独生子女与非独生子女之间的表现趋同，这也说明了学校道德教育对独生子女的成长起到了促进作用。

实践中许多老师表示："独生子女与非独生子女在学校中没有呈现规律性的表现。"独生子女可能相对任性、强势，而非独生子女则可能相对谦和。例如，在自我约束力方面，由于独生子女受到多个家长照料，完成作业的情况较好，而不交作业的情况则多半出现在非独生子女身上。研究表明："相对于非独生子女而言，在独生子女成长中起特殊作用的是家庭环境的影响和家庭教育的作用。"[①]这说明独生子女问题在学校道德教育过程中并不是一个主要问题，而学生的个性和性格特征也是我们教育工作者应该给予关注的重点。

6．不同年级的学生在小学学校场域中的道德生活差异现状分析

为了考察不同年级学生在小学学校场域中的道德生活的差异现状，我们采用了独立样本 t 检验。结果显示，在师生关系场域、班级组织场域、品德课程场域三个维度上不同年级学生的道德生活差异显著。其中，在班级组织场域和品德课程场域这两个维度上的差异尤为显著，而在课堂行为场域维度上差异不显著。具体分析结果如表 3-15 所示。

在师生关系场域维度上，t 值为 2.973，$p<0.01$，差异非常显著，五年级得分高于六年级；在班级组织场域维度上，t 值为 6.126，$p<0.001$，差异极其显著，五年级学生的得分高于六年级；在课堂行为场域维度上，t 值为 0.286，$p>0.05$，差异不显著；在品德课程场域维度上，t 值为 4.228，差异极其显著，五年级得分高于六年级。

---

① 北京师范大学教育科学研究所．独生子女的心理特点与教育[M]．农村读物出版社，1988：45.

表 3-15 不同年级学生的学校场域道德生活差异现状

维度	年级	N	M	SD	t
师生关系场域道德生活	五年级	1341	42.5906	5.46538	2.973**
	六年级	1159	41.9448	5.36045	
班级组织场域道德生活	五年级	1341	43.6532	6.78188	6.126***
	六年级	1159	41.9836	6.81109	
课堂行为场域道德生活	五年级	1341	30.9277	4.83442	0.286
	六年级	1159	30.8723	4.80888	
品德课程场域道德生活	五年级	1341	30.4691	4.66505	4.228***
	六年级	1159	29.6842	4.58506	

注：*** $p<0.001$；** $p<0.01$

根据 t 检验的结果，并结合相关教育理论、自身的教育经验以及对一线教师的访谈，分析内容如下。

学校道德生活的年级差异非常明显，五、六年级在课堂行为道德生活维度上没有显著差异，而其他三个维度上差异显著或极其显著，且六年级的得分普遍不如五年级。在师生关系道德生活维度，六年级学生与老师的关系发生了很大的变化，他们有了自己的想法，自主性更强，不愿意去做与自己无关的事情。他们对老师的要求也有了自己的判断标准，与五年级相比，判断能力有所提高，不再以他们外在品质去衡量一个老师的好坏，而是从老师的内在品质，如学识、人品等方面去评判老师。在班级组织道德生活维度，班主任普遍反映："五年级学生比六年级能稍微好管理些，六年级进入了青春期，孩子心理比较叛逆。""五年级的孩子还带有很浓的童真，六年级的孩子略带有叛逆，想做小大人的心蠢蠢欲动。"尤其是六年级的第二学期，学生们认为自己即将毕业，不再是小孩子，认为自己长大了，开始对老师的严格管理产生抵触的情绪。

在课堂行为道德生活维度，教师们认为："小学生五年级时还是按照自己的喜好来学习，主要完成学校的学习任务，自主学习意识不强。升入六年级后，学习目标更明确了。有很多同学在老师和家长的督导下开始有意识地加强各学科的知识拓展学习，给自己增加学习任务。五年级时学生的优劣等级尚不很明显，而到六年级，学生很快就分出明显的层次。一些学困生、后进生开始不守纪律，并因为处于小学的最高年级，变得更难管理。"

在品德课程道德生活维度，虽然六年级学生的理解能力、判断能力等高于五年级，但是在实践活动方面不如五年级学生积极。有教师反映，六年级学生思想更加成熟，不愿意参与与自己无关的事情，在积极主动性上不如五年级学生。

因此，在学校道德生活的各个维度上，五年级学生的表现均优于六年级的学生，学校在道德教育中应特别关注六年级学生的需求，注意对他们的教育和引导。

二、调查的基本结论

从研究结果中，可以得出以下主要结论。

1. 小学学校场域中的道德生活各个维度现状的结论

(1) 在师生关系场域维度中，学生感受不到老师的关心。

(2) 在班级组织场域维度中，学生尚未全部参与到班级活动中。

(3) 在课堂行为场域维度中，科任教师课上学生表现较差。

(4) 在品德课程场域维度中，道德实践活动少。

(5) 通过对各项目之间的比较发现：师生关系场域维度的道德生活较好。而品德课程场域维度的道德生活相对较差。

2. 小学学校场域中道德生活不同因素差异现状的结论

(1) 女生在学校场域中的道德生活表现优于男生。

(2) 不同地区学校中师生关系普遍较好。在班级组织场域维度和课堂行为场域维度两项中，农村均优于城市和县城。在品德课程场域维度一项上，县城优于农村和城市。

(3) 班干部在学校场域中的道德生活表现优于非班干部。

(4) 在学校场域中的道德生活教育，男性教师更受学生的欢迎。

(5) 独生子女与非独生子女在学校场域中的道德生活表现趋同。

(6) 五年级学生在学校场域中的道德生活表现优于六年级学生。

第三节　中学学校场域中的道德生活现状调查

中学阶段是学生从儿童向成人转变的关键时期。在这一时期形成的道德发展取向和知行基础，将对他们的一生带来重要影响。因此，探索这一阶段学校场域中的道德生活及学生道德成长的发展特征，并寻找恰当的教育方式，对青少年的健康成长乃至社会的道德进步具有重大意义。

我们对中学学校场域中的道德生活研究，分别选取初中和高中学校场域道德生活进行实地调查研究。运用质性与量化相结合的研究方式，初中阶段选取八年级的学生，高中阶段选取高二年级的学生，通过收集数据和文本资料进行分析，以客观、真实地反映中学学校场域道德生活的现状。

一、调查结果与分析

在中学学校场域中的道德生活现状的调查研究中，我们采用了自编问卷的形式，在辽宁省沈阳市某县城中学进行。选取的被试性别比例均衡，考虑到中学学习负担较重，我们仅选取八年级的 300 名学生进行问卷发放，回收有效问卷 261 份。量化结果的分析结合对教师的访谈，以验证了量化研究结果能够客观反映学校道德生活现状。

(一)中学学校场域中的道德生活各个维度现状结果与分析

1. 师生关系场域道德生活维度

师生关系场域道德生活维度共有 10 个题目，总分为 50 分。得分高低代表学生在师生关系维度的道德水平。我们采用描述性统计方法，将所得分数分为五组：1～10 分为第一组，11～20 分为第二组，21～30 分为第三组，31～40 分为第四组，41～50 分为第五组。统计结果如表 3-16 所示。

表 3-16　师生关系场域道德生活现状

		频率	百分比	有效百分比	累积百分比
有效	11～20	2	0.8	0.8	0.8
	21～30	27	10.3	10.3	11.1
	31～40	128	49.0	49.0	60.2
	41～50	104	39.8	39.8	100.0
	合计	261	100.0	100.0	

图 3-6 更清晰的呈现了师生关系场域道德生活现状。

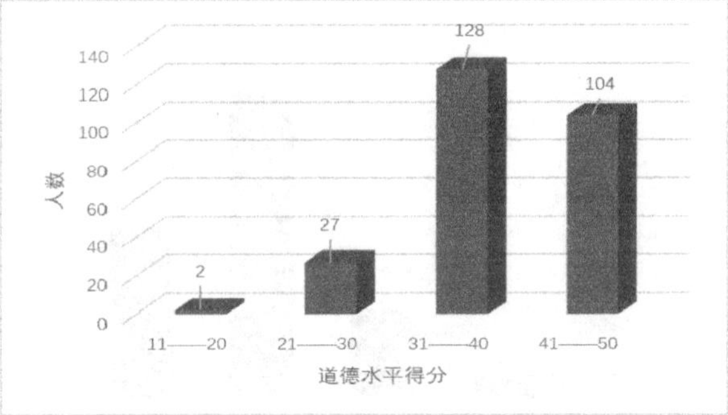

图 3-6　师生关系场域道德生活现状

在师生关系场域道德生活现状中，得分在 41～50 分的有 104 人，占总人数的 39.8%；得分在 31～40 分的有 128 人，占总人数的 49%；得分在 21～30 分的有 27 人，占总人数的 10.3%；得分在 11～20 分的有 2 人，占总人数的 0.8%。统计结果反映出当前学校道德生活中，师生关系较为良好和谐，符合学校道德生活的实际情况。

在师生关系场域道德生活中，即“教师作为学生的榜样”“教师的教育权威”“教师作为学生的重要他人”“教师对学生的关心”。调查结果显示，在“教师对学生的关心”这一项目上，存在不平等现象，会因人而异。例如，在“班主任老师一视同仁，不区分我们为优等生，没有偏袒的现象等”这问题上，选择 5 分的有 107 人，占总人数的 41%；选择 4 分的有 89 人，占总人数的 34.1%；选择 3 分的有 41 人，占总人数的 15.7%；选择 2 分的有 12 人，占总人数的 4.6%；选择 1 分的有 12 人，占总人数的 4.6%。这说明约有 25%的学生认为班主任存在偏袒现象，当前学校教师在对学生的关心上存在差异，不能一视同仁。受应试教育的影响，教师对学习成绩优异的学生更加偏爱，而忽视表现一般或成绩较差的学生。客观分析导致这一现象的主要原因在于教师以提高学生的成绩为主要目标，自然对聪明、成绩优异的学生给予更多关注，而忽视了全体学生的道德成长。

2. 班级组织场域道德生活维度

班级组织场域道德生活维度共有 11 个题目，总分为 55 分。得分高低代表学生在班级组织维度的道德水平。我们采用描述性统计的方法，将所得分数分为五组：1～11 分为第一组，12～22 分为第二组，23～33 分为第三组，34～44 分为第四组，45～55 分为第五组。统计结果如表 3-17 所示。

表 3-17　班级组织场域道德生活现状

		频　率	百分比	有效百分比	累积百分比
有效	12～22	4	1.5	1.5	1.5
	23～33	37	14.2	14.2	15.7
	34～44	142	54.4	54.4	70.1
	45～55	78	29.9	29.9	100.0
	合计	261	100.0	100.0	

图 3-7 更清晰的呈现了班级组织场域道德生活的现状：

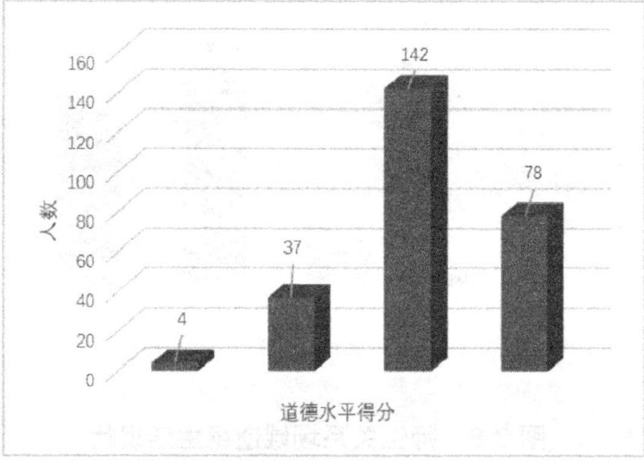

图 3-7　班级组织场域道德生活现状

在班级组织场域道德生活现状中，得分在 45～55 分的有 78 人，占总人数的 29.9%；得分在 34～44 分的有 142 人，占总人数的 54.4%；得分在 23～33 分的有 37 人，占总人数的 14.2%；得分在 12～22 分的有 4 人，占总人数的 1.5%。统计结果反映出当前学校道德生活中，班级组织管理比较恰当、有序，符合学校道德生活的实际状况。

统计结果表明，班级组织场域的道德生活总体处于较好的状态中，班级组织有序、民主，学生会参与学校道德生活。但得分在 34 分以下的人数，在总人数中占比为 15%，这说明班级组织道德生活的某些方面还需要进一步改进。例如，在学生参与班级活动方面，对于“我们每名同学都能参与到策划元旦联欢会等活动”这一问题的回答题时：选择 5 分的有 55 人，占总人数的 21.1%；选择 4 分的有 80 人，占总人数的 30.65%；选择 3 分的有 70 人，占总人数的 26。8%；择选 2 分的有 18 人，占总人数的 6.9%；选择 1 分的有 38 人，占总人数的 14.55%。这些数据说明，大多数学生并没有参与到班级活动中。通过访谈得知，只有班干部才有更多的机会参与班级活动，非班干部参与班级活动的机会较少、积极性也不高。

3. 课堂行为场域道德生活维度

课堂行为道德生活维度共有 8 个题目，总分为 40 分，得分高低代表学生在课堂行为场域维度的道德水平。我们采用描述性统计的方法，将所得分数分为五组：1～8 分为第一组，9～16 分为第二组，17～24 分为第三组，25～32 分为第四组，33～40 分为第五组。统计结果如表 3-18 所示。

表 3-18 课堂行为场域道德生活现状

		频　率	百分比	有效百分比	累积百分比
有效	9～16	5	1.9	1.9	1.9
	17～24	24	9.2	9.2	11.1
	25～32	139	53.3	53.3	64.4
	33～40	93	35.6	35.6	100.0
	合计	261	100.0	100.0	

图 3-8 更清晰的呈现了课堂行为场域道德生活现状。

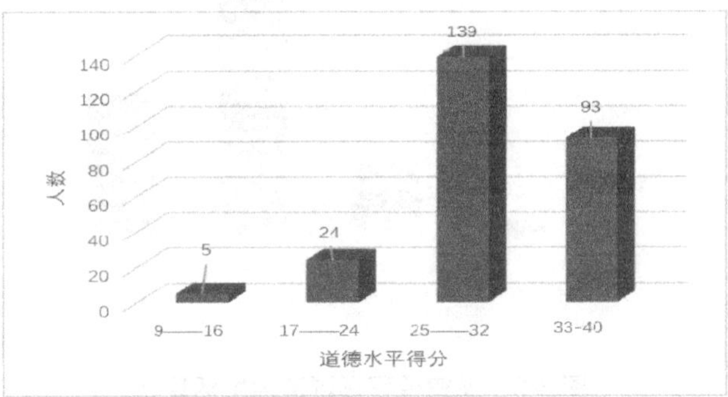

图 3-8 课堂行为场域道德生活现状

在课堂行为场域道德生活现状中，得分在 33～40 分的有 93 人，占总人数的 35.6%；得分在 25～32 分的有 139 人，占总人数的 53.3%；得分在 17～24 分的有 24 人，占总人数的 9.2%；得分在 9～16 分的有 5 人，占总人数的 1.9%。统计结果反映出当前学校道德生活中，课堂行为表现良好、稳定，符合学校道德生活的实际情况。

统计结果表明，课堂行为场域的道德生活总体得分良好，当前学校课堂基本发挥了其应有的育人功能。然而在对“课堂上，老师时刻都在看着我们的举动，严格控制我们的行动”这一问题的回答上：选择 5 分的有 68 人，占总人数的 26.1%；选择 4 分的有 112 人，占总人数的 42.9%；选择 3 分的有 65 人，占总人数的 24.9%；选择 2 分的有 11 人，占总人数 4.2%；选择 1 分的有 5 人，占总人数的 1.9%。这表明班主任对学生的控制性较强，希望在课堂上掌控学生的一举一动。通过对班主任教师的访谈得知，班主任总想细致入微地了解学生的行为。一方面这有利于班级和课堂的管理；另一方面，严格的管理也是班主任权威的一种体现。

4. 品德课程场域道德生活维度

品德课程场域道德生活维度共有 8 个题目，总分为 40 分，得分高低代表学生在品德课程场域维度道德水平。我们采用描述性统计的方法，将所得分数分为五组：1～8 分为第一组，9～16 分为第二组，17～24 分为第三组，25～32 分为第四组，33～40 分为第五组。统计结果如表 3-19 所示。

表 3-19　品德课程场域道德生活现状

		频　率	百分比	有效百分比	累积百分比
有效	9～16	1	0.4	0.4	0.4
	17～24	34	13.0	13.0	13.4
	25～32	149	57.1	57.1	70.5
	33～40	77	29.5	29.5	100.0
	合计	261	100.0	100.0	

图 3-9 更清晰的呈现了品德课程场域道德生活现状。

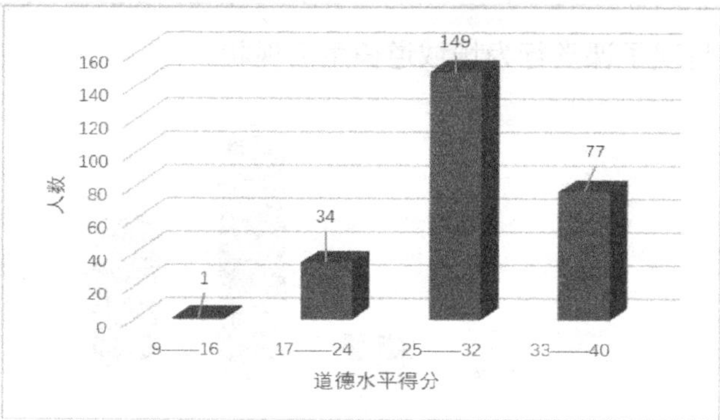

图 3-9　品德课程场域道德生活现状

在品德课程场域道德生活现状中，得分在 33～40 分的有 77 人，占总人数的 29.5%；得分在 25～32 分的有 149 人，占总人数的 57.1%；得分在 17～24 分的有 34 人，占总人数的 13.0%；得分在 9～16 分的有 1 人，占总人数的 0.4%。以上统计结果反映出当前学校道德生活中，品德课程设置比较合理、多元，符合学校道德生活的实际状况。

统计结果表明，品德课程场域道德生活总体表现一般。例如，在对“其他学科，如体育、美术、科学、综合实践课让我们学到道德知识”这一题的回答，选择 5 分的有 71 人，占总人数的 27.2%；选择 4 分的有 92 人，占总人数的 35.2%；选择 3 分的有 68 人，占总人数的 26.1%；选择 2 分的有 19 人，占总人数的 7.3%，选择 1 分的有 11 人，占总人数的 4.2%。这表明在学校课程中，除了专门的品德教育课程会对学生进行道德教育外，其他的课程很少进行品德教育的渗透。通过访谈了解到，各门学科教师都以自身学科的教育目标为主线开展教学，几乎不涉及其他课程因素。分析其原因如下：一是学科课程的融合性不强；二是教师自身素质有待加强。除此之外，即使在专门的品德教育课程中，教师也主要以传授道德知识为主，学生的道德实践锻炼机会很少。

5. 学校场域中的道德生活各个维度现状

学校场域中的道德生活各个维度现状比较结果如表 3-20 所示。从学校场域中的道德生活各个维度得分的均值来看，师生关系场域道德生活平均得分为 4.28，班级组织场域道德生活平均得分为 4.13，课堂行为场域道德生活平均得分为 4.23，品德课程场域道德生活平均得分为 4.16。因此，在学校场域道德生活中，师生关系场域道德生活相对较好，而班级组织场域道德生活相对较差。

表 3-20　学校场域中道德生活各维度现状比较

	N	最小值	最大值	均值	标准差
师生关系场域道德生活	261	2	5	4.28	0.675
班级组织场域道德生活	261	2	5	4.13	0.698
课堂行为场域道德生活	261	2	5	4.23	0.690
品德课程场域道德生活	261	2	5	4.16	0.646

为了更清晰地呈现统计结果，详见统计图 3-10 所示。

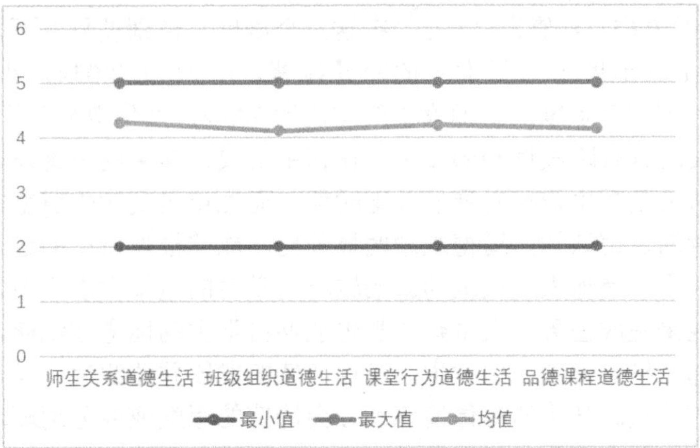

图 3-10　学校场域道德生活各维度现状比较

(二)中学学校场域中的道德生活不同因素差异现状结果与分析

中学学校场域中道德生活差异现状主要考察以下几方面：不同性别学生、不同地区的学生、学生是否独生子女、学生是否担任班干部、班主任性别。

1. 不同性别的学生在学校场域中的道德生活差异现状

为了研究不同性别在学生学校道德生活的差异现状，我们采用独立样本 t 检验分析男生和女生在学校道德生活中的差异情况。结果表明，在师生关系、班级组织、课堂行为场域道德生活维度上，男女生的性别差异并不显著($p>0.05$)。然而，在品德课程场域道德生活维度上，男女生之间存在显著差异($p<0.05$)。具体结果如表 3-21 所示。

表 3-21 不同性别的学生在学校场域中的道德生活差异现状

	性别	N	均值	标准差	t	Sig
师生关系场域道德生活	男	143	38.17	6.391	−0.939	0.348
	女	118	38.93	6.670		
班级组织场域道德生活	男	143	40.13	8.107	−1.129	0.260
	女	118	41.22	7.320		
课堂行为场域道德生活	男	143	30.00	5.596	−1.335	0.183
	女	118	30.88	4.915		
品德课程场域道德生活	男	143	29.35	4.953	−2.129*	0.034
	女	118	30.62	4.634		

注：$^*p<0.05$

不同性别的学生在学校场域中的道德生活差异现状研究表明，男生和女生之间的差异并不显著。在师生关系场域道德生活维度，p 值为 0.348，大于 0.05，t 值为−0.939；在班级组织场域道德生活维度，p 值为 0.260，大于 0.05，t 值为−1.129。在课堂行为场域道德生活维度，p=0.183>0.05，t 值为−1.135。在这三个维度上性别差异并不显著。然而，在品德课程场域道德生活维度上，男女生的差异显著，p 值为 0.034，小于 0.05，t 值为−2.129。男生的得分均值为 29.35，而女生的均值为 30.62，女生得分高于男生。

学生的道德发展具有阶段性和顺序性。在初中阶段，学生的道德发展比小学阶段更加成熟。八年级被认为是学生道德发展的关键时期，而九年级是学生道德的初步成熟期。中学生已经具备明确的道德认知，道德观念明显分化，能够根据自己的道德观念分析具体的道德情境并做出判断，受他人或权威的影响较小。学生的道德意志逐渐发展，他们更多地依靠内心的自觉性来完成任务，大多数中学生能够自觉主动地遵守纪律，并积极参与班级活动而不需要教师严格的管理。中学生的道德情感的发展并非线性，而是呈现出多水平、多层次、多维度的特点。学生的集体情感和社会情感的程度或成分逐渐增加，道德情感的社会性逐步发展，主要表现在班级荣誉感，课堂责任感和同伴友谊感等方面。尽管中学生的道德行为有时出现知行不一的情况，但他们的道德认知来源于学校品德课程和日常生活。在接受品德课程教育时，女生在观察力、记忆力、注意力、想象力及具体形象思维的能力等方面比同龄的男生要强，中学女生的道德认知比男生更深刻。此外，从传统文化理论来看，女生的性格使她们更加稳重、遵守规则，更易于将道德认知转化为道德行为。相比之下，男生性格较为跳脱、猎奇，注意力不集中，在道德知识的获取上通常低于女生，道德行为表现也不稳定，更容易出现知行不一的情况。因此，在品德课程场域道德生活维度上，男女生的差异显著，女生的表现明显优于男生。

2. 不同地区的学生在学校场域中的道德生活差异现状

为研究不同地区中学生在学校场域中的道德生活差异现状，我们运用单因素方差分析，检验城市、农村、县城的学校道德生活的差异情况，具体结果如表 3-22 所示。

表 3-22 不同地区的学生在学校场域中的道德生活差异现状

		N	均值	标准差	F	Sig
师生关系场域道德生活	城市	2	39.50	13.435	0.46	0.830
	县城	259	38.50	6.488		
	总数	261	38.51	6.517		
班级组织场域道德生活	城市	2	48.00	7.071	1.823	0.178
	县城	259	40.57	7.756		
	总数	261	40.63	7.766		
课堂行为场域道德生活	城市	2	29.50	13.435	0.057	0.811
	县城	259	30.40	5.261		
	总数	261	30.40	5.307		
品德课程场域道德生活	城市	2	38.00	2.828	5.700	0.018*
	县城	259	29.86	4.807		
	总数	261	29.93	4.844		

注：$^*p<0.05$

不同地区的学生在学校道场域中的道德生活差异现状研究表明，学校所在地的不同在学校道德生活上的差异不太显著。在师生关系场域道德生活维度，p 值为 0.830>0.05，F 值为 0.46。在班级组织场域道德生活维度，p 值为 0.178，大于 0.05，F 值为 1.823。在课堂行为场域道德生活维度，p 值为 0.811，大于 0.05，F 值为 0.057。这三个维度上，不同地区在学校道德生活上没有显著差异。只有在品德课程场域道德生活维度上不同地区的学生道德生活差异显著，p 值为 0.018，小于 0.05，F 值为 5.700。城市得分的均值为 38.00，县城的均值为 29.86，城市学生的得分高于县城学生。

学生在学校场域中的道德生活差异与学校所在地的不同并无显著相关性，尤其在师生关系、班级组织、课堂行为这三个维度上，差异并不明显。分析其原因：一是国家对教育的大力支持，为了促进教育公平，坚持将公共教育资源向农村、中西部地区和贫困地区倾斜，逐步缩小城乡、区域之间的教育发展差距，并加大优质教育资源分配的宏观调节力度，这使得县城教育逐步向城市教育靠拢。二是县城师资力量的增强和教师素质的提高也是一个重要因素，县城教师的学历和素质不断提高，专业能力增强、班级组织管理方式多样化，对学生的关心和爱护也更加充分。这使得县城和城市的学生都能生活在一个充满爱的环境中。但是，由于教育机会和教育环境的差异，大城市的学生在教育实践机会上比小县城的学生更多。这导致在品德课程场域道德生活维度上，城市学校的均值远远高于县城学校，显示出不同地区学生在这一维度上的道德生活显著差异。

3. 学生是否为独生子女在学校场域中的道德生活差异现状

为了研究学生是否为独生子女在学校场域中的道德生活差异现状，我们采用独立样本 t 检验分析独生子女和非独生子女在学校道德生活中的差异情况，具体结果如表 3-23 所示。

学生是否为独生子女在学校场域中的道德生活的差异现状研究表明，学生是否为独生子女在学校道德生活上的差异并不显著。在师生关系场域道德生活维度，p 值为 0.061，大于 0.05，t 值为−1.881。在班级组织场域道德生活维度，p 值为 0.206，大于 0.05，t 值为−

1.268。在课堂行为场域道德生活维度，p 值为 0.106，大于 0.05，t 值为-1.622。在品德课程场域道德生活维度，p 值为 0.430，大于 0.05，t 值为-7.91。由此发现，在这四个维度上，是否独生子女在学校道德生活上没有显著差异。

表 3-23　学生是否是独生子女在学校场域中的道德生活差异现状

	是否独生女	N	均值	标准差	t	Sig
师生关系场域道德生活	否	127	37.74	6.513	−1.881	0.061
	是	134	39.25	6.458		
班级组织场域道德生活	否	127	40.00	7.687	−1.268	0.206
	是	134	41.22	7.822		
课堂行为场域道德生活	否	127	29.85	5.435	−1.622	0.106
	是	134	30.91	5.150		
品德课程场域道德生活	否	127	29.68	4.992	−7.91	0.430
	是	134	30.16	4.707		

注：$^{*}p<0.05$

由于人口素质的提高和养育压力的增大，一个家庭只生育一个子女已成为常态，尤其是在当代的中小学生群体中，大部分为独生子女。尽管亲兄弟姐妹关系会在学生成长发展过程中产生一定作用，但是学生是否独生子女在学校道德生活上并无显著差异。分析其原因如下：一是由于家长素质的提高和教育理念的转变使得是否为独生子女已对学生的影响不大。家长不会因为孩子是独生子女就无限溺爱，也不会因为有几个孩子就产生偏袒的心理状态，孩子都能得到较为平等的对待。二是素质教育观要求教师面向全体学生，关心和爱护每一个学生，即使是独生子女，也能在班集体中体会同伴间的亲密关系，学会尊重和分享。因此，学生是否为独生子女在学校道德生活上无明显差异。

4. 班干部与非班干部在学校场域中的道德生活差异现状

为了研究班干部与非班干部在学校场域中的道德生活差异现状，我们采用独立样本 t 检验分析是班干部和非班干部在学校场域中的道德生活差异情况，具体结果如表 3-24 所示。

表 3-24　班干部与非班干部在学校场域中的道德生活差异现状

	是否班干部	N	均值	标准差	t	Sig
师生关系场域道德生活	否	152	38.37	6.911	−0.418	0.676
	是	109	38.71	5.948		
班级组织场域道德生活	否	152	39.91	8.227	−1.764	0.049*
	是	109	41.62	6.987		
课堂行为场域道德生活	否	152	29.97	5.586	−1.516	0.131
	是	109	30.98	4.857		
品德课程场域道德生活	否	152	29.84	5.086	−0.323	0.747
	是	109	30.04	4.506		

注：$^{*}p<0.05$

班干部与非班干部在学校场域中的道德生活差异现状的研究表明，学生是否为班干部在学校场域中道德生活上的差异并不显著。在师生关系场域道德生活维度，p 值为 0.676>0.05，t 值为-0.418。在课堂行为场域道德生活维度，p 值为 0.131，大于 0.05，t 值为-1.516。在品德课程场域道德生活维度上，p 值为 0.747，大于 0.05，t 值为-0.323。在班级组织场域道德生活维度差异明显，p 值为 0.049，小于 0.05，t 值为-1.764。

班干部是班集体建设的重要组织力量，是班级的重要成员，承担着上传下达，促进师生沟通，协助班主任组织管理班级的基本功能。同时，班干部还需要调解班级纠纷，维护班级荣誉，对打造良好班风具有重要作用。此外，担任班干部还能锻炼提高交流、组织等各项能力。虽然班干部需要比普通学生更加积极地参与班级组织和活动，但在师生关系场域道德生活方面与普通学生也无明显差别，因为教师应该平等地对待每个学生。在课堂行为场域道德生活和品德课程场域道德生活方面，班干部与普通同学也无明显差别，班干部首先是学生，然后才是班干部，并无特权之分，他们与其他同学平等的享受教育资源。

5. 班主任性别在学校场域中的道德生活差异现状

为了研究班主任性别在学校场域中的道德生活差异现状，我们采用独立样本 t 检验分析班主任为男性和班主任为女性在学校场域中的道德生活差异情况，具体结果如表 3-25 所示。

表 3-25 班主任性别在学校场域中的道德生活差异现状

	班主任老师性别	N	均值	标准差	t	Sig
师生关系场域道德生活	男	158	37.37	6.754	−3.580***	0.000
	女	103	40.26	5.739		
班级组织场域道德生活	男	158	39.60	8.117	−2.677**	0.008
	女	103	42.20	6.941		
课堂行为场域道德生活	男	158	29.59	5.410	−3.094**	0.002
	女	103	31.63	4.919		
品德课程场域道德生活	男	158	29.65	4.820	−1.135	0.257
	女	103	30.35	4.874		

注：$^*p<0.05$，$^{**}p<0.01$，$^{***}p<0.001$

班主任性别在学校道德生活差异现状的研究表明，班主任性别在学校场域中的道德生活确实存在显著差异。在师生关系场域道德生活维度，p 值为 0.000，小于 0.05，t 值为-3.580。班主任为男性时的得分均值为 37.37，班主任为女性时的均值为 40.26，女性的得分均值大于男性。在班级组织场域道德生活维度，p 值为 0.131，小于 0.05，t 值为−2.677。班主任为男性时的得分均值为 39.60，班主任为女性时的均值为 42.20，女性的得分均值大于男性。在课堂行为场域道德生活维度，p 值为 0.002，小于 0.05，t 值为-3.094。班主任为男性时的得分均值为 29.59，班主任为女性时的均值为 31.63，女性的得分均值大于男性。在这三个维度上，班主任性别对学生的学校道德生活上有显著影响，并且班主任为女性时，学生在学校道德生活中的得分最高，表现最佳。只有在品德课程场域道德生活维度上，p 值为 0.257，大于 0.05，t 值为−1.135。班主任性别在品德课程场域道德生活上没有显著差异。

研究表明，班主任性别对于学生的学校场域中的道德生活有显著影响。首先，女性班主任通常表现得更加温柔、细心、耐心和有亲和力；而男性班主任则相对显得更严肃、威严。其次，作为班级的组织者、领导者和教育者，班主任需要深入了解每一个学生，并掌握与他们交流沟通的技巧。在这方面，女性班主任具有天然的优势，因此在师生关系场域道德生活中，女性班主任的得分均值远远高于男性班主任。在班级组织场域道德生活方面，女性班主任在沟通组织方面更具优势。在课堂行为场域道德生活方面，女性班主任能够营造出轻松的民主的学习环境。因此，在班级组织和课堂行为场域道德生活维度上，班主任为女性的得分均值都高于男性。然而在品德课程场域道德生活方面，男女性班主任的教学目标、内容和方式无明显差别，教学水平也相差无几，因此，在这个维度上，班主任性别对学生在学校道德生活上没有显著差异。

二、调查的基本结论

从研究结果中，可以得出如下主要结论。

1. 中学学校场域中的道德生活各个维度现状的结论

(1) 在师生关系场域维度中，教师对学生的关心存在不平等现象，这因人而异。

(2) 在班级组织场域维度中，只有班干部才有更多的机会参与班级活动，而非班干部参与班级活动的机会不多、积极性也不高。

(3) 在课堂行为场域维度中，班主任对学生的控制性太强。

(4) 在品德课程场域维度中，其他的课程很少进行品德教育的渗透。

(5) 通过对各项目之间的比较发现：师生关系场域道德生活相对较好，而班级组织场域道德生活相对较差。

2. 中学学校场域中的道德生活不同因素差异现状的结论

(1) 不同性别在品德课程场域道德生活维度上差异显著，女生的表现明显优于男生。

(2) 不同地区的学校在品德课程场域道德生活维度上差异显著，城市学校的均值远远高于县城学校。

(3) 独生子女与非独生子女在学校场域中的道德生活上无明显差异。

(4) 班干部与非班干部在课堂行为场域道德生活和品德课程场域道德生活上没有明显差异。

(5) 班主任性别在师生关系场域道德生活、班级组织场域维度的道德生活、课堂行为场域维度的道德生活上有显著差异，在品德课程场域的道德生活上没有显著差异。

相关分析的结果表明，学校场域中的道德生活的四个维度高度正相关。这意味着学校场域中的道德生活的各个方面是相互关联的，任何一方面的疏忽都可能影响其他方面。这说明学校道德生活是一个整体。因此在开展学校道德教育时，应该全面关注各个方面，不得偏废，实施整体德育，确保学校道德生活的各个方面都得到充分的关注和重视。

第四章　学校场域中的道德生活事实考察

本章主要采用文本分析法对学校场域中的道德生活事实进行考察，目的是补充调查研究的不足。将量化研究与质性研究相结合，相互验证其结果的真实和可靠性，完整地呈现出学校场域中的道德生活现状和事实。主要以作者的教育经历、实地调查及收集的小学生日记文本为考察对象。作者有一年的小学班主任工作经历，在这一年中还承担二年级、三年级、五年级品德课程的教学工作，工作期间写了大量的工作日记和教育反思，为本研究提供了真实的体验基础。作者在研究的过程中深入小学、中学进行质性研究，以一线教师为研究目标，采用观察、访谈、文本分析的方法，以“局外人”的身份置身于学校场域中的道德生活，对学校道德生活有了不同于“局内人”的体验。可以清晰地呈现和描绘真实情境中的学校场域中的道德生活事实，反映学校场域中的道德生活的真实样态。

第一节　学校场域中的道德生活事实考察设计

学校场域中的道德生活事实研究主要通过收集的小学生作文日记文本和中学实地观察进行质性研究，以期弥补量化研究的不足。为了使研究结果更具客观性、真实性，注重分析中小学生对学校场域中的道德生活的真实感受。

一、考察方法

本研究采用文本分析法对小学学校场域中的道德生活事实进行考察。选取小学生三、四、五、六年级一整学年的作文日记作为文本进行分析。采用实地调查法对中学学校场域中的道德生活进行考察。充分了解中小学生在学校中的道德生活现状，分析中小学校的道德生活事实，以及学校道德教育真实的事例。

此外，作者还根据自己的教育经验，运用观察法客观描绘小学生在学校场域中的道德生活事实，体验、反思小学生道德生活事实问题。

二、信度、效度

如何保证考察的信度和效度是学校道德生活事实考察的难点和核心问题。道德事实考察的“效度”，是指考察的结果是否真实地反映了研究对象的情况。我们基于学校道德生活研究的基本分析框架，深入学校生活情境，深入课堂教学情境进行全面观察，严格按照组织研究程序进行，以确保研究结果具有一定的说服力和真实性。“信度”，是指研究结果是否具有可重复性。由于我国幅员辽阔，三十多个省份，学校教育存在一定的差异性，导致学校道德生活状况可能会有所不同。尽管在全国范围内辽宁省具有一定的代表性，但是其研究结果仅能反映辽宁省的学校道德生活状况，这也是研究的一种局限。

三、材料收集

作者于 2018 年 9 月与被试学校建立联系，在该校的三、四、五、六年级各选择一个班，搜集了他们在 2018—2019 学年度两个学期的完整作文日记。选择一整学年可以反映一年中小学生道德成长的情况。由于一二年级没有书面作业，只能通过作者的观察和与学生谈话来记录，学生的学校道德生活现状。三四年级作为中年级，五、六年级作为高年级，各选取一个具有多年经验的班主任班级，且该班的班主任都兼任语文教师，对每一篇作文日记都严格地把握，给予认真批改，并有恰当的评语。这为本研究提供了方便，节省了作者挑选文本的时间。共收集了 800 本作文日记，整理了近 20 万字的学生日作文记文本资料。作者采用边阅读边分析边录入的形式进行原始资料整理。在整理的过程中，剔除不适合本研究分析的篇章，最终选择典型案例 690 例，用于对学校道德生活的质性研究。此外，2019 年作者挂职锻炼到某附属学校和某县城中学，深入中学学校场域进行研究，观察中学学校场域中的道德生活事实，与访谈结合进行，并分析学生的相关作文日记文本，真实地记录下学校场域中的道德生活现状。

四、材料录入

对材料的分析，我们采用阅读录入的形式，按照年级的顺序，主要录入以下主题的作文日记文本，如表 4-1 所示。

表 4-1　小学生作文日记文本材料

年级	学期	日记题目
三年级	上学期	《小组合作学习开始了》《最美孝心少年》《助人为乐》《擦地板》《不想分开》《我的同桌》《五美少年》《寻找最美孝心少年》《王老师回来了》、《天下好人多》《帮妈妈做饭》《日记里的日记》《我的姥姥》、《交通警察》《妈妈过生日》《母爱》《嫦娥三号发射》《落后就要挨打》、《互相关爱的同学》《感动》《帮助别人 快乐自己》《重阳节》、《美丽的心灵》《虚惊一场》《孝敬妈妈》
	下学期	《开学第一天》《开学典礼》《三八妇女节》《养动物、种植物》《春天的发现》《有趣的旅行》《生日 party》《春天来了》《美丽的桃花》《军训比赛》《清明节扫墓》《我的奶奶》《爸爸过生日》《母爱》《给朋友的一封信》
四年级	上学期	《我的新老师》《难忘的采摘活动》《我要做一个有孝心的好孩子》《快乐的一天》《开学典礼》《地球的愿望》《爱心传递》《爱是什么》《我的老爸》《师恩难忘》《我身边的一件事》《我的傻妈妈》《一碗炒面》、《开学了》《爬艾菲尔铁塔》《渍白菜》

续表

年级	学期	日记题目
四年级	下学期	《总在我耳边响起的话》《聪明的小羊》《军训比赛》《草帽计》缩写、《我们的手》《蚂蚁日记》《驼峰》《妈妈的爱》《不一样的眼睛》《生命的力量》《世博园庆六一》《蜜一样的时光(诗歌)》
五年级	上学期	《五五美少年畅想》《低级错误》《开学以来最值得记忆的事》《难忘的每天早上》《天使美少年畅想》《刨茬子》《可爱的脸谱》《新学期、新起点、新梦想》《人易富而难贵》《父母的爱》《话中秋》《我班有个邢捕头》
	下学期	《我给妈妈过节日》《一周以后的我》《体育课上的军训》《穿越时空》《鸡蛋撞地球》《没头脑开商店》《神奇坦克兵》《穿越时空续篇》《春天来了》《“飞车党”事件感想》《游览世博园》《我》《时代穿越》《难忘的春游》《儿童节趣事》《独自一个人在家》《这学期记忆最深的一件事》《我的新老师》
六年级	上学期	《雾中“清新”还在吗？》《班级怪现象》《孝敬父母，尊敬父母——观〈最美孝心少年〉有感》《恨的变化》《品德汇报课》《班级里的那些事》《诚信》《孝心无价》
	下学期	《如何看待教室内的说话》《养动植物(仿写猫)》《我们班的新同学》《抬腿就讲》《美丽的校园》《校内新鲜事》《优秀是一种习惯(听高年级学姐报告)》《感谢(感谢父母、老师、同学、姐姐、大自然)》《概述南丁格尔事迹》《改写四时田园杂兴》《迎接趣味运动会》《趣味运动会》、扩写《矛与盾》、续写《鹬蚌相争》《由英语过级考试带来的反思》《一次“防震”演习》《世博园欢庆“六一”》

中学学校场域中的道德生活事实描述，主要采用实地现场观察的方式进行，对观察到的道德生活事实进行客观描述，展现真实的学校场域道德生活事实。

第二节　小学学校场域中的道德生活事实描述

通过对小学生作文日记文本的分析，从作文日记文本中看到小学学校场域中的道德生活事实。为了与量化研究理论维度一致，从师生关系场域道德生活事实、班级组织场域道德生活事实、课堂行为场域道德生活事实和品德课程场域道德生活事实四个方面对质性材料进行分析。

一、师生关系场域道德生活事实

对作文日记的文本进行分析后发现，师生关系场域道德生活事实主要体现以下四个方面：在敬与畏之间体现教师的教育权威；在表层与深层之间体现教师对学生的关心；在教师作为学生的重要他人，应履行的职责是传道、授业、解惑；从外在形象到内在品德修养体现教师作为学生的榜样。

(一)敬与畏——教师的教育权威

教师的教育权威不是吓唬、恐吓、镇压、威胁，而是用人格魅力去吸引学生，教师的知识内涵和人格魅力是赢得学生尊重的条件。以下是一位学生写自己邢老师的作文日记。

《我班有个邢捕头》

邢捕头是一位优秀的教师，她镜框后面那双深邃的目光，时刻闪动着智慧的火花。浓密的黑发下面穿着格子服，既素雅又不失美观，她就是我们的邢老师。

下课时，邢捕头走进办公室，脸上洋溢着喜悦的微笑，因那节课我们表现非常出色。上课时，邢捕头立刻变得严肃起来。因为学习是非常重要的事情，邢捕头是我们的语文老师，如果国语都学不好，那么又如何学好其他国家的语言呢？我们平时不起眼的小事在邢老师眼里都能点石成金。比如阅读，它不仅是乐趣里面的一项，而且优美的词句还能帮助我们写出好的作文，因此，我们一定要好好学习，天天向上，不能让邢老师失望。

邢老师非常童真。有一天当班长在收拾毛笔时，一位同学不小心撞洒了一个墨盘，导致墨水不偏不倚地沾到了路过的同学身上。邢老师看到后，笑着对我们说："呵呵，你们每个人都碰过墨香了。"我们相互看了一眼。发现有些同学的衣服被墨水染黑了就像小猫变成了斑点猫一样，而我们则变成了小画家。邢捕头就是我心目中的偶像，她正直、公平、富有智慧。我爱五年五班，我爱邢老师。

从学生的作文日记中可以看出，教师权威已经在学生心目中根深蒂固了。在学生心目中，教师既是亲切的又是威严的。虽然学生内心深处对老师有些惧怕，但从另外一个角度看，学生和老师之间存在着一种想要亲近的情感纽带。因此，学生们会用尊重的称呼来描述，如公平、严肃；有时也会用亲切的称呼，如"捕头"来形容老师。

(二)表层与深层——教师对学生的关心

在小学阶段，更换老师是很正常的事情，有的班级甚至一年一换班主任，最多三年一换，因学校不同、地域不同，所以表现出各种情况。我们认为，频繁地更换班主任不利于学生道德品质的养成，短暂的师生关系使教师与学生的感情只停留在表层，不能建立持久、深厚的师生关系感情。以下是学生写自己新老师的作文日记。

《我们的新老师》

我们升入四年级，自然就要分班，换新班主任。现在我给大家介绍一下我们的班主任老师吧！他就是我们的宋老师，他是一个和蔼可亲的老师，我们非常喜欢他，他还是我们的语文老师呢!宋老师有一张圆圆的、红扑扑的脸，像一个红太阳，他的脸上总是挂满了笑容，有时还经常逗我们玩。讲的故事可有意思了。宋老师眼睛很圆，外面还带着一副大大的眼镜，圆圆的眼睛非常有神，像一个大侦探的眼睛一样。这时，我想起了"春蚕到死丝方尽，蜡炬成灰泪始干"这句话就是来形容我的老师，仿佛老师就是春蚕，把所有的知识教给我们，像蚕丝一样吐尽。仿佛老师还像蜡烛一样，为我们呕心沥血，直到成灰泪始干。如在课堂上，老师讲解课文，提出问题，这都是老师默默无闻地教给我们的知识。在一次开学典礼上，老师对我们有所了解，但是每个人给老师留下的印象都不一样，有的是好印象，有的则是不好的印象。在这一周的时间里，老师把我们的名字全记住了。我真佩服他！还有一次上语文课，我举手发言时，宋老师用他那坚定的目光看着我，给了我强大的自信。宋老师给了学习的力量，我相信在未来的三年里，我会变得自信的，为了我自己，为了我的老师。接下来三年里，我会和我的老师朝夕相处，发生更多感人的事情和快乐幸福的瞬间。我会用我的笔和脑记录下所有的一切，留做永恒的回忆。

《老师》

我已经换了三个班主任了。分别是姜老师、王老师和李老师。姜老师教了我两年，包括一年级和三年级，王老师教我二年级，李老师教我四年级。虽然这三位老师都是好班主任，但我的学习成绩却不尽如人意，可能是因为我没有好好学习，也没有好好珍惜。老师文化水平可能是一样的，但他们的性格可不一样。姜老师活泼开朗，王老师是内向的性格，而李老师开朗大方。我喜欢三位老师的性格。李老师留着长头发，眉毛弯弯的，像柳叶，长着一双大眼睛，小鼻子和樱桃小嘴。而且李老师还有一个不到一岁的小女孩。我喜欢这三位美丽动人的班主任！

根据以上事例可以看出，第一个学生的班级是在四年级才换班主任，而第二个学生的班级几乎一年一换，新老师对于学生来说需要有一个适应的过程。辽宁师范大学杨晓教授认为：师生关系应该保持一种连续性。一般情况下，师生关系的时间最少应保持三年以上。[①]特别是小学生，不应该频繁地更换班主任。然而当前许多学校并不遵循这一教育规律，经常更换班主任，导致师生之间难以建立长期的关心与信任关系，这对孩子行为习惯的养成和道德品质的形成都具有负面影响。

(三)传道、授业与解惑——教师作为学生的重要他人

“师者，所以传道授业解惑也”，自古以来，学生都把教师视为重要的他人。在师生关系中，教师不仅扮演着重要他人的角色，更承担着一份责任。这不仅是由教师的职业决定的，更是出于教师内心的一份责任感，在得到学生的理解和感谢时，教师也会提升自己的职业幸福感。这篇学生作文日记是教师布置的题目《感谢一个人》，对日记题目进行统计发现，班里有 30%的学生写感谢老师；感谢妈妈的占 50%；感谢同学的占 5%；感谢爸爸的占 15%。可以看出，教师在小学生心目中的地位有时高于父亲和同学，因为教师是学生的互动性的重要他人。曾经有家长和我们说：“班主任老师对孩子的影响太大了，学生的一言一行、一举一动都会受到老师的影响，老师说一句话顶我们家长说十句。”我们深深地被家长的话语所震撼，深感老师的责任重大。

《感谢》

在这里，我要感谢一个人，他不是我的父母，却一直照顾我们。如园丁般照顾着，我们这些小草。并用清新如泉水般的知识完善我们。对，这个人就是我们的老师。

老师一直在教导我们，他把一生中学得的知识都献给了我们，教会了我们怎么做善良的人。

---

① 杨晓. “学会关心”：一种新的教育范式[J]. 中国德育，2006(06)：17-19+28.

有时候，有些同学在学校犯错被主任抓到了带回班级，但老师会从长远考虑，先让主任离开，单独和同学谈话，老师很少在全班面前批评，因为他知道那个同学也会感到羞愧，也不希望他在学习阶段有错误记录。老师尽可能地跟那个同学讲道理，给予他改正错误的机会，让他的人生再次出现转折。

偶尔，老师会让我们一起讨论班会的事情。许多同学举手发言，这极大地活跃了班级气氛。我们提出的方案也是可行的。因为老师知道只有团结一心才能成功。这些方案是我们思想碰撞的结果。

有时候，同学们有时忘了写作业，被老师发现后，让那些同学留堂，并对没写完作业的加以警告。对于长时间没有写作业的同学，老师先问询原因，然后进行批评。因为老师认为要帮助学生养成好习惯，必须加以惩罚。只有养成好习惯，才会成为一个善良、乐于助人的人。

一位从教三十年的教师在教师节那天，发表了深刻的感言。在言谈中，她流露出对自己所从事的这三十年教育教学工作和对每一个学生的热爱。她说："30 年来，孩子们给我带来了太多的快乐，我是一名最幸福的小学老师。"

三十年对于一名教师来讲是漫长的，这位教师和我们讲，自己 1984 年就当老师了，在这个岗位上辛勤耕耘了三十年，每天和学生在一起很幸福，只要上课全身的细胞都活跃起来，不求任何回报，只求无愧于心，愿为祖国培养出更多的人才。她称自己是最幸福的老师。

(四)外在与内在——教师作为学生的榜样

我国在 1985 年确立了每年的 9 月 10 日为教师自己的节日——教师节。教师节是一个感恩教师在教育这片土地上辛勤耕耘的日子，是一个神圣的节日。然而，近年来教师节在利益的驱使下变质了。

《教师节的礼物》

今天是 9 月 10 号，是教师节。早上我高高兴兴地去上学，因为我要把我亲手做的礼物送给老师，上面画了一幅美丽的图画。来到了学校，我看见同学们都在讲台上围着老师纷纷送上自己的礼物。有的拿花束、有的拎水果、有的是高档礼品，我觉得我的礼物是不是有点小了。我忐忑地坐在座位上反复思考着是否要把这个小小的礼物送给老师呢，同桌看到了我就说："你今天给老师送的是什么礼物啊？"我偷偷地让他看了一眼。同桌说："这个不值钱，老师不稀罕要你这个礼物。"我问同桌："你送给老师什么礼物了？"同桌说："我妈妈买的 500 元的超市购物卡，刚刚给完了，老师很高兴。"我心里更加矛盾了，这是我亲手给老师制作的礼物，真的是同桌说的那样吗？我悄悄地走上讲台，把我做的小礼物给了老师，没想到的是老师连看我的礼物都没看一眼，直接把礼物塞进桌子底下。我默默地离开了，好伤心。我真不该自己制作礼物给老师，下次一定要买高档的礼物送给老师，这样老师才能开心。

当然，上述这位学生所描述的老师的情况只是少数，但不等于教育工作者中没有这样的教师，我们也不愿意看到这样的现象。应该加强师德，为学生树立榜样的形象，我们也相信大多数教师的师德还是很好的。如下面的作文日记。

《王老师》

王老师是我的班主任，她长得非常漂亮，人品也很好。她上课讲得很好，而且把班级管理得井井有条。她爱我们每一个学生，发现我们的优点，指出我们的不足。为了培养我们的阅读爱好，她还组织了天使阅读晋级考核活动，让我们每一个小天使都爱上了阅读。这不，马上要进入期末了，为了让我们更好地复习词语，细心的王老师还准备了汉字听写大赛的活动。让我们有更好的复习效果。当然，王老师也会严厉起来，她的批评会让我们无地自容。不过，她每天都面带微笑，让同学们感到她很亲切。我爱我的王老师！

从这篇作文日记中我们可以看出，学生对老师的那种感情是发自内心的。这种爱是师生在长期的交往中产生的。我们在一项“小学生心目中的好老师”的调查中：“发现小学低年级的学生更注重教师的外表，而高年级的学生更加注重老师的内在品质。”[①]教师要想更好地成为学生的榜样，就既要从外在形象上努力，又要从内在品质上提升，最重要的是教师的内在品质。人格修养和师德素养，教师应内外兼修，方能成为当之无愧的学生所效仿的榜样，真正做到学高为师，身正为范。

二、班级组织场域道德生活事实

对班级组织场域道德生活事实分析得出，班级组织场域道德生活具有以下四种状态：团结，向上的力量；民主，行动的准绳；参与，心有归属；公平，收获平等。

(一)团结，向上的力量

《团结就是力量》这首耳熟能详的歌说明了一个集体团结的重要性，自从夸美纽斯班级授课制以来，班级就成为一个集体，学校生活中的班集体是小学生每天生活的场所。班级以团结为主，才能产生向上的力量。以下是三年级小学生写的一篇关于参加运动会的作文日记。

《团结力量大》

昨天我们举办了第十届趣味运动会，比赛时的场面十分激烈，直到现在还不时在我的脑海里回响。在运动会的开幕式之后，便正式开始了比赛。第一项是神奇坦克兵，这是我第一次参加这个项目，所以我没有十足的信心。遗憾的是，这项比赛我们班得了最后一名。不能说大家没有卖力，可能是太过心急的原因。比赛中垫子放远了，上垫子的时间浪费了许多，有一点“欲速则不达”的感觉。虽然神奇坦克兵这项我们班是最后一名，但是这并没有打消我们班的信心。下一项是春种秋收，这项我们班发挥得特别好，掉球的次数少了许多，速度也不慢。这样，我们班拿到了第一名。我们高兴极了，高兴地互相紧紧拥抱，这是我们班得到的第一个第一名。第三项是齐心运球，“齐心”代表我们要团结在一起。虽然我没有参与这个项目，但我可以看出我们班同学真的团结向上。其他班级出现的

① 王芳. 涂尔干与杜威道德教育思想比较及其启示[J]. 教育探索，2014(11).

种种意外我们班都没有出现过，同学们只是一个劲地向前冲，最终我们班拿到了第三名的好成绩。最后一项，趣味跳绳，这是我们班引以为傲的项目。对于这项，我们都信心十足，拿第一是必然的。比赛开始，男生们先比双摇毫无问题，接着就看跳大绳了。以前训练的时候，男生们只能跳五十多个，让我们女生都很担心，因为光靠女生的力量是不够的。可出乎我们意料，男生们跳得比往常多了许多，跳了七十多个。男生开了个好头，女生更信心十足，大绳女生们一口气跳了一百多个。虽然累得气喘吁吁，但当广播里播出我们班是第一名的那一刻，我们欢呼雀跃，脸上洋溢着胜利的笑容。趣味运动会结束了，快乐的一天也结束了。这次运动会让我们知道了只有团结的力量才是最大的。

从这篇作文日记中我们可以看出，学生们很喜欢参加运动会。在每一项比赛上，学生们齐心团结，充分感受到每一个人都是集体中不可缺少的一分子，在这样的集体活动中能够感受到班集体的凝聚力。

(二)民主，行动的准绳

在制定班规时，多数班级呈现出了教师主导决策的特点，尽管会安排学生参与讨论，但最终决定权仍掌握在教师手中，班规以打印文本的形式公开于班级黑板上。一旦学生违反规定，将面临处罚，这种以处罚为目的的班规实质上是带有专制色彩，更多体现了教师的单方面意志。其制定的初衷，似乎更多是为了在各类评比中为班级和班主任个人争取荣誉，而非真正促进学生的自我管理与成长。某班班规如下。

《我们的班规》

上三年级以后，我们都长大了，懂事了。在学习成绩方面和遵守纪律方面都要有更好的表现，争做文明学生。我们决心做到如下几点：

1. 学习方面

认真预习，及时完成作业，书写工整。

作业本按时上交，写作业时不玩耍。

课堂上遵守纪律，认真听讲，准备好学具。

2. 纪律方面

上课认真听讲、不玩闹、坐姿端正。

走廊不大声喧哗，不跑跳、不嬉戏打闹

课间不攀爬墙头、不追逐打闹，不在卫生间玩水

吃饭不浪费粮食、不挑食、排队打水

有客人来时，有礼貌。

走廊排队安静、迅速，两操认真做、不玩耍、不讲话、不乱动，排队迅速。

尊重老师，不顶嘴，虚心接受教育。

做好课前准备，上厕所及时返回。

3. 品德方面

不打架，捡到他人东西及时归还给对方或交给老师。

做到诚实守信，互相谦让，同学间不打架。

4. 爱护环境

不乱涂乱画墙壁，不踢墙，不乱扔垃圾。

不破坏公物，爱护花草树木，爱护书本。

及时归位凳子，随手捡拾纸屑、保持卫生角干净。

我们通过访谈教师了解到，其实该班的班规是教师规定的，旨在限制学生在学校的行为，并为班级中对学生的评比提供依据。我们问及教师为什么不听取学生的意见时，教师表示，由于学生年纪尚小，有些事情可能无法考虑到，即便教师想到了，也需要不断地提醒才能付诸实践。以下是详细的加减分班规细则。

《三年一班关于班级管理加减分细则》

1. 早上放书包及物品准备规定时间(3 分钟)内完成的小组加 5 分，未完成小组每人次减 1 分。

2. 英语时光，测试中表现不好的每人次减 1 分，如果测试得 A 加 5 分，得 B 减 5 分。

3. 值日生组，完成情况良好加 5 分，完成不好的减 5 分，并罚该组值日一天。

4. 课前用品准备，优秀的组加 5 分，较差的每人次减 1 分。

5. 课间下课 10 分钟，能有序出入，并做好下节课前准备的组加 5 分，否则每人次减 1 分。

6. 两操方面(眼操、间操)，表现好的组加 5 分，否则每人次减 1 分。

7. 排队方面(大课间、专业课、放学)，表现不佳的每人次减 1 分。

8. 中午吃饭方面(排队、打饭、吃饭)，表现优秀的组加 5 分，否则每人次减 1 分。

9. 校服、红领巾，穿戴整齐的组加 5 分，否则每人次减 1 分。

10. 卫生方面(个人仪表、指甲、桌椅、座位底下)表现好的组加 5 分，否则每人次减 1 分。

11. 大扫除方面(态度、清扫工具)表现良好的组加 5 分，否则每人次减 1 分。

12. 缴费、签字等上交材料，按时且齐全的组加 5 分，否则每人次减 1 分。

13. 上课物品准备，准备充分的组加 5 分，否则每人次减 1 分。

14. 看书写字方面，表现好的组加 5 分，否则每人次减 1 分。

15.若因某组行为导致班级扣分，则每人次减 5 分，并取消当天的日冠军评选资格。

月冠军将授予累计获得星星最多的组(并向组长及组员发表扬信)

周冠军将授予每周累计获得星星最多的组(并向其颁发小红旗)

日冠军当日表现突出或进步显著的小组(并同样给予表扬信)

通过实施加减分的班规，学生的管理被量化，学生的行为受到分数的控制。得分高代表着学生表现良好，反之则表现不佳。然而，有的班级要求学生要时刻背诵班规，一旦违反，便要罚抄“家训”。如以下一篇作文日记。

《我们的天使家训》

“中午请同学们回教室”“十二点半没回来的人，就不用回来了！”“听到这话后，全班吃饭速度快了至少三分之一，我也不例外，毕竟我可不想在外面一直尴尬地站着。”

我进入教室后，刚松一口气回到我的座位上，邢老师那温柔中带着一丝严厉的目光向我扫来，指了指我，又指了指那扇门，示意让我去锁门。

“今天叫大家进来，主要是想谈一谈英语课上的事情。”邢老师进来这么久，终于开口说话了。高老师告诉我，你们上节课纪律差，比语文课上的纪律差了十万八千里。我想问问是谁教你们做这种事的！“老师面子往哪放？全体抄家训。”

一个民主的班级氛围能够使学生主动遵守班级各项规章制度，而以惩罚为目的的规章制度容易使学生产生反感，将学生的表现进行量化使学校道德教育失去了应有的意义。

(三)参与，心有归属

每个学生都有展现自己优秀一面的欲望，希望被老师认可、希望成为他人学习的榜样、希望能够在班级中扮演小主人。例如，某所学校开展了评选“五美少年”的活动，并要求学生记录他们的感受。

《五美少年畅想》

新学期开始，学校组织了“五美少年”评选活动。这“五美”指的是：仪表美、运动美、乐学美、言行美、读书美。我发现我在乐学美方面存在不足，主要是因为记忆力不好，学习用具也带不齐，同时缺乏主动发言的积极性，参与课堂活动少，因为我一直很胆小。因此，我决定在这两个方面加以改进。在开学的第一周我非常努力，一下子得了四美：仪表美，运动美，乐学美和言行美。然而，在读书方面明显不足，这让我感到意外。我一定努力争取得到读书美，如果我计划每天读 2 篇文章，相信我一定会获得“读书美少年”这个称号，我要朝着这个方面前进。

学生普遍认为，班级活动是由老师安排和组织的，我们只需要负责布置教室等具体事项。老师会给我们分工，我们只需听从指挥和安排。然而，在运动会中，学生们会积极参与，也非常喜欢参与。我们也感受到学生们确实非常喜欢参加运动会，锻炼强健的身体是学习的基础。下面是一些学生对参加运动会的看法。

《运动会》

吾校逢春四月开运动会，历载。余参之也久，多为“春种秋收”“你抛我接”“羊角球”，然突变为“趣味跳绳”“神奇坦克兵”“齐心运球”。吾思之，终报“齐心运球”“春种秋收”二者。每日于操场练之，挥汗如雨，“齐心运球”乃新项也，虽简单，然仍需练之，必齐心协力，有所广益。课间与三友练之，然球难稳，故难之，与友数次操练，终熟哉，后请师观之，兴甚也！可谓，一分耕耘，一分收获。“春种秋收”乃旧项，不必多云，望此会功成！

教师眼中的班级活动都是按照学校的要求去做，没有自己的想法，也没有时间，更何况也没有必要。我们年级的四个班都是共享 PPT，让学生们说一说就可以了。道德教育活动也是如此。在调查中，一位小学老师告诉我们：“我们都在作虚假材料，包括开班会。当上级领导来检查时，我们就说我们是以开班会、中队会的形式来教育学生，并且让学生也这样说，这不是在教孩子撒谎吗？我们也感到无奈，但是没有办法，每天学业负担那么重，没有时间搞道德教育。”

(四)公平，收获平等

公平的氛围表现在教师对待班级中的每一名学生都能够一视同仁。从课堂生态学的角度来看，学生座位的安排能够体现班级是否公平。我国学者吴康宁认为学生对座位的选择具有群体特征，对教师依赖性过强者与学习积极者选择前排座位，喜欢捣乱者往往选择坐在后排，希望引起老师注意者一般坐于中排，胆怯者则贴墙而坐。[①]

我们所调查研究的某班级中，学生的座位是固定的，一个学期都不会更换座位，这种现象是被老师安排好的，学生没有选择权。

学生的座位是如何安排的？对于这个问题，教师们说：“我们班的座位是按照学生的身高来排列的，也有特殊的学生。例如，视力不好的学生会被安排在离黑板近一些的位置。如果视力不好的孩子个子太高，就会被安排到两侧，避免阻挡其他学生的视线。”

然而，有些班级中，教师是按照学生家长的亲疏关系来安排座位，甚至被称为“关系班”。因为在一年级分班时，学生就被钦点给这位班主任，由于这位班主任是优秀教师，所以家长们想尽办法将孩子送进这个班。这些座位的编排变得很复杂。班主任老师每天都会接到家长电话要求给孩子调座位，班主任老师也很无奈，只好每天进行调整。班主任老师经常对被调座位的孩子说：“给你调到后面，是因为你表现得好，不要回家和妈妈说调座的事情，如果表现不好老师会生气的。”这时孩子似懂非懂地点点头，就被调到后面了。我们发现座在前两排的学生家长都与这位班主任有着极其“亲密”的关系。

三、课堂行为场域道德生活事实

课堂行为场域道德生活可以从时间与空间、班主任老师的在场与缺席、奖励与惩罚、课堂上的控制与服从四个方面进行分析。

(一)时间与空间

从时间与空间方面探讨课堂行为场域道德生活。

1．时间安排

作息时间表是制度化管理的产物，它把学生的学校生活安排得十分精密，学生需要严格按照时间表学习。某校作息时间表如表 4-2 所示。

表 4-2　某校作息时间表

时　间	安排内容
7:50—8:00	晨读
8:00—8:35	第一节
8:45—9:20	第二节
9:20—9:30	眼操

① 吴康宁．教育社会学[M]．北京：人民教育出版社，1998：07.

续表

时　间	安排内容
9:30—10:00	大课间
10:10—10:45	第三节
10:55—11:30	第四节
11:30—12:50	午饭、午休
12:50—13:00	午读
13:00—13:35	第五节
13:45—14:20	第六节
14:20—14:30	眼操
14:40—15:15	第七节
15:30	放学

这张作息时间表反映出学生在学校生活中的时间被安排得很满，学生的学校生活主要由学习、吃饭、课间组成。有时课间十分钟，由于有些老师拖堂或布置作业等占用，学生上卫生间的时间只有两分钟，根本没有时间去操场活动。甚至有些班级在三楼以上就没有活动的机会，一天都在教室中生活。这种学校生活的“霸权性”使得学生得不到喘息。

不仅在学校生活是这样，学生的周六、周日也被安排得很满，如以下作文日记所示。

《周末》

在这我想提出一个问题，为什么双休日过得这么快呢？如果你们知道的话就告诉我吧。是不是每个周六、周日，大家肯定都会去上补习班呢？补习班之后你们会做些什么呢？我会做作业和玩，让我分享一下我的双休日是怎么过的吧。

周六：早上睡了个懒觉，之后穿衣服、洗漱、吃饭、写作业。一直到十二点，我带一个小包和爸爸出发（我一会儿有表演课），大约 12:35 左右，我来到了表演班。我上完了表演课，和爸爸回家写了一会儿作业。因为今天下午小姑从国外回来，所以我们要去和小姑吃饭。我、妈妈、爸爸开着车，到达了吃饭的地方。因为我晚上不是很饿，所以，刚吃了一会就饱了。晚饭结束后，我和妈妈先回家睡觉了，其他人说要到楼下的小饭馆再继续喝点酒。

周日：我今天很不情愿地被爸妈叫起来，因为今天 9:00 有钢琴课，9:45 下完钢琴课，10:45 还有美术课，12:45 下课。我好不容易把这些课都上完，下午又要到大姑家吃饭，我和爸妈开车到了大姑家，只吃了一点就饱了，我便到一边儿玩电脑。我和爸妈大约是下午 5:00 左右到家，之后我又开始做我没有做完的家庭作业。

孩子的生活被学校作业和家长安排的任务压得太紧，没有足够的时间去进行娱乐活动，这样的教育本身是有问题，值得我们去反思。

2．空间安排

课堂教学的空间构成有许多方面，如教室布局、课桌椅排列等。

我们所观察的教室布局，教师的办公桌一般安排在班级教室的入口处或前方靠窗处，也有的教室两个地方都有办公桌。听课时我们发现，坐在教师办公桌附近的同学，由于受到教师较多的关注，在学习和其他方面都表现出很高的积极性。调查显示其中有两所学校，因为语文与数学教师分化，班主任只担任其中一门课的教学，所以在班级的前后分别设置了班主任和课任教师的办公桌，这样坐在教室后面的同学也会在课任教师的注视下提高积极性。讲台讲桌是老师的阵地，这里往往是最神圣、最威严的地方，观察的所有小学中讲桌都是大大的木质桌子，上面摆有粉笔盒、黑板擦等，讲台通常高出地面 20 公分。这样可以培养学生尊重的好品质。[①]如图 4-1、4-2 所示。

学生课桌椅的排列方式大都是传统的秧田式排列，还有个别班级实行小组合作式，最常见的形式有：3 个 2 排列、4 个 2 排列、232 排列、242 排列和 6 个 1 排列。如图 4-3 所示。

图 4-1　小组合作学习座位图

图 4-2　在教师办公桌附近的学生

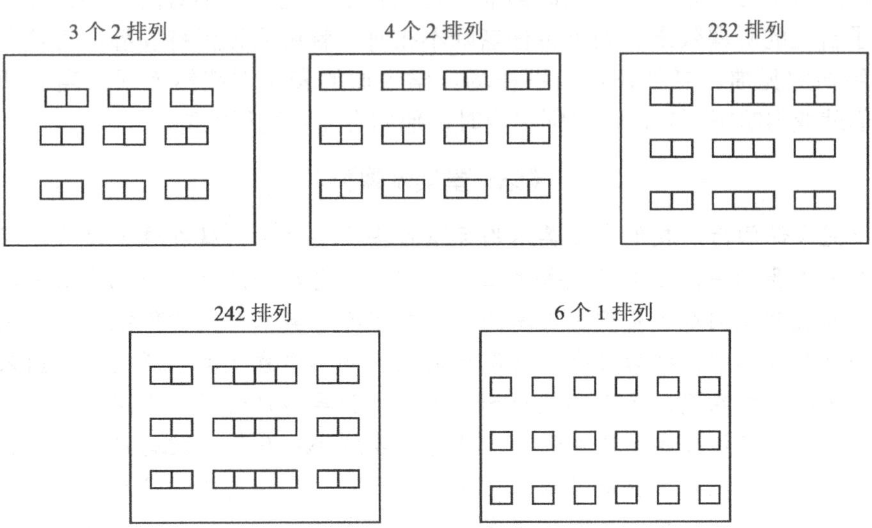

图 4-3　座位编排图

① 王芳．城市小学教室物理环境中道德教育因子的识别研究[D]．大连：辽宁师范大学，2011.

教室桌椅的排列方式直接影响到班级公平、民主的氛围形成，学生公平、民主思想的形成正是在这种氛围中逐渐养成的。

(二)班主任在场与缺席

班主任的在场与缺席，学生表现得不一样，如下面的学生作文日记。

《教室内的说话声》

今天是开学第四天，可是现在我们却迟迟没有进入状态。我们一直控制不住自己的嘴，当老师一不在教室时，我们就在叽叽喳喳地说个不停，老师提醒了好多次我们却不听。教室也就变得乱哄哄的了。我常常会忽略一个问题，因为我觉得一个人说一小句话没什么大不了，但我却没有思考全班每人都说一小句话会造成多大的音量。在教室内说话要选择恰当的时间，例如，在课堂上，我们可以大胆表达想法。在课下时间我们可以讨论一些课余话题，而这些课余的话题就不要在课堂上继续讨论。一是影响老师的授课，二是影响自己的听课效果。所以还是不要在课堂上说闲话。但有时候老师不在教室，难免控制不住自己。其实我们可以静下心来，安安静静地看会儿书。因为一旦有人带头说话，那么就会一个接一个，最后就像炸开了锅一样乱得很。而且其他班级的老师经过我们班发现，在老师离开的时候我们表现是这个样子的话，留给老师一个不好的印象。所以在老师出去或处理事情的时候趁机聊天说闲话应该可以说是一种很不礼貌的行为，所以我一定要改正这个缺点，不再让老师操心。

希望以后我所在班级教室内的“杂音”减到最小，如果有同学克制不住要说话时，其他同学都能及时提醒，希望我的班级能更好。

以上作文日记可以看出，学生们都很清楚在教室中说话是不对的，不仅影响了他人，也会影响了自己的听课效果。当班主任老师不在时，就更应该保持安静，可这种现象在小学阶段已经司空见惯。老师在场与不在场，学生们的表现则截然不同。当老师不在教室时，学生们就变得喧闹不安，而老师出现时，他们会立即变得安静。

《记一堂美术课》

今天上完大课间后，我们拿出美术用品准备去上美术课。就在这个时候，吕老师突然宣布一件非常重要的事。吕老师说每次上美术课，臧老师都说我们班纪律太差，说话的人太多，这可能说明我们都不愿意上美术课。既然不愿上美术课，你们就可以不来上，这样还能省得臧老师费心了。之后吕老师让课代表把那些不愿意上美术课的人找出来，并且晚上写日记。当时我就在想，千万不能说话，不然我就要写日记了。上课了，一开始课上的很好，可是，后来我就有些按捺不住了。接着，我向 fys 借了一把格尺，没想到被臧老师看到了。他提醒了我之后，我就不敢说话了。画画时，我的笔盖掉了几次，课代表让我好好画，我没在意。之后，我又和同学说话，他说让我写这篇日记。哎！通过这件事后，我明白了，还是应该做自己该做的事情。

班主任老师的课表现好，科任课的纪律则不好，这种现象是所有学校存在的问题，可以说是“通病”。所有老师都反映，学生两面派，在不同老师的面前表现不同。

(三)奖励与惩罚

课堂中、学校中都必须有奖励。课堂行为中的奖励主要有加分、奖励小红花等。这种奖励在小学低年级比较好用，而小学高年级效果不理想。孩子们随着年龄的增长，更加注重精神奖励，比如得到老师的夸奖、得到老师的认可等。关于学校中的奖励，看下面的学生作文日记文本。

《开学典礼》

今天上午，学校举行了新学期开学典礼，我获得的奖项是“全面发展奖”。大会在体育馆里举行，全体小学部师生安排好座位，整整齐齐地坐在会场里，等待着大会的开始。

首先，大屏幕上显示了获奖人的名单，然后开始一个年组一个年组地发奖。到我们三年组领奖时，我端正地走上台。我在第二排从左数第三个，老师读到了我的名字，我用双手接过那沉甸甸的荣誉，又兴奋又自豪地站在舞台上。当所有人都发完奖状后，我们就下台了。走到过道时，周围坐着的高年级的大哥哥和大姐姐们也对我们鼓掌。多快乐的一天呀！

我觉得最后的胜利并非来自最后的冲刺，而是来自平日里的一点一滴地积累。就像小水滴，虽然小，但长时间一直不停地滴，甚至可以穿透坚硬的石头。

让我们看看学校中的惩罚作文日记文本。

《惩罚》

惩罚是各种各样的。有小孩子犯错误，大人很生气就惩罚一些小事。也有人真的做了坏事，伤害到了别人，受到了很严重的惩罚，甚至会付出自己的生命。惩罚的地点也是各种各样的，有学校，有家庭，有公安局，也有警戒的监狱……

最近我们班同学在上科任课时，纪律极为不好，邢老师知道后很生气。今天中午我们班同学被叫进教室开始了约谈。这次，邢老师非常严肃，常常挂在脸上的笑容消失了，我们都很害怕。邢老师说，我们班只有 3 名同学能够时刻管好自己。说到这里，老师强调了一下，听到这个我心里一阵乱，期望着我的名字会从老师嘴里跳出来。令我高兴的是，老师居然真的点了我的名字，听到后，我差点笑出声来。紧接着，老师又说虽然时间不多了，但我们也得改。于是，就有了我们班的惩罚措施。第一，在科任课上表现不好的抄家训；第二，数学表现不好要做数学题，语文表现不好的要写语文作业，英语表现不好的要写英语作业。而且只抓三个倒霉蛋，我们明白，这几周的时间我们会不好过的。

这几天，有很多人都受到了惩罚。我看见了我的好友抄家训，整整四页作文纸。不过邢老师说得对，我们在这个过程中一定会受罚，会不开心、不好过。但在我们形成习惯后，那些惩罚就会渐渐隐退，取而代之的是我们更好的学校环境，更长的学习时间和更高的学习质量。其实，与异国学校的惩罚措施比起来，我们这些都不算什么，比如韩国有学生高举双臂跪在校门口，甚至有些国家有鞭刑。现在想来，再看看我们的惩罚，变得亲切了许多。

正像孩子们所表达的那样，惩罚是多种多样的。小学中，老师对学生的“惩罚”多数是抄课文、打扫卫生等。而这样的惩罚真正收到想要的效果了吗，现实中并没有。我们应该反思一下惩罚的形式。

小学教师通常用言语批评作为惩罚方式，以下是一些学生总结的 X 校 X 班班主任的经典语录。

1. 长点心吧！心放哪儿了？为什么这么不上心呢！能不能用心点啊你！

2. 给你个任务，你现在去男厕所把门都打开看看，看看里面都有谁，回来向我汇报！

3. 你一天天的除了吃，就是睡，再不就是打扮，还能不能学习了！

4. 你还能学不，不能学你就回家待着去，你还在学校混什么！

5. 校服裤子丢了？你怎么不把自己丢了，别人怎么都不丢就你丢了呢！

6. 你看看你桌子，乱七八糟的，脚底下也很脏，将来你这家庭主妇怎么当啊，真让人愁。

7. 来！接下来让你们欣赏打板游戏。

8. 给我站那儿，做五百个蹲起，班长给他检查着！好好做！

9. 你是否知道，因为你打架我失去了班主任的评选资格，甚至一年少拿一万块钱奖金？你知道不知道，你的行为给我和班级的声誉形象造成了多大的损害。

10. 我告诉你！以后你再这样，我们班肯定不要你了，爱上哪儿待着上哪儿待着去！

11. 十一二岁的大小伙子，你能不能让我省点心啊！

12. 还没吃完呢，这得吃多少，以后食堂不得让你们吃垮了。

这种语言的惩罚，似乎含有侮辱的成分，教师总是以“怨妇”的方式教育学生，不但没有效果，还容易引发师生之间的矛盾。在学校教育中应该给予学生适当的惩罚，然而惩罚的方式和力度应该掌握好。惩罚不是贬损，更不是伤害，应该以保护学生的自尊心为前提，否则惩罚就失去了其应有的教育意义。

(四)竞争与合作

近年来，小组合作学习逐渐成为小学课堂教学的重要部分，在我们观察的学校中，几乎都能在课堂上感受到合作学习的氛围。但是有些学校的合作学习存在走形式的现象，每桌少则 4 名同学，多则 6 名同学组合到一起。他们在一起讨论老师提出的问题，但仔细听学生们谈论的内容，大约一半以上与讨论主题无关，有的甚至玩起了与课堂无关的游戏。关于竞争与合作，看下面的学生作文日记文本。

《小组合作》

新学年开始后，我们小组也制定了新的合作计划。我们组的纪律明显改善，学习也更加认真。每当老师让我们讨论问题时，我们都会认真、热烈地开始讨论。例如，如果有同学遇到困难，其他组员都会积极地帮助他。向他说明思路和方法，从中找出问题中的关键。在一次品德与社会课上，我们小组表现出色，而其他小组则一片混乱。老师表扬了我们组，并鼓励其他小组像我们学习，一起取长补短、互相帮助。偶尔，我们组也会犯错误，这时组长起到关键作用，他鼓励我们互相帮助、互相监督，尽最大努力纠正自己的不足。

这就是我们的小组，一个充满爱心与快乐的小组。

《小组合作开始了》

新学期开始了，老师要求我们进行小组合作。我们小组共有 5 个人，还有一个小组也是 5 个人，其他小组都是 4 个人。我们组应该做到以下几点：1.小组合作首先要齐心协力，任何事情都要一起做，不能单独行动。同时，我们一起学习。2.一定要互相帮助。在学习过程中要互相帮助，不要将任何人弃之不管。这就是我总结的小组合作结论。

在小学，我们认为学生之间的竞争主要体现在考试成绩上。一位老师说："现在学校和家长只关注成绩，无论你平时开展了多少活动，对学生进行了各方面的锻炼，最终都会看期末考试的成绩。如果成绩不好，那么之前的一切都白费。"的确，从家长对孩子成绩的关注度上我们就可以看出，应试教育的影响仍然根深蒂固。在一篇：作文日记标题为《总在我耳边响起的话》中，我们对某班 33 名同学的话语进行了统计，如表 4-3 所示。

表 4-3　总在我耳边响起的话频率表

码名	频次	内容
学习方面	14	学习要用心，学不会不要紧，可怕的是不学 不要再玩了，赶快学习 师傅领进门，修行靠个人 一分耕耘，一分收获 一次考试没考好没有关系，关键是找到问题的原因。要努力学习，认真听讲 天才也需要后天的努力 这次你考得分数为什么这么低 怎么又粗心了 没关系，你已经很努力了，成绩并不是最重要的 想要取得高分就必须付出更多的努力 孩子，你要自信，你要相信无论什么事情都难不倒你 爷爷说："孩子啊，一定要抓住每一次机会" 妈妈说，在你的人生道路上，一定会有很多小石子绊倒你，只要你肯爬起来继续向前走，那么，你的人生将会更加辉煌。面对困难，你应该去战胜它，我相信你是最棒的
生活方面	5	宝贝，不要再咬手指了 上天赐予你最好的礼物就是你的独特之处 你最近对自己不太负责任，要认认真真地做事 儿子，妈妈相信你能行 妈妈关心我的话：摔伤严重吗？用上医院吗？
理想方面	5	你满意了，我就满意 你高兴了，我就高兴 不能退缩，坚持就是胜利 坚持不懈，就能取得成功 失败是成功之母

续表

码名	频次	内容
道德方面	7	儿子，虽然你个子不高，但你身体健康，学习优秀、乐于助人，为人善良。你真诚，从不说谎，对父母也非常孝敬，这就是独一无二的你。不要听信别人的话，你应该相信自己是最好的 人最基本的品德就是诚实，否则就没有人愿意和你交朋友了 做人一定要诚实，否则就会变成坏孩子 幸福与生俱来，与金钱地位无关 自己动手，丰衣足食

从以上分析中我们可以看出，无论在学校还是在家庭中，家长和老师关注的都是学生的成绩，道德方面所占比重不到四分之一。家长们希望自己的孩子在学习上超越其他的孩子，老师们也希望自己带的班级成绩优于其他班级，这无形中给孩子带来了一种竞争的压力。

四、品德课程场域道德生活事实

品德课程是学校实施道德教育的载体。从学生们的品德课，品德课程教材的选择，品德课程评价以及品德课程与其他学科的融合情况等四个方面考察品德课程场域的道德生活事实。

(一)学生们的品德课

关于学生们的道德实践，通过下面的学生作文日记文本来了解。

《品德汇报课》

在我们的校园生活中，有许多事情是快乐的，多姿多彩的。下面我要介绍一节普普通通却给我带来快乐的品德课。前几天，吕老师给我们讲了品德课的主要内容，并让我们选择。第一个活动是故事会。老师把我们分成两组，一组讲诚信的故事，另一组讲不诚信的故事。第二个活动是辩论赛。正方观点是“不管我有没有钱，都要学会节约”；而反方观点是“我们的钱够多，不用节约”。每个小组 6 人。第三个活动就是我们这个月汇报的最后一部分，是班会，由我们班的中队长带领。我是诚信故事小组的领读者，负责讲述其中一个故事并伴舞。我们的小组长是 GHY 与 GXC。每天中午，我们都会到水泥蘑菇那里排练。第一次，我们让吕老师检查我们的故事并提供一些建议。吕老师指出：“你们的故事范围不够广泛，都是历史上诚信的故事，应该增加一些贴近我们生活的诚信故事。”几天后，组长给了我们新的稿子，让我们熟读。 周四，我们开始了汇报。第一个讲故事的是 LJY，第二个是 LRX，第三个是我，第四个是 HJX。最后是 GHY，之后我们一起跟着节拍跳舞。我们小组的汇报让我很满意，我也很开心，我喜欢我的校园生活！

《品德课》

下周一就是我们的品德课了，我们准备了许多礼物，包括小本子(4 本)、不可擦蓝色水性笔(2 支)以及 20 厘米的格尺一根。我还制作了一份 PPT，尽管还没有练习，但我打算周一中午进行练习。我的 PPT 主题是火灾，我设计了很多页 PPT。PPT 中有的页面只有文字，有的只有图片，有的则是文字和图片的结合。我的 PPT 特点是图片较多而文字较少。我给爸爸朗读了一遍所有的台词，爸爸非常高兴，认为这一定是一节非常完美的品德课。我们小组一共有 5 个人，分别是：我、GYK、LRB，ZYM 和 CKX。我的职责是翻页，GYK 负责给发言的同学颁发奖品、LRB 负责记录发言情况、ZYM 负责点名发言、CKX 负责写板书。除了这些任务，我们还有一个目标，那就是顺利的呈现这份 PPT 并完成一节标准的品德课。我们希望这节品德课能够圆满成功！

这是一所拥有优质教育资源的学校的品德汇报课，课题教学能够发挥学生的主动性，但这仅仅局限于课堂之中。课题教学主要针对所学内容，让学生做好准备。然而，它在学习中的真正实践方面仍有不足。目前，大多数学校并未开展此类活动。当前，大多数学校仅在教研员来听课时才会开设一节“正常”的品德课。而在其他时间，品德课往往被其他老师占用，或者仅仅是读课文。品德课在学校课程中的地位较弱。

(二)品德课程教材的选择

我们对小学品德课程教材进行了研究，结果显示统编版小学《道德与法治》教材具有创新的德育教育框架。教材遵循小学生的心理发展特点，按照年级编排爱国主义教育内容，其爱国主义教育特色鲜明。通过对教材中的地理环境教育、历史文化国情教育，法治教育、集体主义和社会主义教育内容进行分析，可以发现该套教材爱国主义教育内容特色为：道德品质教育根基扎实牢固；基本文明习惯和行为规范教育充分；爱国主义教育以家庭为起点，在集体与社会中培养；正确认识爱国主义的民族性与世界性。教材内容更加贴近学生真实的道德生活，能够引发学生真实的道德冲突，有利于学生道德成长。我们认为还应该根据当地的风土人情，选择具有地域色彩的德育校本课程教材。在德育课程中加入北京师范大学檀传宝教授主编的《我的家在中国》系列读本，可以提升德育实效。

(三)品德课程评价

调查中班主任老师向我们透露：“我们班的品德老师上课不怎么讲课，就是布置两道题，让学生照着教材作答，然后交给她批完就可以了。据说作业本是一定要有的，上面(教育局的教研员)要定期检查，所以学生只顾着补作业，根本没有时间像你们说的那样有什么道德体验活动。”还有的班主任老师说“我们的孩子年级低，品德课一般都是讲一讲就过去了，然后就做数学题。”

我们深感品德课程在实践过程中的艰难，在上述学校的眼里，把品德课看作“副科”，上与不上对学生没有任何影响，实际上，我们也看到，《道德与法治》课考核方式单一，停留在认知层面，口试或者期末开卷考试，平时只有检查作业。就是这样的现状，导致所有人都认为品德课在小学不重要。

(四)品德课程与其他学科的融合

学科应该发挥其教育功能，这是每一个学科应该做到的。然而，真正能够实现学科的道德教育功能方面做得还不到位，以最具人文性的语文学科为例，也在应试教育的大潮流下丧失了语文教育本身的人文性。表现为只注重字词的读写、课文的分析，阅读能力的提升设置标准答案，限制了学生的思维，使学生没有任何发挥的余地，抑制了学生的情感表达，使学生语文学习只停留在表面，甚至出现了作文的套板现象。教师们反映："现在语文的标准答案过于苛刻，学生必须按照出题人的思路回答，否则会得到零分。作文更是套模板，虽然具有华丽的辞藻，但却缺失学生自己的思考。这样教育无法真正实现思想教育和创新教育，久而久之，学生的语文水平下降、不喜欢学习语文。"

本章通过对小学生日记的文本分析和作者自身的教育体验，考察了小学学校场域中的道德生活事实，检验了量化研究基本结论的客观性和真实性，验证了量化研究的基本结论与客观事实相符。

第三节　中学学校场域中的道德生活事实描述

通过对中学生学校道德生活的观察，我们看到了中学学校场域中的道德生活事实。为了与量化研究理论维度一致，我们从师生关系场域道德生活、班级组织场域道德生活、课堂行为场域道德生活和品德课程场域道德生活四个方面对质性材料进行了分析。

一、师生关系场域道德生活事实

通过对案例和日记的文本分析，我们可以看到师生关系场域道德生活事实具有以下四个方面：激励与启迪中体现榜样力量；树立与维护中建立教师权威；教师作为学生的重要他人应履行的职责是传授知识和进行思想道德教育；从尊重与理解的角度体现教师对于学生的关心。

(一)激励与启迪——榜样力量

教育领域内，教师具有明显的榜样性特质，发挥着示范作用，是学生的向导。教师应遵循"学高为师，身正为范"，兼具高尚的道德与广博的学识。教师以文化教人、以德行育人，在学生的成长过程中，引导学生形成良好的道德品质，实现德育目标。以下是学生作文日记文本的例子。

《我心目中的卢老师》
——一位初三学生的作文日记

初一时，我来到这所中学读书。开学前要军训，听别人说军训很艰苦，我很害怕。卢老师是我们的班主任，他知道后，耐心地做我的思想工作。他说："困难像弹簧，你强他就弱，我们肯定可以战胜困难。"听了老师的话，我有了信心去战胜困难。有一次，我没吃早饭，身体吃不消，最后坚持不住只好退出队伍。卢老师跟我说："你早上要吃早饭，不然要低血糖。军训就是训练学生的意志，只有严格要求自己，才能取得胜利。"我点了点头，心里十分感动。并觉得有一阵温馨的春风在我心头吹拂，暖融融的。

卢老师对工作很热情。有一次学校要举行"黑板报"比赛，放学后，老师让我晚点走，把黑板报完成。当我完成任务离开教室时，学校里一片漆黑。我走到办公室前，只有一位老师，依然在辛勤的工作，那就是——卢老师。他的辛苦、勤劳，都是为了我们，日夜为我们批作业，还要备课。他疲惫了，就趴在桌上休息一会儿，然后又认真的工作。有谁知道他的辛苦呢？卢老师有时帮我们补课，补得很晚，即使他很疲惫，还坚持给我们讲课。有一天，他身体不适，仍然坚持工作，甚至利用下课的时间去看医生，我们被他的敬业精神所感动，他对工作的热情、负责，就像夏天的暖流一样，温暖着我们的心灵，我们感到全身上下热乎乎的，充满了感激和敬意。

从这篇作文日记中可以看出，学生在教师的引导下可以学习到各种优秀的道德品质。例如爱岗敬业、爱国情怀、诚实守信、公平正义等精神，习得优秀的行为规范和道德品质。班杜拉的社会学习理论提出，学生的许多社会性学习行为都是通过观察他人，即榜样所表现的行为及其行为后果而进行学习的。因此，在德育中需要重视道德榜样的作用。中学时期的教师就是中学生身边最好的也是最容易接触到的榜样。在榜样教育中，教师和学生是追随榜样的同路者，也是互爱的同路者。在学校场域中，教师需要树立坚定的教育教学理想与信念，以爱岗敬业、认真负责的态度激励学生，用自己对于教育事业的热爱启迪学生。在教育教学活动中，教师对教育事业的热忱同样也影响着学生，养成对于学习的兴趣和热情。教师的榜样力量对学生的影响还具有长期性和持久性，这种力量极大可能会伴随学生今后的生活。教师也会成为学生的引导者，学生人生方向的领路人，影响到学生成人之后为人处事的抉择与态度。

(二)树立与维护——教师权威

教师权威是教师具有使人信服和愿意遵从的力量和威望。教师权威与学生的成长发展之间存在着密切的关系，在对学生进行规范的同时也能够促进学生的个性发展和理智培养，能在合理的范围内促进学生学习知识与培养品德。教师通过树立权威使学生对教师有所信任和尊重，让学生自愿地跟随教师的引导，自主进行知识学习与实践活动。教师权威的树立与维护反映出外界对于教师角色和教师身份的认同，助推教师产生一种强烈的职业荣誉感和自尊心。

做好这 11 点，助你成为有魅力、有威信的教师
——优秀班主任钟杰的总结

钟老师所述，或许是因为我以前对班里学生的管理比较宽松，所以学生都不怕我。班里纪律松散，学生学习提不起劲。我曾生气地责骂过他们，也多次给他们讲过道理，但都不管用。有一次，班长对我说：“老师，你说什么都没用，因为你的威信太低了。”听到这句话，我陷入了沉思。我要怎样做才能提高威信呢？

在我看来，威信不是说出来的，而是做出来的。只有用心地做，专业地做，才能把班主任的威信做出来。做到以下 11 点，会让学生认为他们遇到了一位有魅力且有威信的老师！

1. 不要当着这个学生的面说那个学生的坏话

在学生面前搬弄是非的老师，最容易令学生讨厌。你在这个学生面前数落了某个学生的不是，他一转身就有可能去告诉那个学生。然后，师生关系就会变得一团糟。

班主任该如何做呢？我认为当面批评、背后赞美是比较好的策略。当面对一个人大加赞赏，总有吹捧之嫌，所以，班主任完全可以背着学生对其大加赞赏。这些赞赏的话语很快就会被其他学生传出去，那个被赞赏的学生一定会在心里暗暗地感激你，甚至把你当作知己。

2. 不要在班里泄漏学生的隐私

学生不论年龄多小，都有不愿意告知别人的事情。凡是他们不愿意告知别人的事情，都可称为隐私。班主任一定要明白一个道理：守护学生的隐私就像守护自己的身体一样重要。即便有什么理由非说不可，也要事先征求当事人的同意。

班主任不仅要守护好学生的隐私，而且要教会学生守住自己的隐私，更要杜绝班里学生闲来没事去挖掘别人的隐私。在学生眼里，老师守住了他的隐私，就是对他最大的尊重，他也会在心里尊重你。相反，你若随意泄露学生的隐私，他则会恨你，而其他的学生，见到你也会退避三舍。

3. 不要当众羞辱学生

俗话说，“人活一张脸，树活一张皮。”还有一句俗话是，“打人不打脸，骂人不揭短。”这都说明人是特别在乎面子的，是有极强的自尊心的。

如果老师不明白这一点，总爱当众责骂、羞辱学生，那么势必导致师生关系恶化，甚至还会使学生长期处于负面情绪中。相反，如果老师小心翼翼地呵护学生的自尊心，那么，即便是批评学生，也不会招致学生的怨恨和反抗。或许，学生一时半会儿并不理解老师的善意，但随着时间的流逝，待学生懂得老师的良苦用心，他的心里就会暖融融的，曾经封冻心底的坚冰也会在顷刻间融化。

……

(节选自乘风破浪做好班主任：轻松应对工作中的38个“怎么办”)

处于中学阶段的学生，他们已经步入了青春期，具有心理冲突及不平衡性的特点。中学阶段的学生产生了强烈的成人感，进而产生了强烈的独立意识，处于一种与成人相抵触的情绪状态中。他们渴望得到尊重，希望教师把他们当成独立的成人来看待。随着年龄的增长，中学生开始对“权威人物”提供的道德标准表现出一种真正的关注，他们更加重视从自我的角度去看待问题，对老师也不再言听计从。因此在中学阶段，学生常常出现顶撞老师的现象，在课堂上因为老师的一句话而产生逆反心理，并与教师发生口角。在课堂外因为不服从教师对于其生活上的管教而对教师进行辱骂。有些教师建立权威的方法更多地依赖于外在的制约和惩戒，这样会更加激发中学生的叛逆感，产生一种恶性循环，造成教师的权威没有建立，师生关系也遭到破坏。因此，教师权威的树立与维护要更加重视内在的伦理感和情感上的交流，要顾及中学生的心理与道德发展。尊重学生、爱护学生，这样在维护和树立教师权威的同时，收获良好的师生关系。

(三)知识传授与心理疏导——教师作为学生的重要他人

教师不能只做传授书本知识的教书匠，而要成为塑造学生品格、品行、品味的“大先生”。教师作为学生在学校中最为亲密的人，学生视教师为重要他人，在师生关系中教师也一直对学生产生着重要影响。教师的一言一行都会影响学生的想法和行为，对学生德育发展起着重要作用。以下为学生的作文日记文本。

《沈老师的话》

“长大了，就意味着承担更多的责任。承担了责任，就要坚守。不能自私。”这是沈老师对我说过的一句话。虽然我们的沈老师大部分时候都是幽默风趣的，但让我永存在心间的，却是一种短暂的严肃。前一个大周，因为一些小问题，沈老师对我非常不满意，我的心情也非常低落和后悔。但是，这些都是我的一些毛病，后悔又有什么用呢？到了回家那天，沈老师把我叫到了办公室。我非常紧张，这次肯定要倒大霉了，我颤颤地想。沈老师坐了下来，平静的面孔和眼神，整个人都那么静。他的目光与我对视，周围仿佛什么都没有，一片空白。忽然一个柔和的声音传进我的耳朵，此时我听着却如轰雷般地响。

“你长大了，八年级了。”沈老师把手靠了一下办公桌，瞬间离开的目光又转了回来。

“你也变了，变得成熟了，但是……”他的目光严肃了。

“变得也出了一些小问题……”眼神中，有些懊恼，却似乎还有一缕不同的光芒。

“长大了，就意味着……”我听着，却听起来比严肃的批评还紧张。有些后悔，一想，这是我做的．我就得承担责任!

我正在努力改变，但没有多大的成功，在我心里沈老师的那些话，我会一直记着。他让我懂得了坚持和承担责任的重要性，我会努力到最后!

在这篇初中生写的作文日记中，可以看出教师的道德教育可以对学生产生非常大的影响，也可以及时矫正学生不良的道德行为，并且在学生的心中留下深刻的烙印。这种烙印足以震撼学生的灵魂，让他反思自己的不当行为，促进其道德成长。初中生的伦理道德已经逐渐开始形成，但是其道德发展比较不稳定，具有两极分化的特点。高中生的道德发展已经有了很大的提高，已经可以逐步用一些道德观念、规范来调整自己的行为，这个时候教师作为学生的重要他人，一定要适时的引导学生的道德成长。中学时期处于人生发展的黄金时期，中学生面临着“成长的烦恼”(青春期发育)和“学业的压力”(中考、高考)双重冲突。教师及时发现学生道德成长方面的问题，并且有效快速地化解。教师是学生道德成长最好的引路人，他们往往能在与学生交往的过程中直接的发现学生道德发展的不良倾向，并且快速准确地采用适当的方法对学生进行道德上的熏陶和教育。

(四)尊重与理解——教师对学生的关心

在中学阶段，学生与教师待在一起的时间是最多的，基本从早上七点到晚上九点都形影不离地待在一起生活。在传统教育观念的影响下，人们常常认为学生应该无条件的服从教师，但是这种观念在现代社会显然已经不适用了。在现代中学师生关系场域中，教师应该成为最关心学生，最了解学生的人。这种关心体现在教师要平等地对待每一个学生，要尊重理解每一个学生，只有这样才能建立起良好的、深厚的师生关系。

《我后悔的一件事》

小徐老师病了，我给他代课。刚开始讲课，我就发现第一排的一个男生总喜欢趴在书上。你看，他的眼睛几乎贴到课本上了。我看了他好几眼，甚至把讲的课停了下来。他却毫不知觉，仍然专注地保持眼睛与书本 5 厘米的距离。终于忍不住，我停下讲课，冲着他大声说："第一排那位同学，你坐好了，别趴到书上，那是什么态度！"他终于抬起头，望着我，不好意思地解释："老师，我眼睛不好，离书远了看不见。"

现在，不好意思的人变成了我：为什么要如此草率武断地去批评一个视力不佳的学生呢？为什么总是从一个高高在上的老师的角度去俯视和训斥学生，而不能给予他足够的信任、理解和尊重呢？

这是一段班主任的反思作文日记。从这段作文日记中，可以看出教师在进行教学时容易主观地对学生进行判断，忽略学生的具体情况和主观感受，这是非常不利于和谐师生关系的建立，会使学生和教师的关系变得冷漠疏离。在中学，教师往往要面临学生学习成绩、生长发育、生活情感等一系列问题。而有些教师面对多重问题时选择重视学生的学习成绩。尤其是在初三、高三这种关键的年级，教师们只重视升学考试，而忽略学生自身成长和生活中出现的问题。教师不对学生进行了解和关心，只是一味地抓学习、抢分数，这种情况是非常不可取的。教师要以仁爱之心为情感导航，出于教师本能的理解去尊重学生。教师要了解学生的成长与发展需要，要尊重学生的主体性。在师生交往过程中，教师给予学生充分的关心，足够的爱与尊重，这样不仅可以促进学生人格的发展，也可以教会学生关心自己、关爱他人。教师还要有一种角色转换意识，在课堂场域中是作为一种教师身份，为学生授业、解惑。教师在学校其他场域中要从教师的角色转换为亲近的人，对学生理解和尊重。

二、班级组织场域道德生活事实

对班级组织场域道德生活实态分析得出，班级组织场域道德生活具有以下四种状态：民主，个性发展的空间；公平，向上竞争的阶梯；互助，集体发展的必然要求；参与，综合素质的提升。

(一)民主，个性发展的空间

传统的班级管理中，总是希望把学生培养成为一群模式化的，听话的孩子，追求让班级学生在思想上、行动上、感情上保持完全一致。但是其实在一个班级中，来自不同家庭系统的学生，他们的能力、个性、文化背景都各不相同。学校生活中的班集体是学生每天生活的场所，应该是个性多元和民主的空间。下面是某中学某班的班规。

《一个中心、两个基本点、三个学会》

一个中心是：以学习为中心，争分夺秒 ，超量学习，培养良好学习习惯，争做特优生。

两个基本点是：纪律和卫生，自主管理、自我约束。

三个学会是：学会生活、学会做人、学会处事。

学会生活：自立自强，勤俭节约，珍惜时间，珍爱生命。

学会做人：道德上做个好人，学习上做个能人。

学会处事：知书达礼，和而不同。学会处理与老师、同学、父母的关系，尊敬师长，尊重同学，孝敬父母，以礼待人，待人处事态度端正。

以上可以看出，中学的班规制定主要围绕在两个方面。一是学习方面，二是生活与道德方面。在学习方面要求学生做一个能够有良好习惯的好学生，在生活方面要求学生做一个能够与他人和谐相处并且有道德的人。这些规则能够很好地规范学生的行为，对于学生的成长有着明确的要求。班规的制定除了注重统一的规范要求之外，还应该注重学生的个性化发展需求。在班级场域中，不应该把学生“修剪”成为一样的人，而是应该让学生百花齐放。

《李镇西老师的班规制定》

在开学之初，我请每一个同学制定一份班规。这让同学们都很惊讶，他们认为制定班规只是班干部和教师的事情，但是我不这样认为。

我说：“制定班规是一件非常严肃的事。如果老师匆匆抛出一份班规让大家照着做，效率是很高，但这样的班规多半不能兑现。我们还是多花一些时间比较好。过了国庆，我们请班干部将每一个同学制定的班规进行整理综合，提出一份草案，大家再来修改。最后，我们将以无记名投票的方式对班规进行表决。如果通过了，就执行；如果没有通过，我们重新制定！总之，这是大家的事，一定要严肃认真。”

我对同学们说：“这份班规将成为我们班的法律。而在法律面前，人人是平等的。正如李老师多次说过，总统是靠不住的，班主任也是靠不住的，只有通过集体的智慧和意志，以及体现这些智慧和意志的制度，也就是班规，我们才能保证班级逐步成为一个优秀的集体并实现我们共同的理想。在这过程中，同学们在不断成长，而李老师也将和大家一同成长。”

同学们听到之后都欢欣鼓舞，积极参与。

这是中学著名教师李镇西老师制定班规的过程，他认为班规应该由学生自己制定，而且是人人参与；班规应该遵循学生的需求而不是教师的需求来制定。可以看出这不仅仅只是出台一纸班规，而更注重学生自我教育和自我管理意识的唤醒与能力的培养；不仅让学生遵规守纪，更注重教师和学生的共同成长；不仅仅达到民主管理的目的，而更关注民主教育，把班规制定的过程同时变成对学生进行民主精神启蒙和民主实践训练的过程。这才能发挥班级组织场域的力量，让学生得到民主的发展，寻求适合学生特点的民主管理手段，营造学生个性发展的良好空间。而不是让以教师为主导，惩罚为目的的规章制度侵占班级场域道德生活。

(二)公平，向上竞争的阶梯

教育公平在教育实践中要求教师要平等对待每一个学生，让自己的每一位学生在教育教学过程中得到公平对待。从教学实践上，具体到常规的教学活动来讲，可以从班级常规管理中体现。一是班干部的任命与轮换，二是座位的轮换和调整。

班干部是班级管理的主心骨，尤其是在中学阶段，中学生已经可以独立的帮助教师管理班级，他们更加有能力和主见展示自己的能力。但是在班干部的轮换方面，班级是由教师直接任命班干部，采用一贯制的方式，一学期甚至三年都不会有太大的更换。在班级中教师选择表现好、学习好的学生担任班级里的主要班干部。如：班长、纪律委员、学习委员等；选择单科学习成绩好的或者某方面有特长的学生担任单科课代表和文艺委员、体育委员等。教师长期沿用一套老旧的班干部任命体系，这导致很多有愿望有能力的学生无法进行公平竞争。学生没有太大的自主权和参与权。

我们曾经询问过班级里的学生想不想成为班干部，学生是这样回答的“我觉得我的艺术方面挺好的，会唱歌会跳舞，很想成为文艺委员，但是根本没有机会，班干部都是固定的。”这种情况显然不利于班集体的公平竞争，堵塞了学生们进步的阶梯。这是一所中学制定的学生轮换座位制度。

《学生座位轮换制度》

我校为了实施“一个也不落”的大教育思想，使学生座位轮换更趋于科学化、合理化，尽量做到公正、公平，让学生和家长满意，同时也本着为学生负责的原则，保证学生在学习过程中的用眼卫生。抵制按成绩排座现象的发生，为此学校制定了《学生座位轮换制度》管理办法。

(1) 学生座位每周轮换一次。

(2) 学生座位轮换规则：前后轮换、左右轮换。

通过访谈中学教师了解到，在座位编排上，中学生的座位一般根据学生的生理状况进行编排。有的学生由于发育不良个子瘦小；有的学生由于先天性因素或不注意用眼卫生视力较差；还有的学生出于种种原因听力不够等需要坐在前排。也有的是老师偏爱的学生或者是家长提前打好招呼，于是被放在了“黄金三四排”，然后每周进行一次前后左右的大轮换。在中学，我们还观察到了一个特殊情况，在每一次月考之后，教师会根据月考成绩的排名来对学生座位进行一次大轮换。教师会先按照月考排名让学生在走廊排好队，然后让学生按顺序走进教室选择座位，成绩排名优先的同学可以选择心仪的座位，而排名靠后的同学则会被老师“特殊照顾”，坐在靠近讲台的位置。因此在班级中，学生就会形成一种竞争的氛围，每一位同学都想选到自己心仪的座位而努力奋斗。

(三)互助，集体发展的必然要求

中学生在日常学习过程中应该重视学生之间的互助与合作，这是学生学会与他人相处的关键一步，也是构建集体发展的必要基础。互助能力是学生需要具备的非常重要的非智力因素，当学生可以很好地融合在一起进行探讨学习的时候，一个同心协力的班集体就形成了。而且任何一个人的发展都不可能十全十美，在一个班集体中，大家都各有优缺点。在班级里开展互助活动，培养学生的互助能力就很有必要。根据我们的观察，在班级中，教师成立了互助小组，利用座位相邻的四五个同学自由组成学习互助小组，由本组成员共同推选出组长，带领大家进行合作学习。组间成员互相学习进步。而落实在具体的教学环节，每个学习互助小组在预习、听课、复习、作业等环节也都可以进行广泛的合作，互相探讨和交流进度。

成立学习互助小组是培养一个合作互助集体的好办法。在学习小组中，不仅可以提高班级管理的效率，促进学生获得相应的发展，缩小学生之间的差距，最终实现学生的共同进步和发展。每个学习小组也可以发展其特色，形成独属于自己小组的良好学习习惯。同时在运用学习小组合作学习中要注意组长的轮换制度，明确小组组长的担任时长，确保每一位小组成员都有成为组长的机会和权利，从而提高学生对小组合作学习的积极性，促进学生的发展。

在中学教育中座位的编排，也可以体现互助精神。根据观察，有些班级教师会采用“优带差”和“男加女”的座位模式。“优带差”指的是一位成绩、品德优异的学生和一位成绩落后的后进生成为同桌。利用优等生的积极态度去感染后进生，帮助后进生的转化，使后进生养成基本的良好学习习惯。而“男加女”指的是让一位男同学搭配一位女同学一起同座，这样的座位编排方式可以让男女生形成性格的互补，也可以建立起异性学生之间的友谊。

(四)参与，综合素质的提升

在中学阶段，学生的表现欲望开始增强，渴望在集体中展示自己的能力。他们开始关注自己在他人心目中的形象，希望被老师认可、被同学们认可。学生们热爱参与各种各样的集体活动，如运动会、艺术节等。在积极参与这些活动的过程中，学生们的综合素质可以得到提升，各项品质得到发展。中学生的综合素质主要包括：道德品质、公民素养、学习能力、交流与合作能力、运动与健康、审美与表现等多个方面。学生们的综合素质的提升体现在参与各式各样的班级活动和学校活动中出来。中学开展研学活动的通知如下：

我校研学旅行是一种以探究性、参与性、体验性和互动性为特点的教育活动。把学生放到实践中学习，使他们能够在实践中掌握知识、发展能力、提升情感和人文素养。研学旅行是对学生课堂学习的补充和扩展，使学生在宽广的视野、丰富的经验、深刻的真实感受中获得发展和成长。

为了拓宽学生的知识视野和阅历见识，培养学生的实践能力和创新意识，促进学生的人际交往和团队合作，提高学生的综合素养和人文素养，我校特开展一次五天四夜的研学活动，希望同学们可以踊跃参加。

开展中学生研学旅行，旨在落实立德树人根本任务。培养中小学生社会责任感、创新精神和实践能力；促进广大青少年形成正确的世界观、人生观、价值观；提升学生们的综合素质，使他们成为德智体美劳全面发展的社会主义建设者和接班人。以班级为单位开展研学旅行不仅可以促进学生能力的提升，更可以形成班级的凝聚力和向心力。这也是现代中学集体活动的一个大趋势。有一位老师曾经无奈地说：“我们也知道班级活动的重要性，也希望学生得到全面的发展。但是现在毕竟是中学了，学校和家长都更加看重学生的分数。学生分数降下来，第一个找的就是我们老师，哪里有时间来关注学生其他方面的发展呢，一切等考试完了再说吧。”但在实际中学班级中，由于中学学业压力繁重，教师没有闲暇的时间为学生组织丰富多彩的班级活动。反而更多的时候是学校匆匆布置下来，教师急忙准备，以简单的主题班会或者课间十分钟的形式把班级活动开展完成。教师没有时间开展自己的想法和主张，通常按照学校的要求进行教学准备，把班级活动看成了一个强加的任务。

三、课堂行为场域道德生活事实

中学课堂行为场域道德生活从时间与空间、规训与惩罚、竞争与合作、自律与坚持四个方面进行分析。

(一)时间与空间

从时间与空间方面分析中学课堂行为场域道德生活。

1．时间安排

相较于小学，中学生的作息时间表被学校安排得更为紧凑，学生需要严格按照学校的时间规划进行学习生活，学生每天近 15 个小时处于学习状态，时间不再属于自己，而是被规定的纪律所束缚。以下是几所中学的作息时间表，如表 4-4、4-5、4-6 所示。

表 4-4　某初级中学作息时间表

时　间	安排内容
5:30	起床
6:00—7:20	早操、早读
7:20—7:55	晨读
8:10—8:55	第一节
9:05—9:50	第二节
9:50—10:10	阳光大课间
10:20—11:05	第三节
11:15—12:00	第四节
12:40—13:40	午自习
13:50—14:35	第五节
14:45—15:30	第六节
15:40—16:25(45)	第七节
16:35—17:20(45)	第八节
晚修	
18:10—18:50	晚自习第一节
19:00—19:40	晚自习第二节
19:50—20:30	晚自习第三节
20:30—20:40	晚训
21:02	就寝预备
21:05	熄灯

表 4-5 某校高一、高二作息时间表

时 间	安排内容
7:20—7:55	晨读
8:00—8:45	第一节
8:55—9:40	第二节
10:00—10:45	第三节
10:55—11:50	第四节
11:50—14:00	午饭、午休
15:10—15:55	第五节
16:05—16:50	第六节
17:00—17:50	第七节
晚修	
18:30—19:10	晚自习第一节
20:20—21:00	晚自习第二节
21:10—21:40	晚自习第三节
周日上课	
8:00—8:45	第一节
8:55—9:40	第二节
10:00—10:45	第三节
10:55—11:50	第四节

表 4-6 某校高三作息时间表

时 间	安排内容
6:20	起床
6:30	早饭
7:15—7:55	晨读
8:05—8:50	第一节
9:00—9:45	第二节
9:45—10:15	大课间
10:15—11:00	第三节
11:00—11:10	眼保健操
11:10—11:55	第四节
11:55—14:20	午饭、午休
14:30—15:15	第五节
15:15—15:25	课间
15:25—16:10	第六节
16:20—17:05	第七节
17:15—18:00	课外活动

续表

时　间	安排内容
晚修	
18:50—19:30	晚自习第一节
20:30—21:10	晚自习第二节
21:15—21:45	晚自习第三节
21:50—22:20	晚自习第四节
周日上课	
8:00—8:45	第一节
8:55—9:40	第二节
10:00—10:45	第三节
10:55—11:50	第四节
周日晚修	
18:50—19:30	
19:40—20:20	晚自习第一节
20:30—21:10	晚自习第二节
21:15—21:45	晚自习第三节
21:50—22:20	晚自习第四节

中学生的作息时间从晨读到晚修时间结束，时间被学校安排得非常紧凑，连起床、早饭时间也被规划得一清二楚，学生在校学习的时间被拉长至 22 点左右。由于作业量大，学生经过白天的学习，晚上自习效率低，绝大部分学生在晚自习的时间无法完成作业，通常在晚自习结束之后还要花时间完成教师布置的作业，一般到 23 点之后才能休息，第二天的早上六点半又进入新的一天学习。周末学校进行补课是常态，部分学生在周六会进行课外辅导，周日结束学校补课后，又会去辅导班进行补课，然后回校晚自习。高中紧张的课业学习、压力使学生对待学习的热情和好奇骤减，让学生厌恶学习。学生的生活被上课、作业、辅导班塞满，家长的期许、教师的鞭策、同龄竞争、自我成长的压力让学生变得封闭沉默，失去对事物的兴趣，这是值得我们深思的。

2. 空间安排

通过访谈中学教师，我们了解到在座位编排上，初中生的座位一般根据学生身高的高矮安排，并以周为单位进行左右前后循环轮换。在大轮换之后，班主任根据班级学生表现状况进行特殊性调整。例如，如果班级里有表现比较突出的学生，可能会被安排坐在班级后排或讲台边。在学生的座位安排上，教师有时根据月考成绩由学生自主选择座位次序。虽然这种做法在一定程度上能够激励学生进步，但长时间下来，容易形成学习成绩好的同学总是占据好的座位，成绩差的同学总是在后面，这可能会让后者逐渐丧失学习上的前进动力。高中生一般是根据每次月考成绩，按学生成绩由高到低顺序自主选择座位，每月换一次座位，并在此基础上进行左右循环。有的班级是由班主任根据学生学科的强弱进行互补搭配，每两周进行一次座位调整。例如，如果某学生英语科目强，但在化学、物理科目较弱，教师就会根据此种情况，搭配理科较强，但英语学科较弱的同学进行互补式搭配。

中学的学科科目过多，学生在学科上必然有强项和弱项之分。班主任根据互补式搭配有利于学生之间形成学习互助，这既有助于提高学生个人成绩，又提升班级整体的学习水平，在这个过程中，也能培养学生的竞争意识和合作意识。

(二)规训与惩罚

在观察中我们发现初中阶段的学生纪律还没有达到自律的道德发展阶段，还处于他律的阶段。但这一年龄阶段的学生开始对事情敢于质疑并有自己的判断和主见。因此，在班级中班干部的作用难以发挥，需要班主任进行针对性的教导。为此制定班级的规章制度来约束学生的不良行为，也就形成了规训。初中学生还面临着职业教育的分流，其中有一部分同学由于学习成绩不达标只能进入职业技术学校学习，而另一部学生则准备参加中考继续升学。相对于准备进入普通高中的学生。有升学意向和机会的学生自律性更好，学习主动性更强。然而，准备进入职业技术学校的学生自律性相对较差，他们对学习的状态明显散漫。面对班干部的管理，有时会自行判断哪些应该听从，哪些不应该听从，这让班主任和教师感到头疼。由于初中学生处于青春叛逆阶段，情绪具有较大的冲动性，不善于控制自己的情绪，他们不接受班级干部的管理，经常违反班级纪律，容易出现违背集体行为准则的言行，更加需要用相对严格班规纪律达到规训目的。因此，班级的纪律和学生行为规范通常由班主任根据学生经常出现的问题进行制定，并会有相应的惩罚措施。在民主的班级中师生在班会上共同交流，制定班规来规范学生行为。

高中阶段学生思维相对成熟，意志和行动具有自觉性，能够控制好自己的情绪，并遵守课堂秩序。但有时也表现出某些轻率行为，需要教师进行正确疏导。如果学生越过了班级的规训“界限”，教师不得不采取一些惩罚措施对学生进行管理。然而高中学生处在青春期，情绪变化快，容易激动。因此，在惩罚学生的时候要因势利导，刚柔并济，尊重学生。例如，学生上课看杂书，教师可以惩罚学生看一本名著并写下感受；如果学生不能按时上交作业达到一定的次数，教师可以让学生担任收发作业的负责人；学生上课迟到、自习课上吵闹、乱扔垃圾等现象老师采取罚扫包干区的措施，直到抓住下一个出现这种行为的人为止。教师针对学生的不良行为做出适合的惩罚措施，才能让学生认识到错误，树立集体荣誉感，逐渐规范自我行为。

(三)竞争与合作

在现代社会中，有一个永恒的话题，那就是竞争与合作。一个人不可能独立的生活在社会中，而人与人之间的竞争与协作，则是人们社会生存和发展的动力。对中学生而言，他们面临的竞争越来越多，竞争压力越来越大，但是为了学生更好地成长发展，竞争与合作是必不可少的。这一时期学生已经形成了竞争与合作的意识，下面将通过某中学初一年级的演讲稿实例进行说明。

某中学《竞争与合作》演讲稿

著名的文学家列夫•托尔斯泰说过，个人离开社会不可能得到幸福，正如植物离开土地而被抛弃到荒漠里不可能生存一样。德国著名哲学家亚瑟·叔本华也曾说过，单个的人是软弱无力的，就像漂流的鲁宾孙一样，只有同别人在一起，他才能完成许多事业。还有许多名人都对团队这个词做出了不同的解释，面对这些名人名言，我们又怎能忽视团队协作的重要性。团队协作的目标就是要创造出比团队成员个人所能创造出的总和更多的价值，这也是团队存在的意义。这就需要团队的每个成员都具有团队协作精神。那么，何谓团队协作精神？团队协作精神就是所有团队成员为了一个共同的目标，自觉地担负起自己的责任，并愿意为了团队的利益而牺牲自己的某些利益。分工合作，相互照应，以快速敏捷有效地发挥角色所赋予的最大潜能是团队协作精神的具体表现。

首先，我们要建立和谐的信赖关系，营造良好的人际氛围。曾经有心理学家做过这样的分析：如果我们能与同学、老师形成良好和谐的关系，那我们相处的气氛就会融洽。就会形成相互尊重、相互理解的学习氛围，也会打造出友好宽松的学习环境。再者，我们要积极参加各种集体活动，增强团结协作精神。因为参加集体活动，不但可以增强我们的团结协作意识，还可以凝聚集体的力量。除此之外，我们还要营造你追我赶，力争上游的学习氛围，要充分地信任同学和周围的人。协作是保持团队锐气的必要条件，是促使我们在学习上更刻苦、劳动上更努力、意志上更顽强，从而加快完善自我的步伐。其次，成功的合作要有统一的目标，大家始终要把那个目标放在心里，为了一个共同的目标而奋斗，还要尽力做好分内的事情。在合作中肯定有很多之前没有预料到的事情，那么我们就要有自我牺牲的精神。在面对同学的不解和质疑，我们首先要学会宽容，进而用缓和的语气和大家商量。有合作才能优势互补、取长补短、收拢五指、攥紧拳头、形成合力。发挥出集体的力量，体现集体的价值。获得成功，需要一种克难攻坚的精神，更需要一种团结协作的合力。任何一个团队，如果是人心涣散，人人自行其是、集体一盘散沙，那又何来生机与活力？何谈成功与未来？何有荣誉与成绩？如：在大海中，觅食的海豚不会因为饥饿单独冲向鱼群，因为如果急于求成鱼群就会被冲散。相反它们会尾随在鱼群后面，并用特有的声音召集同伴。当所有的海豚游动着环绕在鱼群周围，形成一个球状，把鱼群全都围拢在中间，他们分成小组，有秩序地冲进鱼群中央，慌乱的鱼群围堵在中间无路可逃，当中间的海豚吃饱以后，他们就会游出去替换外面的一队伙伴，让它们进去进食，就这样不断循环往复，直到最后一只海豚都吃到了饱餐。由此可见只有将个人追求与团队协作紧密结合，树立与团队风雨同舟的信念，才能实现个人的更大发展，没有完美的个人，只有强大的团队协作。

在教学过程中，教师也经常采用竞争与合作的方式激发学生的学习热情，促进学生之间在学习上的互相帮助、共同提高。小组合作的学习方式在中小学课堂运用较多，教师在课前布置预习作业，在课上会以小组汇报的形式进行学习，尤其是在物理、化学学科上需要学生合作完成，动手操作实验形成组内合作，组间竞争的良好学习环境和学习方式。在初三和高三这两个阶段，小组合作方法运用较少。学生需要将更多的时间放在知识自我巩固和学科知识弥补上，因此小组合作方式应该较少。在这个阶段，教师可以成立学习互助小组，让学科之间互补的学生组合在一起，并在有限的时间内快速提升学习成绩。在中学，学校、教师很注重学生之间形成良好的竞争关系，通过班级排名、年级排名来激励学生。在班级中选择合适的赶超对象作为竞争伙伴，可以用这种积极竞争激发学生自己的学习动机，发挥学习者的潜能。

(四)自律与坚持

如果说外界的规则和规范教育是“他律”，那么个体的自我规约和内省就是“自律”。从康德到黑格尔的德国古典哲学都是把真正的自由归于自律。自律是自我管理的重要途径，高层次的教育绝不能简单地让学生盲目服从于强制的权威或规范手册，而是要促进人的发展，让学生能够自觉主动地遵守，同时在实践中提升自我教育的能力。从“他律”到“自律”，是由外到内，将外部规则理解、吸收、认同转变为内在品行的主动强化。自律意识是不断建构的过程，是循序渐进、螺旋上升发展的，在中学阶段形成自律和坚持的好习惯对于未来都是受益匪浅的。下面通过某中学生的演讲稿实例进行说明。

《做一名自律的中学生》

大家上午好！今天我演讲的题目是《做一名自律的中学生》。有这样一则寓言：风筝和线手牵手在天空中飞翔，风筝不耐烦地对线说：“老兄，请放开我，不要限制我的自由。”线劝说道：“老弟，我的责任就是要限制你。否则，你就会失去飞翔的自由。”风筝不听劝告，拼命挣脱了线的束缚，然而就在它将线挣断后不久，便一头栽进了无底的深渊。风筝误解了“自由”的真正含义，它不明白：纪律与规则才是“自由”的保障。而自律又是遵守纪律的最高境界。那什么是自律呢?自律就是自我约束、自我管理。

自律是中华民族的传统美德，许多伟人以自律赢得了人们的尊重与敬仰。宋濂不受锦衣美食的诱惑刻苦读书；中国现代作家朱自清宁死不接受美国救济粮；中国文学家鲁迅在桌子上刻上“早”字提醒自己做事要及早；伟大的无产阶级革命家周恩来总理毕生严于律己，勤俭廉洁，连自己的骨灰都撒到中华大地。自律使他们成绩斐然，自律塑造了他们的人格魅力，让他们赢得了人民衷心的爱戴和钦佩。自律绝不应仅仅体现在伟人身上，作为中学生的我们是民族的未来，祖国的希望，少年时代也是我们形成自己健全人格的关键阶段，所以如何做一名自律的中学生是我们应该努力探讨和实践的。其实生活中很多同学都给我们树立了良好的榜样。例如每天有的同学迎着朝阳准时到班；课堂上精神饱满积极思考坐姿端正；课下独立思考高质量地完成作业；跑操时他们咬紧牙关毫不松懈；食堂用餐时做到无声餐厅，值日时他们用汗水换来窗明几净等……

可是有的同学却像渴望自由的风筝一样，人在课堂心在外。上课时不遵守纪律，因为懒惰而抄袭作业，课间跑操时懒懒散散。从道理上讲，谁都知道这样做是不对的，可为什么还是有人屡教不改呢。原因就是自律意识太薄弱，从来没有意识到自己的规范言行，所以才会一时冲动犯了错误。这些行为损害了班级利益的同时，更是对自己不负责、缺乏自律性的行为。其实，我们学校的绝大多数同学是文明的、守纪律的，是有理想有责任的，也是有着光明前途的。我们唾弃不文明、不守纪、不规范的言行。随着年龄的增长，现在能够充分认识遵守校规校纪，培养文明习惯的重要性。如能够管住自己的腿，要求自己按时跑操，增强锻炼；能够管住自己的嘴，自习课上不讲话；能够管住自己的手，不随地乱扔垃圾，破坏环境；能够管住自己的心，时刻严守诚实守信的准则，不欺骗别人。我们还能够学会正确处理同学之间的矛盾，规范自己的言行，从自身做起，严于律己，宽已待人。本着“勿以善小而不为，勿以恶小而为之”的态度，自觉用《中学生日常行为规范(修订)》来约束自己，规范自己的言行。从日常生活、学习中的一点一滴小事做起，切实做到

“遵纪守法文明自律”，让我们每个人在健康成长中收获，在收获中进步成长。同学们，让我们一起严格要求自己，收获自律的硕果吧。谢谢大家，我的演讲到此结束。

从学生的演讲稿中指出纪律与规则才是自由的保障，而自律又是遵守纪律的最高境界。初中阶段，学生普遍存在拖拉作业、不遵守课堂纪律、上课吃东西、闲聊等现象，他们对于教师的提醒劝说往往置若罔闻，依旧我行我素，自律性差。学生有专门的早自习、晚自习的时间，但极度需要自觉学习。在自习的时间里，一旦出现几个同学开始聊天，陆陆续续地整个班级闲聊的声音就越来越多。学生控制自己能力不够，容易受到其他因素的影响。班干部的管理有时候起不到作用，需要安排专门的教师守在教室监督学生学习。教师一旦离开教室，初中生的自律意识太薄弱，很难做到有意识的规范自己的言行，需要严格的班规来管理要求学生。高中阶段，学生的自律性得到了一定的发展，已经养成了良好的学习习惯，具备学会拒绝和坚持不懈的能力，能够根据自身的学习需求，制定自己的学习计划，按照学习计划自觉学习。在自习课上，绝大部分同学能够自我约束，管理好自己。但也依旧存在小部分自律性不高的学生。

四、品德课程场域道德生活事实

中学品德课程场域道德生活从品德课程目标、品德课程内容、品德课程实践、品德课程评价四个方面进行分析。

(一)品德课程目标

品德课程目标是指课程本身要实现的具体目标和意图。它规定了某一教育阶段的学生通过课程学习以后，在发展品德、智力、体质等方面期望实现的程度，是确定课程内容、教学目标和教学方法的基础。在制定课程教学目标时，部分教师不能对“三维目标”进行很好的区分，缺乏深刻的理解，在教学的过程中不能将教学目标和教学内容进行匹配，停留在宏观理念层面，缺乏实践性和可操作性，对如何落实三维目标不明确，从而导致教学实践的混乱。下面是某初中教师为统编教材人教版七年级上册《道德与法治》第一单元第二课《学习伴成长》制定的教学目标：

(1) 理解“学习”这两个字所表达的内涵。

(2) 对学习的要求有正确的认识。

(3) 明确学习的重要意义，初步树立正确的学习观及终生学习的意识。

这位教师制定的教学目标做到了从“三维目标”的角度出发，但在教学过程中对于情感态度与价值观这一维度的目标并没有具体落实。在教学过程中注重学生对“学习”的内涵、对学习的要求的认识，停留在知识与技能目标这一层面，对于培养学生树立正确的学习观及终生学习的意识这一目标只是“一笔带过”。在课程小结的时候顺带提了一下，没有将“树立正确的学习观及终生学习的意识”这一目标贯穿在整节课中，没有抓住本节课的德育机会。过于注重知识与技能目标的达成而忽视了学生的道德教育是许多教师在教学过程中普遍存在的情况。如何将书面上的“三维目标”在教学过程中转换、落实到真实的教学中仍是广大教育工作者需要思考解决的问题。

下面是某高中教师统编人教版《思想政治》必修(一)的第七课《个人收入的分配》制定的教学目标。

(1) 识记收入与分配、效率与公平等概念。

(2) 理解收入分配的方式、按劳分配的原因、不同分配方式的区别效率与公平的关系。

(3) 培养学生全面系统地看问题的能力。

(4) 正确认识现实生活中的收入分配差距，提高综合分析问题的能力。

(5) 通过本框学习，使学生感受到我国现阶段的收入分配制度有利于充分调动各方面的积极性和创造性，有利于促进社会财富的增加和社会生产的发展;更促进了学生对社会主义经济中效率与公平的理解。

这位教师制定的教学目标符合“三维目标”，从“培养学生全面系统地看问题的能力、正确认识现实生活中的收入分配差距，提高综合分析问题的能力、感受到我国现阶段的收入分配制度”的教学目标可以看出教师在备课时能够意识到教学过程中要重视情感态度与价值观的培养。但是教师在教学的过程中内容与目标不匹配，在课堂中没有做到贴近学生的社会生活和学习生活，未注重学生道德情感的发展，未能落实情感态度与价值观目标。

(二)品德课程内容

品德课程内容是教师完成教学目标的重要媒介，教学资料的选取是否恰当决定了学生在学习、理解本节课的知识是否感到轻松愉快、充满兴趣。

初中的道德生活主要是在《道德与法治》课堂上完成的，教师在教学时偏向放映课件，按照教材进行讲解，没有结合学生生活中所接触的实际情况，依旧停留在对道德知识的传授。学校开展德育活动教育的机会少之又少，偶尔会有一些社会实践类活动，如去敬老院、孤儿院献爱心等。部分学校开展活动时仅仅是为了完成任务，没有达到德育活动的目的。

高中阶段，学生面临高考升学压力。在高一年级的课堂上，我们能看到教师采用小组合作交流的学习方式，但进入到高二年级，学校为提早进入总复习阶段，教师开始赶教学任务，在课堂上学生基本是听众，导致教师没有依据学生的学习水平和作业反馈调整教学，成为知识的“灌输者”。到了高三年级，车轮式的复习更加注重对学生知识掌握程度和应试技能的提升，教师更加关心学习成绩较高的学生，而对没有升学意愿的学生则置之不理，极大地忽略了学生情感发展与全面发展。此外，德育活动被各种各样的课程考试所占据，学生对开展的活动漠不关心，只是认为能在紧张的课业压力下利用活动时间缓冲学习状态。

在义务教育阶段的《道德与法治课程标准》(2022 年版)中，7～9 年级是初中年级段，是小学高年级段的延续，与高中阶段相衔接，是培育道德品格、形成世界观、人生观、价值观的重要时期。由于本学段学生正处于青春期，独立思考能力和判断能力进一步增强，情绪波动性大，可塑性强。设置了生命安全与健康教育、法治教育、中华优秀传统文化教育、革命传统教育、国情教育等五个主题，从真实的社会情境角度进行道德教育，强化学生的道德体验和道德实践，引导学生正确认识自己以及个人与家庭、他人、社会、国家和人类文明的关系，了解国家发展和世界发展大势，增强社会责任感和担当意识，立志做社会主义建设者和接班人。然而，由于中学阶段迫于升学压力，教师和学生将时间精力都花在如何记忆考试知识点、分析试卷材料上，品德课程内容枯燥乏味，淡化了情感体验和道德实践在德育课程中的特殊价值。道德课堂变成机械式的重复复习考试内容，学生被动接受知识，为“分数”变得闭塞，思维麻木固化，缺乏表达自身想法的机会和欲望。

另外，中学时期的法治教育有待加强，教师在课堂上讲解法治教育知识的时候只是利用案例一带而过，没有进一步对学生法治观念、法治意识和法治素养的培养。中学生时期学生叛逆，不知道自己的行为触犯法律，缺乏法律意识和法治观念。如以下案例。

案例：2022 年 7 月的一天晚上，某中学三位同学趁门卫不注意，悄悄溜进学校，直奔某班教室。一名同学对着教室门先踹了几脚，然后另两名同学接着踹，将教室门板踢下一块，三人趁机钻进教室，又开始毁坏其他东西，后扬长而去。

案例分析：《中华人民共和国教育法》第 72 条规定：“结伙斗殴、寻衅滋事、扰乱学校及其他教育机构教育教学秩序或破坏校舍、场地及其他财产的由公安机关给予治安管理处罚；构成犯罪的，依法追究刑事责任。”三名同学破坏校舍及其他财产行为，应由公安机关依据《治安管理处罚条例》有关规定给予处罚。

学生认为破坏校舍、场地及其他财产只是调皮捣蛋行为，不知道破坏校舍、场地及其他财产需要接受治安管理处罚。据统计，未成年人的犯罪率年龄主要集中在 16 至 18 周岁，未成年人违法犯罪并非一朝一夕的事，而是一个由量变到质变的积累、渐变过程。这一时期受到的教育和自身行为习惯的养成，对其成长以后影响很大。缺乏法制观念和是非观念，是少年发生违法行为最重要的自身原因，要加强对未成年人的正面引导，并进行思想、道德、法制和爱国主义、集体主义、社会主义的教育，还要培养他们树立正确的世界观、人生观和价值观，培养他们遵守法律、法规的行为习惯，这是减少青少年发生违法行为的一项治标治本的措施。

(三)品德课程实践

品德课程实践是需要根据学生个性心理特点出发，根据内容需要，通过创设丰富、真实的情境(歌曲、故事、观看视频资料、多媒体课件等)，引导学生积极主动地讨论和探索问题的解决方法，强调师生间的互动，突出学生的自主学习和参与，使学生有效地掌握道德与法治课的基础知识、基本观点和理论，从而达到课堂教学的目的。

在观察过程中旁听了某中学两位教师讲授《诚实守信》这一课，在品德课程实践上很明显感受到差别，以两位教师讲授“诚实守信”这个概念为例。

第一位教师组织两场不同的情景剧，让学生在对比中不自觉地理解了“诚实守信”的重要性。第一个场景是通过学生表演 “狼来了”这个故事，他们形象逼真的表演赢得了阵阵热烈的掌声，让课堂气氛十分活跃。在形象生动的表演中，学生明白了诚信的重要性。第二场景是“初中生不小心碰撞私家车，主动承担留下联系方式并真诚道歉并表示支付损赔偿金”的场景，播放了一段生活中真实发生的视频，在强烈的对比中，使得诚信意识深入学生的脑海，并内化为学生今后的自觉行为。第二位教师认为诚实守信对于初中学生已经习以为常，课上仅是解释了这一概念的字面意思，并结合学生在校园的生活举了两个生动的事例让学生理解诚实守信的含义就进入下一环节的学习。

对比这两位教师的课程实践，能够明显地感受到这两位教师的差别，第一位教师精心设计教学环节，利用情景剧的方式开展活动。对比只讲授"诚实守信"这个抽象概念，既增添了教学的趣味性，还让学生进一步认识到培养诚信行为的重要性，实现了学生对"诚信"这一概念的深刻认知。许多教师在品德课程实践上缺乏对课程教学的时间与空间安排、在实践环节设计上没有花时间、下功夫钻研，导致教学氛围沉闷，教学过程枯燥，完全调动不了学生的学习热情和兴趣。

(四)品德课程评价

品德课程评价是检验教育目的是否实现，实现的程度如何，以判定课程设计的效果，并据此做出改进课程的决策。下面从考试评价和教师课堂评价进行分析。

目前我国教育的基本评价模式，分数依旧是教育评价中不可避免的问题，在实际教育评价过程中，要完全避免分数的消极影响是不可能的，教师如何尽可能地合理利用学生的主观因素，发挥分数积极作用，使分数成为学生前进的一种动力。为了突出学生的主体性，我们发现品德课程评价考题的形式发生了变化。以某市道德与法治模拟试卷为例，在试卷提问方式上更加尊重学生的主体性，题目提问为："你赞同这样的做法吗，请你谈谈认识""请你探究问题"，增设了开放性题型，更适合不同层次学生发挥出应有的水平。

题目一：

该校作业内容瞄准劳动、科技等要素，让学生走进社会，提技赋能。学校还以经典诗文为切入点，构建起"赏诵-雅书-悦画-研创"四位一体的经典诗文教育课程体系。通过打造"基础 +提升 + 拓展"的作业设计策略，实现了学生"人人有不同作业、不同的人做不同的作业"的目标。你赞同这样的作业吗？请谈谈你的看法。

题目二：

[阶段三：肩负使命]

广大青年要坚定不移听党话、跟党走，怀抱梦想又脚踏实地，敢想敢为又善作善成，立志做有理想、敢担当、能吃苦、肯奋斗的新时代好青年，让青春在全面建设社会主义现代化国家的火热实践中绽放绚丽之花。

请你以"奋斗青春，复兴有我"为主题，写一段不少于 100 字的讲稿。(3 分)

尽管试卷命制、试题提问方式发生了转变，体现了尊重学生差异的课程评价方式，设置开放性试题，这是值得肯定的。

然而，在实际的品德课程教学评价中，教师没有发挥教学过程评价的作用。我们观察发现绝大多数教师在评价主体上能够采用师生互评、生生互评多主体共同参与评价的方式。但部分教师在课堂教学过程评价方式单一，在评价语上停留在"你表达的真清晰""你的声音真响亮""你观察得很仔细"这种宽泛的话术上，没有明确评价具体内容，教师在听到学生的回答没有考虑学生答案的科学性、准确性以及学生回答问题的角度。义务教育《道德与法治课程标准(2022 年版)》提到，评价主要涉及价值观念、学习态度、过程表现、学业成就等多方面，贯穿道德与法治课程学习的全过程和教学的各个环节，发挥以评促教、以评促学、以评育人的功能。在评价方法上指出，要综合运用观察、访谈、作业、纸笔测试等方法全面获取和掌握学生核心素养发展的相关信息，加强纸笔测试与观察、谈话等方式的结合，关注不同情境中学生日常品行表现，避免仅凭考试分数判断学生水平的传统单一评价方式。要根据评价情况及时分析原因，调整教学方式。在实际教学生活当中，教师在课堂上没有做到真正的评价多元化，只是在评价语言上变得多样，没有结合学生在课堂上的具体表现进行评价，评价空泛。现今学校教师常用评价语如下。

(1) 你的思路很新奇，你真聪明！

(2) 你是一个爱动脑筋的孩子。

(3) 你这个想法很不错。

(4) 你真勇敢！敢回答别人不敢回答的问题。

(5) 你的回答真令人高兴！我们大家都愿意听你的回答。

(6) 你的回答令老师感到特别满意，无可挑剔。

(7) 你回答得非常正确！

(8) 同学们跟科学家想的一样，真了不起！

教师评价对于学生的影响是潜移默化的，不可否认的是教师的评价语言已经从“嗯，回答得不错”“嗯，很好”，进一步改变为“你的思路很新奇，你真聪明！”“你是一个爱动脑筋的孩子”，这是一个好的转变。这些评价语言听起来很丰富多样，但教师在课堂当中没有具体根据学生的回答做出评价分析，只是夸赞。教师评价语言如何更加多元、真实、有针对性，需要教育工作者们不断实践探索。

第五章　学校场域中的道德生活存在的主要问题及归因分析

本研究内容属于德育社会学研究，将道德置于广泛的学校场域中，必然与社会的政治、经济、文化、人口等构成要素产生联系。这在一定程度上打破了传统的“就教育论教育”的局限。因此，学校场域中的道德生活问题存在的原因涉及制度层面、精神层面、学校德育本身等方面。不同学段的学校场域中的道德生活问题存在的原因可能交叉和重叠。为了使本研究更具有针对性，我们从小学学校场域中的道德生活存在的主要问题和中学学校场域中的道德生活存在的主要问题出发，分别探究小学学校场域和中学学校场域道德生活问题的解释及归因。

第一节　小学学校场域中的道德生活存在的主要问题及归因

分析小学学校场域中的道德生活存在的主要问题及其归因，以便为后续对策提供依据。

一、小学学校场域中的道德生活存在的主要问题

通过实证研究学校场域中的道德生活，我们发现小学学校场域中的道德生活存在以下四个比较突出的问题：师生关系场域道德生活相对疏离、班级组织场域道德生活枯燥贫乏、课堂行为场域道德生活功能失调、品德课程场域道德生活实践不足并缺乏生活质感。

(一)师生关系场域道德生活相对疏离

在学校场域中的道德生活，师生关系是其中最重要的一对关系。因为学校组织主要是由教师和学生两个群体所组成。从学生角度来看，他们感受不到教师的关心是当前师生关系存在的最大问题；从教师自身的角度来看，师德失范降低了教师权威。这两个方面的问题共同导致了师生关系的相对疏离。

1. 学生感受不到教师的关心

教师对学生的关心是建立良好师生关系的基础。当前学校生活中学生们普遍反映教师不关心他们，而教师们常常认为，我们把所有的精力都花在了学生的身上。这是当前大多数学校的师生关系状态。我们认为，首先，教师没有了解学生需要什么样的关心，导致学生的需要和教师所给予的关心不对等。从教育经验来看，低年级学生需要的是一种嘘寒问暖的生活式关心方式，而中、高年级学生更需要老师对其精神世界的关注。例如，有一位六年级的学生说：“我又不是幼儿园小朋友，我们能够生活自理，老师应该关心一下我们

的其他方面。”学生所言其他方面，我们理解为学生的精神世界。老师们也反映，我们天天上课、批作业、班级管理，下课有时都没有时间上厕所，确实是对学生的关心程度不够，没有关注到学生的内心世界。其次，关心应该是一种对被关心者开放、不加选择的接受。关心意味着教师以一颗公平的心对待每一名学生，教师应该经常反问自己对所有学生都做到关心了吗？是否对一部分学生关心，而对一部分学生漠不关心呢？班级里总有那么一些学生是被冷落的。然后老师上课不提问、下课不搭理，想想这种状态比老师天天严格管教还危险。毕竟就严格管教来讲，学生还能够感受到自己在老师眼中的“地位”，而不理不睬、不闻不问是最可怕的一种冷落方式。最后，教师没有得到被关心者——学生的认可。学生对教师的关心没有反应，这一点是很关键的。关心应该是相互的，教师付出关心却没有得到学生的接受、确认和反馈，会抑制教师再次付出关心，使教师感到很失望。在学校生活中，很多学生不理解教师的良苦用心，有时对教师的管教不服气，甚至还和教师顶嘴与他们针锋相对，这严重伤害了教师的情感付出，也影响了师生关系。美国当代教育家内尔·诺丁斯(Nel Noddings)认为，要成为一个真正关心学生的教师，首先就要接纳学生的一切。其次，关心关系是处理师生之间关系最重要的因素，关心者所付出的关心，一定需要被关心者感知到。然而当前师生之间关心关系存在的问题就是教师不清楚如何关心学生，教师并没有理解关心是一种关系。最后，教师认为已经付出了关心学生的感情，而学生却感觉不到教师给予关心，这是师生关系疏离最重要的原因。

2. 师德失范降低了教师权威

教师这个职业是崇高的，被誉为红烛和人类灵魂的工程师。学高为师，身正为范成为对教师职业道德最基本的要求。教育部门出台各种文件加强教师职业道德建设，严禁触碰师德高压线。然而，现实不乐观。当前部分教师自身的道德素养严重下降，个别教师打骂学生、侮辱学生，师德失范事件和问题近几年频频见诸报端。例如某小学教师体育课上骂学生被学生录音，该教师随后被开除；某小学教师因为学生的一句话让学生登报道歉；男教师猥亵女学生等违反教师职业道德规范的事件。还有个别教师功利性很强，以金钱和物质标准来看待学生，从而差别对待学生。尤其是这几年，家长为了让教师多关注自己的孩子，便给老师送礼，导致教师对待孩子的好坏取决于家长送礼的多少，这样的事例在学校中屡见不鲜。这些教师把教育看成是一种交易，你给我送礼，我就对你的孩子好，却从来没有认识到教书育人的深刻内涵，把教育当成赚钱的渠道，背离了教书育人的初心。

虽然规范办学行为的文件一再强调要求整治教师师德问题，媒体也报道存在不少问题，但我们自己亲眼所见的场景令人难以置信，这不仅是对教育者自身的侮辱，更值得每一位教育者去反思。教师自身没有做好为人师表的表率，做了违反师德规范的事情，降低了自己作为教师应有的尊严，同时也丧失了教师的权威。大多数教师认为从事教育工作可以从中捞到不少好处，这样的想法极其可怕，引发我们深刻思考：我们所学习的教育理想和信念就是如此的不堪一击吗？教师是否应该好好反省自身？这类个别现象会在孩子们的心中留下不良印记，玷污了学校这片净土。

(二)班级组织场域道德生活枯燥贫乏

班级是培养学生道德品质的重要阵地，我们发现当前班级组织存在非公平、不够民主的现象。制度设计上的班级组织生活忽视了学生主体的道德体验，这些都限制了班级组织育人的作用。

1. 非公平、不够民主的班级生活

班级是学校最基本的单位，也是学生在学校生活时间最长的场所。班级组织是否公平、民主对学生的道德成长影响很大。班级组织的公平性表现在班主任对待学生一视同仁上，不根据家庭出身、家庭状况等外在因素而区别对待学生。实际上，现在许多班级都存在着特殊群体，这些学生是老师特殊对待的对象，甚至还有关系户、关系班等现象。这样的现象在小学是司空见惯的。然而，这种现象导致的后果就是对其他同学的不公平，如上课时老师会多给这些特殊学生回答问题的机会，在班级中选班长、班委会成员时也会优先考虑。

在班级中，民主氛围也十分重要。在所调查学校的总结中发现，教师在制定班规时掌握着决定权，学生没有决定权，班委会的组成人员基本上是由班主任老师直接任命，只有少数学校实行班级干部轮换制，但效果不佳。普通同学对班干部工作不满意，认为班干部并没有起到带头作用，有的班干部会犯错误，甚至会违反纪律，影响了班级的整体形象。当前班级管理的现状还是以班主任老师为代表的教师专制的管理方式，这种方式有其优点，但缺点也是显而易见的，如“教师中心”“专制”“服从”“被动”等状态较明显。访谈中得知，低年级教师都以学生年龄小，不宜采取他们的意见为理由，班规、班级活动等都由班主任一人决定。学生的主动性没有得到充分的体现，学生从低年级开始就受老师严格地限制，持续整个小学阶段。即使到了高年级，老师想让学生参与、营造民主的气氛，学生也不愿意参与。因此，班级中的民主氛围对于培养学生健全人格具有潜移默化的长效影响，这是素质教育的主要任务之一。

2. 制度设计忽视学生主体的道德体验

班级德育活动的目的在于使学生积极参与其中，学生是活动的主体。学生只有在自主、自愿参与班级活动时，才能形成集体意识，达成活动的目的。制度化的设计如果脱离了学生的需要，会导致德育活动效果不明显。在这个过程中，学生如果被动地参与和执行老师的规定，这会使得学生的主体地位缺失、主体道德体验缺乏。调查表明，学生和教师在开展班集体活动时，缺乏自主权和自主性。教师通常按照学校的要求和上级的规定来开展，包括确定活动的主题、内容和形式，而学生没有决策权，只能被动参与。

班会是班级中最常见的道德教育实践活动，但这个活动往往也被学校垄断。学校在开学初制定每个月的德育活动计划，包括班会的主题、内容和形式，然后具体地传给学生，学生只能被动地服从班主任老师按照学校所设计的活动去执行，这导致学生参与德育活动的效果不佳。德育活动的记录只体现在班主任工作手册中，至于班会所达到的效果却无人问津。以教师标准制定的德育活动内容忽视了学生的内在需求与情感体验，尽管学生参与到其中，也只是走过场，这样的参与形式不能达到道德教育的目的。

在我们所调查的学校中，班级德育的内容涉及爱国主义、集体主义、孝敬父母、良好习惯养成、环保等方面，虽然其中有些内容相对比较丰富，但某些主题与学生的生活距离较远甚至有些空洞。应该把重点放在与学生的学校生活相联系的实际行动中，如多设定些个人品德修养、行为习惯培养、道德生活等内容的主题上，而不是仅仅停留在“我要爱国”“我要爱集体”“我要孝敬父母”等口号的主题上。以写《观最美孝心少年》观后感这个活动为例，学校只布置学生简单地写观后感，而不是通过每一位孝心少年的真实事迹去启迪学生做有关孝道的事情，这样的道德教育使学生对孝道的认识仅停留在道德认知层面，而未上升到道德行为层面，对学生的道德成长没有起到应有的促进作用。

班级德育活动的形式根据学校的规定而制定，如定期开班会、每周一举行的升旗仪式、举行纪念日活动、每年的十月十日建队日等。这些活动到底给学生留下多大的印象、对学生的道德行为的养成起到多大作用呢？在访谈时我们了解到，这些由学校组织开展的道德实践活动，在学生头脑中的印象不深刻，他们认为这只是学校常规性活动，与自己没有太大关系。实际上，真正能够按部就班的开展这些活动的学校已经很少了，有的学校德育工作记录中有这项活动，实际上却并没有展开。这些“做给别人看”的记录只是方便上级领导检查时查看。

学生不仅在学校生活中没有参与活动的主动权，在教师所布置任务的完成上也很难达到要求。许多家长反映，当前学校布置的任务和作业太难、标准太高，学生根本无力完成，反而更像是为家长所布置的。大多数的活动都只能由家长代理完成，整个活动中没有体现学生主体地位，这样就埋没了学生的主体性。

某校某班在 2015 年辞旧迎新新年联欢会上同学们的发言。

元旦联欢会开场词：四位主持人分别是(swt、ymh、cjs、pxy)，一起说：亲爱的同学、老师，各位家长，大家好!

(swt)今天，2014 年即将过去，明天我们将迎来崭新的 2015 年。

(ymh)在 2014 年，我们从幼儿园的小朋友变成了四小的小学生。

(cjs)展望 2015 年，我们将收获更多的知识、友谊和欢乐。

(pxy)我们的健康成长离不开爸爸、妈妈、老师的辛苦付出。在此，我代表全班同学说一声。

(四个主持人一起说)爸爸，妈妈，老师，您们辛苦了！祝您们新年快乐！万事如意！

(ymh)这是你的舞台，我的舞台，我们大家的舞台。

(cjs)精彩节目不断，请大家拭目以待。

(pxy)首先请出 lsz，zcx 表演合唱《倍儿爽》。大家掌声欢迎。

联欢会结束语:

(合)敬爱的老师、同学，一年级五班新年联欢会即将结束!

(lcy)今天我们共聚一堂，欢歌笑语辞旧岁。

(gmq)明日我们携手齐进，锐意进取创新春。

(zyt)感谢给予我们精心照顾和关怀备至的家长们。

(lcy)感谢与我们朝夕相处、友爱互助的同学们。

(合)恭祝大家新年快乐，万事如意。

这是某校一年级某班的元旦联欢会主持稿，从这种成熟的言语和串联词一眼就看出，幕后的作者很可能是老师或家长。这样的活动安排可以说没有起到任何实效性的作用。

纵观学校举行的各种德育活动，学生作为活动的主体却总是被忽略。我们认为每次活动只有让学生真正作为班级活动的主人，主动参与到班集体的活动中，真实体验活动的过程，才能够真正发挥学生的主体性，德育活动的效果才能最大体现。

(三)课堂行为场域道德生活功能失调

课堂行为场域道德生活课堂时空安排不合理，缺乏教育性的惩罚会丧失惩罚本身的教育功能，这些会导致课堂行为场域道德生活功能失调。

1. 不合理的课堂时空安排

学生的时间被制度化的学校教育安排的没有一点空隙，学生在学校里受到限制，时刻都有事可做。即使是下课的十分钟，学生也要赶紧整理这节课的用品，准备下节课的用具。上厕所都得抓紧时间，在走廊里行走只能靠右侧，禁止走在走廊中间，禁止并排走或和同学讲话，否则就会按照班规扣分。这种上课不让讲话，下课也不让讲话的现状是当前学校的普遍管理状态。有些老师说，班主任老师在班级时学生表现得很好，其实都是装给老师看的，一旦老师离开班级，学生就疯狂地闹起来。我们认为，学校教育中的这种时间安排存在很大问题。学生也会产生疲劳情绪，需要适度释放。一节课的课容量会使学生感到疲倦，仅仅十分钟的课间休息，不能完全缓解学生的疲劳感。因此，课间时间应该适度延长，给予学生充分的休息，尽可能地让学生到室外自由活动或室内进行语言交流，从而释放自己的疲劳情绪。

班级的空间环境也是学校道德生活中不容忽视的因素。例如教室桌椅的摆放形式。目前大多数班级的桌椅摆放仍采用传统的秧田式，这种传统形式本身就造成了一种课堂教学不公平局面。坐在前面的学生容易被教师看到，而后两排和旁边的同学则容易被忽视。有些班级甚至还出现了家长花钱买座位或者调换座位的现象，花了钱的学生就能坐到前排受到老师的优待，而调到后排座位的同学却会受到老师的批评，这种现象进一步加剧了班级组织的不公平。此外，还存在普遍的班级规模过大问题，据调查显示，农村地区学校的班级大约有 30 多名学生，而在县城和城市地区，班级规模普遍在 40 人以上，甚至有些县城学校的班级达到了 70 人，这导致了学生之间由于拥挤和竞争而产生矛盾，甚至大打出手，影响学生之间的相处。研究显示，在学生人数较多的班级中，学生更容易出现攻击性行为、班级秩序较差。常常发生学生之间的冲突和争吵，这样的班级环境不利于学生良好道德品质的养成。

2. 缺乏教育性的“惩罚”

惩罚是对过错行为的处罚或制裁。对于小学生来说，当前学校惩罚主要有以下几种方式。第一种，罚抄写。如科任课表现不好抄“家训”(即班规)，语文课表现不好抄写课文，数学课表现不好抄写习题，英语课表现不好抄写单词。第二种，罚干活。违反纪律一条，清扫教室一天，违反纪律两条，清扫教室一周。第三种，罚站。上课不注意听讲、搞小动作的学生站着听课。有的学校教师会把惩罚演变为体罚，学生一旦出现违反纪律的情况，就把惩罚变成体罚，既损害了教师的形象，又给学生身心造成极大的伤害。尤其是近年来，教师体罚学生的事件频频见诸报端，如某市某校的老师骂学生“丧门”(当地侮辱人的方言)，某校教师因为一学生与同学谈论她时被她听到，让学生“登报道歉”等，这样惩罚学生的方法不可取。

这些惩罚看似“有力度”，然而在“罚”完之后却没有什么效果，原因是惩罚中没有教育的因素。越是这样的惩罚，学生越感到不服气。惩罚的目的是要让学生明白为什么要惩罚他，要让学生懂得如果违反纪律却不遭到惩罚，纵容错误的行为向更坏的方向发展对自己是有害的，同时对他人也是不公平的。如涂尔干所说，惩罚之所以有道德教育的功能，是因为它能够维持纪律的权威。

教师对惩罚方式的掌握很重要。辽宁师范大学傅维利教授认为，惩罚的方式应直接指向‘过错本身’，且一般不轻易选择替换性惩罚方式[①]。如法国启蒙思想家让·雅克·卢梭提出“自然后果律”，针对一个小朋友打坏了玻璃，并没有对他施加任何替代性惩罚措施，而是让他在这个屋子里感受寒冷。在惩罚中应该充分体现教育的因素，否则惩罚是无效的。卢梭的“自然后果律”被斯宾塞应用到整个教育中，有其优点，也有其弊端。如果学生没有及时意识到自己犯错，此刻就需要教师的提醒。教育的目的是使学生在成长过程中能够避免错误行为的发生，起到防范的作用，使学生能够更好地适应未来社会生活的需要。在学校教育中，惩罚是具有防范性质的，防止错误再次发生。同时最重要的还应具有教育性，让学生知道哪里出了错，这么做为什么是错的，以及今后应该如何改进。

傅维利教授认为，学校教育中应该有必要的惩罚，因为学校中的惩罚有助于学生的社会化。[②]国有国法、家有家规、学校也有其校规。用校规、班规约束学生的行为无疑是正确的，违反规定就要受到相应的处罚，是自然的。学校是一个小型的社会组织，通过培养学生从小在集体中遵守纪律的好习惯，有助于他们将来更快地适应社会的规范。

(四)品德课程场域实践不足并缺乏生活质感

品德课程走向生活的过程中遭遇困境，同时虚拟的道德生活情境也使得品德课程实践不足并缺乏生活质感。

1. 品德课程走向生活遭遇困境

近些年来，尤其是新一轮课程改革以来，我国的德育课程已经取得了一些成绩与进步，教学理念、课程内容、教学手段、教学形式等方面都发生了变化。然而，我们看到这些成绩的同时，也必须正视其品德课程实际运作中存在的问题。从调查结果看，品德课被大多数学生视为“副科”，其在学校中的重视程度远小于主科课程(语文、数学、外语)，这主要因为品德课堂与升学考试的关系不大。尽管“回归生活”的理念在品德课堂中呼声很高，但是在真正“走向生活”的过程中却遭遇了困难，具体表现在以下几个方面：

1) 道德知识化倾向严重

直接的德育课程知识意味着传授杜威所说的“关于道德的知识”，内容包括关于美德、善良和诚信的书本知识，如善、价值谱系、美德袋、要做什么和不要做什么、十诫、好男孩和好女孩的品质、一个人应该做的事情等。[③]学校仅仅传授道德知识，这样的做法是脱离学生实际生活的，这也是杜威一开始就批评我们当前教育中存在弊病的原因。让学生在课堂上反复阅读品德课文、背诵道德条目、记笔记和期末进行考试等，这些都是道德

---

① 傅维利. 对教育中惩罚问题的基本认识[J]. 河南教育学院学报(哲学社会科学版)，2009，28(02)：1-3.

② 傅维利. 对教育中惩罚问题的基本认识[J]. 河南教育学院学报(哲学社会科学版)，2009，28(02)：1-3.

③ 檀传宝. 问题与出路——若干德育问题的调查与专题研究[M]. 杭州：浙江教育出版社，2009：03.

知识化的体现。

然而，知识的教授方法与形成道德的方法不同。柏拉图在《梅诺篇——什么是德》中将“德”区分为“知识”与“识见”。首先肯定德是可教的，同时又指出了教道德的困难。这也说明，道德的形成方式与一般知识的掌握是不同的。

总之，品德课程完全演化为道德知识的传授，而道德知识的掌握和学习只能解决学生道德认知的问题。在实际的道德生活中，学生并没有养成道德行为，这也是学生道德知行不一的关键，表现为高知低行、知而不行或者知行相悖。

2) 品德课程实施过程中命运的改变

《品德与社会》课程标准中明确规定了教学建议，即要“整体把握课程目标和教学目标的关系，通过创设多样化情境丰富和提升学生的生活经验，引导学生自主学习和独立思考，因地制宜地拓展教学时空，有效组织适宜的教学活动。”[①]然而，在真正实施教学的过程中，教师却很少按照这样的要求去做。道德实践在学生道德成长过程中是至关重要的。在调查中我们发现，大多数品德课上学生只是阅读课文，以教师出题、学生找答案的方式完成课程，根本没有实践活动。很多教师反映说：“我们根本没有时间，学校也没有给道德实践的条件，我们教师可没有那个权力把学生带出去实践，安全问题谁负责。”

现实中，道德课程缺乏情感体验，过于注重道德课程的传授而忽视了学生的实际需求。虽然教材只是一个实践的载体，但如果不去实践，再好的教材也不会产生良好的道德效果，真正的课程内容实践才是最重要的。当前的德育内容只注重道德知识的传授，对现实生活中的经验重视不足，导致德育实效性差。虽然课程内容在回归生活方面已经取得了一定进步，但在课程实施这一问题上仍需改进。

3) 品德课程的时间安排不足

品德课程时间设置为：小学低年级每周开设两节品德课；小学中年级每周开设两节品德课；小学高年级每周开设三节品德课。这样的课程设置在理论上是合乎规范的，但实际上并非所有学校都全部按照课表上课，他们的品德课往往被其他课程占用。有些老师表示，低年级的《品德与生活》课一般由班主任老师兼任，大多数情况下都被改成数学、语文课。三、四、五、六年级的《品德与社会》课教师通常也是非专业的，一般由音乐老师、英语老师或其他小科教师担任。他们上课时领学生们阅读课文，做笔记，然后就把课堂交给班主任老师。有的学校还专门设有自己校内的一套课表，在无人检查时使用。如果上级来检查，就把教育局规定的课表整齐地贴在墙上，不检查的时候就按照自己内部的课表上课，根本无视品德课程的存在。这样对待品德课程的安排实在是让我们感到痛心。

2. 品德课程实践局限于虚拟的道德生活情境

学生只有身处真实的道德情境中，才能产生真实的道德冲突，进而形成道德行为。当前学校道德教育仅仅停留在道德认知层面，只有拥有优质教育资源的学校才能够进行道德情境再现。例如，教师用语言叙述情境，然后让学生讨论。讨论后，所有学生都能够判断出什么是好的行为，什么是不好的行为，也明确知道自己应该怎么去做。可是一旦学生自己处于真实的道德情境中，就会做出与认知相反的事情。例如，

---

① 义务教育品德与社会课程标准[S]. 北京：北京师范大学出版社，2012：18.

某学校准备迎接检查，需要盆栽花来布置教室。在和同学们说完这件事后，大多数同学都表示愿意为班级做贡献，纷纷答应把家中的君子兰、虎皮兰等植物带来为布置班级做贡献。然而第二天来到学校后，只有不到五名同学带花来，其他同学都以各种借口没带。

我们认为，前一个情境是虚拟的，这种虚拟的道德教育情境不能培养学生的道德行为。因为在这个过程中，学生不能产生真实的道德冲突，进而无法实现由知到行的效果。调查中问及学生学校是否开展道德教育活动，大多数学生都否认，教师们也说我们根本没有时间去实践。量化结果显示，县城和农村的品德课程道德生活要优于城市，且农村与县城差异不显著，城市与农村差异显著、城市与县城差异显著。一般来说，城市小学生所面临的课业负担更重一些，师生将更多的时间用到了教学上，相对忽略了德育的地位。相反农村和县城生活节奏较城市慢，生活环境更加自然、淳朴，学校还会定时举行一些德育活动，让学生真正地体验真实的道德情境。例如，我们所调查的一所农村小学每年会在清明节去祭扫烈士墓，而城市学校却很少开展这样的德育活动。

二、小学学校场域中的道德生活存在问题的归因

产生小学学校场域中的道德生活问题与小学生道德成长问题的原因有很多方面。本研究认为，制度化管理导致学校德育失去了话语权；功利主义导致教师追求即时的德育效果；文化资本的不均衡是造成班级组织不公平的原因之一；管理与教育分离导致道德实效性差；虚拟的道德情境使学生无法产生真实的道德冲突，进而无法形成道德行为；应试教育导致学校忽视德育；重知轻行的德育课程观导致学校道德生活贫乏；家庭、社会的负面影响部分抵消了学校德育的效果。

(一)制度化管理使学校德育失去了话语权

制度化管理意味着学校德育工作应纳入整个学校管理系统之中。学校对德育工作有统一的要求，每年开学初，校长会传达本学期的德育工作计划。从教师到校长，都在执行来自上级部门的要求。这种制度化的德育管理形式使学校失去了德育的话语权。在教师眼里，德育工作更多的是来自学校乃至教育行政部门的各种评比的检查材料。因此，以材料作为评价标准的德育在实施过程中失去了教育的色彩，制度化管理越严重，教育失去的意义就越多。

在制度化的管理下，学校德育工作成为一种分配好的“上级任务”，与教学工作一样，必须拟定一个具体的工作计划，并按部就班地执行。下面是我们对某校校长工作记录的摘录：

本学期德育工作的主题是“强化德育常规，优化育人载体，构建适合学生发展的德育”，将采取“搭建教师专业发展平台、明确德育常规工作、优化课堂育人主渠道、建立少先队和班干团队、整合资源拓展育人空间”等几项具体措施开展德育教育。教学工作计划的主题为“落实课改精神，规范教学常规，促进师生发展”，学校对“推动教师专业发展、实施课程改革、开展学科活动”等重点工作的开展和落实做出了明确的指导和详细说明。

学校作为培养人才的场所，制度化的管理方式使学校道德生活受到各种显性的规章制

度、管理条例、行为规范等约束，如作息时间、校规、校纪、班规、家训等，各种活动都在制度的约束下进行。

对于教师师德的考评，每学期也会有工作计划、工作记录、工作总结、师德档案等材料，这些也都是上级需要检查的材料。例如，以下为某校在 2013—2014 学年度第一学期师德的工作计划的摘要。

2013—2014 学年度第一学期师德工作计划

1. 指导思想

围绕 X 区教育局《十二五教育发展规划》以及区教育局暑假干部会工作会议精神，以《X 区教育局 2013 年工作计划要点》为依据，以学校工作计划为指导，继续以落实“开放式教学”为目标，以规范师德行为、提升师德水平为重点，以完善管理为核心、以精细化的学校管理为抓手。

2. 工作目标

(1) 明确工作目标和工作职责。提高工作的积极性，主动性和专业性。

(2) 深入学习贯彻落实《中小学教师职业道德规范》。

(3) 加强法制学习，增强法律意识。通过深入学习《义务教育法》《教师法》《未成年人保护法》等相关法律法规，提高教师依法施教和依法治教水平。

(4) 师德满意率达 100%，优秀率达到 90%以上，努力做到“零举报”。

3. 具体工作及措施

(1) 提高素质，加强理论学习

1) 继续坚持间定期学习习惯。

2) 通过理论学习活动，提升自身师德水平。学习《教师职业道德规范》《辽宁省教师规范白皮书》等，规范自身并自查不足。

4. 提高认识，明确目标

教师自身加强职业道德建设，深化教育改革，推进素质教育，加快教育现代化进程的需要。教师必须提高认识，明确目标，切实重视师德建设。自觉做到“热爱学生、依法执教”。除了职业道德的外在要求，还要准确掌握“规范和准则”的内涵。用规范约束自己的言行，做到率先示范。

爱岗敬业，严谨治学

树立优良学风，不断提高教育教学和科研水平。

在日常生活中，无论是教师、学生、校长，他们的工作都是为了“上级”而表现，学生为教师而表现、教师为校长而表现、校长为局长而表现。这种层层制约、层层管理的形式导致教育者失去了真正属于自己的思考，这样的德育方式毫无教育意义。学校应该因地制宜，根据自己的办学特色和学生特点开展有针对性的道德教育。

(二)功利主义导致教师追求即时的德育效果

功利主义认为学校德育工作应该立即给教师和学生带来看得见、摸得着的“好处”。在学校中表现为学生上了德育课就要有转变，学了道德知识就要有道德行为，要求“立竿见影”的德育效果，否则德育实效就低。[①]因此，许多教师在德育过程中追求“眼前利益”，希望德育效果能够给教师和学生带来当下实惠的现象，如奖金、待遇、荣誉等，以及给予学生加分、得到老师的认可、有利于升学等好处。否则，就认为是得不偿失、不划算。这种现象在当前大部分学校中普遍存在。

这些观念和导向使教师和学生接受一种思想，即把学校的德育工作等同于经济利益、名誉、物质奖励等。学生把道德学习看成是获得老师和家长认可的途径，他们总是要老师、家长给予奖励才去做一些事情。这种急功近利的功利主义没有体现学校德育的本质特点，久而久之，非但没有形成良好的道德品质，更无益于学生未来的发展。因此，这种功利主义是不可取的。

功利主义的德育倾向往往使教师把学校德育生活简化为世俗的利益计算。而克服这一弊端的选择只能是让学生从自己的道德实践中体悟人生的尊严和价值，或者以一种实现最高价值的心境去践行道德。[②]学生良好道德品质的形成是一个漫长的过程，这个过程并不是一堂品德课或一次德育活动就能够见效的，而是教师和学生共同努力的结果。学校德育不应以即时效果为目的，而应追求长远功效，即终极效果的德育。尽管教师们期待德育效果的迫切心理是可以理解的，但教育是一个漫长的工程，教师应转变思想，树立长远的德育效果观，并用足够的耐心和毅力去教育学生。

(三)文化资本导致不平等的班级组织生活

布迪厄曾认为，教育发展的动力，必须根据一般的分层过程来解释。这种分层过程中，各种不同类型的‘资本’被不平等地分配着。这些资本包括：金钱和物资的经济资本、地位和群体联系等的社会资本、技能、文凭、风格和语言方式等的文化资本，以及合法性和各种标志的符号资本。它们的结构和数量决定了人的社会阶级地位。因此，阶级本身是由各种不同的资本所组成。而且阶级再生产的过程也是十分精致和间接地，是通过习惯和学校结构而运作的。[③]

在调查中发现，班级组织的公平性与家庭文化资本的联系紧密。个别教师会以不公平的心态对待学生，把他们分为优等和差等生，这种行为本身就是一种不道德的行为，会对学生的身心发展产生负面影响。这样的教育对于学生来说，会形成“说一套，做一套”“撒谎”等不良习惯。同时也会出现“贴标签”现象，对该学生造成了极大伤害，甚至影响他们的一生。

本研究的调查显示，学校所在不同地区的班级道德生活得分情况是：农村高于城市高于县城，即农村＞城市＞县城，且两两比较差异极其显著。在调查的过程中发现县城、城市学校这种不公平的班级氛围更浓厚一些，比如分班不公平等。在农村，所有学生的出身基本相同，无所谓阶层与阶级，因此班级组织中的公平氛围更强一些。近年来，虽然一些城市学校也逐渐实行了“阳光分班”“合理排座”的政策，相对来说起点是公平的。但是

① 王芳. 现象学教育学视角下学校德育过程优化[J]. 教育导刊，2014(05)：6-9.

② 檀传宝. 信仰教育与道德教育[M]. 北京：教育科学出版社，1999：06.

③ 王芳，杨晓. 大学生假期回乡教育实践的社会价值——一种教育社会学视角的认知[J]. 教育理论与实践，2014，34(09)：11-13.

在班级组织生活中，还存在教师差别对待学生的现象。县城这种不公平的氛围就更浓厚，甚至分班还要找关系、托人等，这就造成了班级组织内部极大的不公平。

(四)管理与教育分离导致道德实效性差

当前学校中，存在一种重管理轻教育的思想，认为只要管理到位，学生的道德水平就能够得到提高，道德就能取得实效。在这样的主导思想下，学校制定了大量的管理条例、行为规范等，学生不得不遵守这样的规定。然而，学生遵守纪律并不是因为对纪律本身的尊重，而是因为害怕违反纪律后受到的批评或惩罚。这些管理规范是一种外加于人的纪律，与教育有本质区别，管理的目的在于限制和规训学生的行为，而教育的目的在于培养学生的义务感和纪律精神，即道德规范内化为学生自身的行为准则。

只注重学生的道德行为管理而缺乏教育的方式，会使学生表面上遵守或服从学校的要求，但内心深处并未认识到为什么要服从学校的管理，更没有把学校的管理条例、行为规范上升为一种道德信念，从而阻碍了道德行为的形成，使道德内化无效。教育应该强调的是让学生知道并遵守道德规范，从内心深处去领悟，从而内化为自己的道德行为，这样的教育才有意义。

当然，学校的管理是不能全盘否定的，因为学校有了严格的管理，学校才能够正常的运作，纪律越严格，越符合维持学校秩序的逻辑。这样的管理思想是把学校纪律看作德育的手段，而不是目的。思想是行动的先导，我们应该通过这样的手段达到育人的目的，使学生内化道德规范，形成良好的道德行为。教学法上说，教是为了不教，而管理学生上应该是管是为了不管，只有通过转变思想，改管理为教育方能达到目的。

(五)虚拟的道德生活情境使学生不能产生真实的道德冲突

在虚拟的道德生活情境中，道德教育内容和道德冲突，可能复杂或逼真，但他们都具有“游戏的”或“戏剧的”的性质，不与受教育者的切身利益相关联。①

傅维利教授认为，虚拟道德教育情境通常可以分为两种。一种为话语虚拟，即教育者通过语言描述一个道德情境，并讲述应该如何应对或者促成学生的讨论。另一种为戏剧虚拟，即教育者向受教育者分配角色，让学生在特定的道德教育情境中扮演不同的角色并尝试着解决面临的道德问题。②

个体的道德成长是在解决一个个真实的道德冲突中成长起来的。虚拟的道德冲突包括：“如果你遇到这样的事情，你应该怎么办？”“假如你是谁谁谁，你认为什么是符合道德的做法？”这样的虚拟道德情境，只能停留在解决问题的前半部分，并不能完成整个道德过程，即从道德认识到道德情感的完整过程。正如前文所举的事例：作者在前一天让学生拿花盆来学校时，学生的表现是在非真实的道德情境中。而第二天真正拿来花是在真实的道德情境中。这两种情境之所以不一样是因为非真实的道德情境与个人的利益无关或者学生面临着的是虚假的利益冲突，不以道德行为为评判的标准。在这种真实的道德情境中学生的道德行为受到评判，并涉及自身的利益问题。因此，缺乏真实的道德情境是制约

① 傅维利. 真实的道德冲突与学生的道德成长[J]. 教育研究，2005(03)：13-16+28.

② 傅维利. 真实的道德冲突与学生的道德成长[J]. 教育研究，2005(03)：13-16+28.

学生道德成长的瓶颈，在虚假的道德情境中可以解决学生道德认知上的问题、或许会产生道德情感，但是不能完成道德行为这个过程。虚拟的道德情境所产生的是虚拟的道德冲突。在虚拟的道德冲突中，学生都能够做出正确的道德价值判断，因为虚拟的道德情境并不需要学生做出道德行为，与自己的切身利益无关。长久以来，就会形成学生虚伪的品行，也就是我们所调查的结果，学生的“知行不一”“言行不一”“说一套、做一套”“双面人”等，这对于学生的道德成长是不利的。

道德教育应该提供真实的道德生活情境，使学生在生活中产生真实的道德冲突，这样才有利于学生的道德品质形成。真实的道德情境应该来源于真实生活，只有现实的道德生活才是真实的。但是，在制度化教育的今天，我们不可能把所有的道德教育都放到现实生活中去，这也是不必要的。我们应该尽力为学生创设真实的道德情境，促进学生道德品质形成。

(六)家庭、社会的负面影响部分抵消学校德育效果

杜威认为，不能存在两套道德生活原则，即校内生活原则和校外生活原则，这两套原则应该是一致的，因为行为是一个，因此行动的原则也只是一致的。而当前小学生接受着两套道德原则的教育，即学校教育孩子要做“圣人”，而家庭和社会却从私利的角度教育孩子，导致校内原则与校外要求相悖。

首先，家庭道德教育根基薄弱。家庭道德教育在小学生道德成长过程中扮演着十分重要的角色。然而当前家庭道德教育反映出的问题集中表现在以下几个方面：隔代抚养中的溺爱问题严重；家长自身道德素质偏低；家庭道德教育观念偏差等。如以下一篇文章中所描述的内容。

《一位教师的心声》

今天一天心情都不怎么好，原因是不管我怎么努力讲课、讲题，总会有学生听不进去，这可能是毕业学生的普遍现象吧！下班时路过楼梯口，看到一位学生的奶奶或姥姥正在生气，原因是老师留了她家的孩子。旁边一位家长还说“孩子肯定是好孩子，老师才会留他，才会帮助他，家长得配合老师的工作！”可是孩子的家长依旧气急败坏地抱怨着老师让她在外面苦等很久，对老师满是埋怨！“她爹妈都看不住，你们还看什么？这么久不出来，我……”我听这些话感到很刺耳，也很淡然，因为已经习惯了。我都在怀疑，自己对孩子好是否有意义？为什么要当老师？每天工作很多，拿得很少。没什么回报，只求心安理得。今天真的受刺激了，不仅仅因为学生怎么讲也听不进去。

教育是一场盛大的爱恋，它感动不了别人，只感动了自己。教师是一个多么折磨人的职业，让我静一会儿，思考一下人生吧。

我们只能说，有些家长有时候太不讲情理，老师想好好地教育孩子，却遭到家长的拒绝，甚至埋怨。现在教师确实处于两难的境地，管还是不管、管多还是管少，都是问题。对教师来说，只能尽力做好自己的本职工作，对得起自己的良心，问心无愧就足够了。

其次，社会道德风气不良。我们认为，要培养有道德的个体，需要一个讲道德的社会。社会的道德风气严重制约了学生道德行为的形成。学生把学校学习到的那一套道德规范，原封不动地拿到社会生活中去运用，有时会遭到“好心办不了好事”的下场，严重地

动摇了学生的道德意志。如以下两篇作文日记中所描述的事实。

《囧事一件》

当我刚刚到家时，妈妈见我心情低落，便拉我出去散步，并顺便买了一袋苹果，当我们准备回家时，恰巧遇到城管监察队清理马路市场。一个小贩在慌忙中不慎推翻了水果车，水果四外飞散。我动了恻隐之心，帮忙捡苹果，小贩连声道谢。当我正准备和妈妈离去时，小贩叫住了我，指着我和妈妈先前买的那袋苹果说："同学，即使你好心帮助我，也不能随便拿我的苹果呀！"这让我感到十分尴尬和无奈，我和妈妈只好花了好一会时间解释清楚，小贩才肯相信我们并让我们离开。

长这么大，这一件事最让我难忘。我想，我以后做事得仔细一点，不然还会被误会的。

《狗拿耗子——多管闲事》

有一天，我走在路上，看见两个人在争吵。一位好心人上前劝解，其中面红耳赤的先生斥责说："谁要你管，狗拿耗子多管闲事"，说完还想要打人。我心想，君子应该动口不动手，这么做也太过分了。那位好心人站在那里，面容苦涩，十分尴尬，好像自己理亏似的。而那个人面露怒色，气呼呼地走了。一句"狗拿耗子多管闲事"，导致许多人认为此事情不该管。

今年春晚，演员郝建表演了一部助人为乐小品，小品中的婆婆忘记了自己是如何摔倒的，这个情节引起了大家的共鸣。但是现实生活中，有些人明知自己如何摔倒，却诬陷好心人，索要钱财。如果这种现象一直持续下去，谁还愿意做好事呢？国家兴亡，匹夫有责。只有从自己做起，才能让中华民族传统美德之花永不凋零。因此，我宁愿做一只多管闲事的狗，也不愿意成为那些小人之一。拿着耗子般的心态去欺负别人，这种"狗拿耗子"的精神值得反思。

上面的两件事情表明，社会大环境严重影响了学生的道德成长。学校课堂上所灌输的道德准则与社会上大多数人信奉的道德准则存在巨大差异，这无疑会使小学生感到迷茫和困惑，从而使学校德育工作丧失权威。家庭和社会的负面影响是对学校道德教育的极大挑战。学校即使进行五天正面的道德教育，也抵不过社会短暂的负面影响。更坏的是，这种影响可能变成负数，导致学生的道德成长受到负面影响。因此，我们应该通过营造优良的学校道德生活来抵御家庭和社会对学生道德成长的负面影响。

第二节　中学学学校场域中的道德生活存在的主要问题及归因

分析中学学校场域中的道德生活存在的主要问题及原因，为后续提出相应对策提供依据。

一、中学学校场域中的道德生活存在的主要问题

通过对中学学校场域中的道德生活实证研究，我们认为中学学校场域中的道德生活存在以下四个比较突出的问题：师生关系场域道德生活存在距离感、班级组织场域道德生活缺乏统合性、课堂行为场域道德生活过于机械应试、品德课程场域道德生活创新性不足。

(一)师生关系场域道德生活存在距离感

中学阶段的学生不像小学阶段的学生那样对教师无条件接受。即使都处于被动接受知识的状态下，中学生依然能够根据课堂上的教学行为形成自己的评价。教师的学识程度、是否真正关心和热爱学生都能被学生感受到。对于喜爱的教师和不喜爱的教师，学生所做出的行为严重两极分化。中学生面对喜爱的教师会积极配合，维护教师形象；而面对不喜爱的教师可能会评头论足，对教师十分挑剔。部分学生在课下刻意回避老师，即使碰面也不愿意主动向老师问好，这导致师生关系紧张，逐渐疏远。初中生具有心理冲突和不平衡性的特点，他们产生了强烈的成人感，进而产生了强烈的独立意识，常处于一种与成人相抵触的情绪状态中。例如，在服饰妆发方面，学生穿奇装异服、染发烫发等，做出不符合中学生身份的行为。如果教师采取直截了当的方式当众指出学生不符合规范的行为进行批评教育，可能会让学生的自尊心受挫，进而对教师产生抵触情绪，导致师生关系疏离。

1. 师生文化冲突导致师生关系疏离

谢维和提出，教师与学生在文化上存在“中心人”和“边界人”的差别。由于教师作为成人已经经历了一系列社会化过程，熟悉并掌握了社会文化、行为规范、价值准则等，成为社会文化的中心人物。而未成年人的文化则被边缘化。因此，在中学学校场域生活中，师生关系的文化冲突表现为学生被置于教师的控制之下，要求学生强行接受成人的文化和道德观念，而不顾学生是否喜欢。在师生关系场域道德生活的构建中，由于教师这个“中心人”站在绝对高位上对学生进行道德教育，这样俯视可能会导致师生关系的不平等和学生的逆反。

德育的目的是根据成人的要求来对学生实施一定的影响，并在此过程中引导学生自主建构道德。而教师把自己放在中心地位，则可能会导致德育目的错位，使得“影响”变成“控制”，“自主建构”变成“强制执行”。这可能加剧师生之间的冲突，恶化师生关系。因此，在初中阶段，学生经常不服从教师管教，“唱反调”的现象较为常见，师生关系容易紧张。此外，中学教师面临着繁重的教学任务，这使得他们在关心学生方面下的功夫不够，无法充分关注学生的真实想法和近期学习生活，缺乏对中学生年龄阶段特点和心理特征的了解，这容易导致学生产生不满情绪，造成师生关系的冷漠和疏离。

2. 重视权威而颠倒主体

现代德育教育强调学生的主体性，但在实际的德育工作中，教师往往由于种种考虑而忽视学生主体的地位。教师根据自己的经验和主观意识建构德育主题，选择自己容易开展和掌控的德育主题。这样做在短时间内可能会使学生的品德得到较快的发展，但长此以往，学生可能会逐渐丧失参与德育活动的兴趣，德育活动的质量也难以提高。

(二)班级组织场域道德生活缺乏统合性

班级组织场域道德生活缺乏统合性，其主要表现为：道德生活的模式化、散漫化和权威化。

1. 模式化

由于应试化教学的影响，许多中学教师缺乏班级德育教育经验，教学方式模式化，缺乏创新，导致班级教育与德育教育脱节，德育的渗透不够充分。在传统德育模式中，道德被视为圣人的道德，将道德作为一种知识进行传授，并强调道德的政治属性。然而，这种脱离学生生活实际和个体体验的德育使学生难以理解和接受，反而限制了学生的道德发展。相反，杜威认为道德不是教出来的，而是学生在参与实际生活，与人交往和合作中发展起来的。因此，道德教育应该尊重每个学生的能力、兴趣和经验，反对外部的强制灌输和空洞的说教。

2. 散漫化

中学生在品德发展过程中，自我意识逐渐增强，开始有更多自己的想法，并希望别人倾听或依照他们的想法行动。然而，中学生处于青春叛逆期，不服从权威，不愿意轻易接受他人意见，这导致纪律涣散，不服从班级干部管理，对遵守班级规章制度的意识不够。绝大多数中学班主任由于学生个性特征过于明显，没有征求学生意见，仅根据带班经验和对本班级学生的了解程度来制定较为严格的班级规章制度。而部分学生尽管知道违反班级纪律需要承担相应惩罚，但依然明知故犯，对惩罚持有无所谓的态度。在班级上课或自习时，一些学生自由散漫，聚集在一起说话、聊天、嬉戏和打闹，违反班级纪律，缺乏集体主义意识，违背学生行为准则。在班级管理的过程中，学生会顶撞教师，漠视教师的劝导提醒，甚至发生肢体冲突。一些中学生过于关心自己，以自我为中心，缺乏责任感和社会公德意识。在班级集体活动时，他们选择简单轻松的任务，不愿意帮助他人，对集体活动的参与积极性不高，班级集体荣誉感不强。他们也不爱护公共财产，不爱护校园环境，缺乏社会公德意识。

3. 权威化

在班级组织场域中，教师在班级工作中通常扮演着“领导者”和“管理者”的角色，学生相应地也就成为了被领导者和被管理者。在班级管理中，教师多数时候是权威，处于道德的中心位置。班级运行所需的规则、秩序和纪律的制定往往是由教师来完成的，而学生参与很少。教师在进行班级管理的过程中，往往被自己的个性、模式化的观念和行为所引导，管理的目的似乎是让学生听话，忽略了对学生全面德性发展的关注。

(三)课堂行为场域道德生活机械应试

课堂行为场域道德生活机械应试，其主要表现为道德教育的外在化和道德知行不一。

1. 道德教育外在化

在当今教育中，许多道德教育都出现了外在化现象。这种外在化指的是只注重外在模仿，未能真正体现其内在精神和意义。在传统课堂场域中，教师通常采用忠实取向去主导课程实施，决定课堂的发展和学生所需习得的知识。这种方法未能将课堂、学生、教师有机地联系起来，反而割裂了三者的存在，使它们成为孤立的部分。教师传授知识，学生被动听讲，导致课堂场域变得缺乏活力，课程内容也变得单调乏味。学生的参与意识不高，没有深入发掘知识的实际价值。

学生的品德发展需要通过个体的亲身体验来实现，而课堂作为教师传授知识、学生接受知识的场所，应该成为道德生活的重要阵地。在课堂教学中，道德教育应是教师通过传授知识，引导学生掌握道德规范和道德准则，从而养成良好的道德品质和行为习惯，塑造健康的人格。然而，现实中存在重知轻行的德育课程观，认为学校道德课程只用于传授道德知识，将知识作为教学的全部内容，甚至将能力也视为教学目标。因此，课堂教学中的道德教育变得机械，教师不是在传授知识，而是在灌输知识。

在我国基础教育中，学生的道德生活一直被视为一个独立的教育目标。然而，在应试教育背景下，学校和家长都在片面追求升学率，导致教育只关注学生知识的获取，而忽视了学生的道德培养和发展。在这种情况下，教师往往会把学生的道德生活与考试分数联系起来，使学生道德发展的目标转向考试分数，使学生更多地把道德学习和道德发展看作是一种负担，而不是一种生活需要。同时，由于应试教育中课堂教学往往以知识为中心，注重知识的传授和技能的训练，而非学生生活中道德实践的机会。因此，课堂的道德教育与生活教育呈现出明显的分离状态，导致学生对生活世界的冷漠和疏远，还导致许多学校在道德教育上采取应试教育策略。这种现象的直接后果是，学生们对道德生活失去了兴趣和动力，道德教育与生活教育成为两个相互隔离的领域。

作为课堂教学中的重要一环，教师对道德生活的认识仅仅停留在简单的知识传授和事例讲解，这受到应试教育的影响。实践道德生活的措施虽然出现在教师们的教学设计中，但在课堂教学中很少付诸实践，学生的道德生活被简单地理解为道德认知，即学生通过一定的方式和手段掌握道德概念、道德行为和规范。因此，在课堂教学中很难看到学生自发地参与到道德生活中。这种学习活动无法有效促进学生对生活世界的关注和理解，而且会使他们对生活世界失去兴趣。

2. 道德知行不一

随着中学生课程科目的增加和知识难度的提升，学校和教师更倾向于采取机械式训练的应试教育方式。尽管在强调"立德树人"为教育根本任务的时代背景下，学校和教师依旧重视升学率，停留在应试教育上，注重学生智育的发展，忽略了学生德育等全面发展。学生的课外时间和大部分活动课程时间被占用，改成自习写作业或是继续上课。但在课堂教学中，只注重传授知识技能，没有设置贴近学生实际生活的情境，忽视了培养学生的内在情感体验和道德发展。不少教师按照学校的现有教学资源进行教学，为提高学生学习成绩，"题海战术"在学校教育中依旧根深蒂固，机械式的学习和训练让学生面对知识缺乏热爱，戏言自己是"无情的做题机器"。由于中学生课堂纪律不易控制，许多教师为完成教学任务，通常不采用小组合作方式，而以讲授法为主，进行"满堂灌"。教师一味地灌输知识，没有根据学生反馈进行适当的教学调整，课堂师生互动少。尽管有提问互动，教师也只提问学习成绩靠前的同学，造成学生的学习积极性降低，不愿意参与集体活动。道德教育情境的缺失导致部分中学生知行不一，知道自己的行为是不正确的，但在实际行动中面对班级规章制度要求他人遵守，评价他人，自己却不去遵守，成为“语言的巨人，行动的矮子”，缺乏正确的人生观和价值观。

(四)品德课程场域道德生活创新性不足

品德课程场域道德生活创新性不足，其主要表现在道德课程的道德生活质感不足，以及道德课程的道德生活新颖性不够。

1. 道德课程的道德生活质感不足

在传统德育模式下，中学德育成为教化的工具，空泛的道德教育内容往往只停留在学校墙上的装饰和教师日复一日的说教中。这种教育忽视了学生的内在需要，使德育教育内容显得功利化。教师在德育教导中追求让学生成为家长、同学、老师眼中的成绩优异的好学生，这带有浓重的功利主义倾向，忽视了学生内心的真正想法，他们忽略了道德的发生与发展需要以学生自身的实践活动作为前提。只有在感觉、体验、认识的过程中，个体才能理解道德行为，并产生道德需要。

课程内容陈旧单一，与学生所接触的实际生活和自身经验相脱节，使学生仅停留在对道德知识的学习层面。道德课程教育没有深入到学生生活中，也没有融入时代元素。教师未能对社会道德热点进行分析，以培养学生分析现象的能力，学生也不知道如何正确地看待社会现象。教学中没有依托真实的生活原型去让学生体验教材中的知识、讨论生活的道德性、经历生活的道德要求和冲突、建构和生成生活的道德性、领会道德生活带来的快乐。教师忽略了提高学生道德认识、提升学生道德判断、规范学生道德行为的重要性，只是一味地赶进度，完成“德育任务”。道德课程的道德生活拘泥于德育课和课本之中，并没有用生活勾勒出道德的原貌，道德课程的实用性也没有得到体现。

2. 道德课程的道德生活新颖性不够

中学道德课程内容涵盖伦理道德、心理、法律、国情国策四大领域的知识，这要求教师紧跟时代发展的步伐，及时更新课程内容。在当前的教育体制下，由于升学压力，教师和学生将时间精力主要花在如何应对考试上，而忽视了教学理念与方法的更新，以及情感体验和道德实践在德育课程中的特殊价值。课程内容陈旧单一，仅照着教材讲解，与学生的实际生活和已有经验脱节。此外，学生停留在对道德知识的学习上，缺乏时代元素和社会现象相结合的能力。

学校开展德育活动教育的机会少，积极性不高，即使在重大节日也往往是为了完成“上级”文件任务，没有达到促进学生道德成长的目的。在开展过程中，教师通常根据以往经验进行，活动内容千篇一律，缺少吸引力，导致学生被动参与，产生厌烦心理，对活动漠不关心。

道德课堂作为学生道德生活的重要场所，是提升学生道德素养和形成道德生活的关键。然而，当前道德课堂实践中存在诸多问题，导致学生无法将道德生活融入自己的生活。这种现象在不同学校、不同学科和学段均有存在，主要表现在以下两个方面：

第一个方面是道德课堂内容缺乏创新。当前道德课堂内容枯燥，缺乏创新，无法满足学生对道德生活的需要。首先，教材运用不够灵活。教科书是课程的核心教学材料，但每个学生的生活不同，教科书难以贴近每一个学生的生活。在这种客观现实下，德育教师应在了解学生的基础上对教科书进行恰当的修改。其次，受传统教学思维的影响，一些教师在对教材内容进行细化时缺乏创新意识，只是按照传统思维理解教材，并没有对教科书进行再加工，而是完全依照教科书进行教学。所教内容也仅局限于教材，没有根据学生的生活实际进行拓展延伸，导致教材内容脱离学生的实际生活。

另一方面是道德生活资源开发利用不足。我国德育课程的设置以传统文化和优秀传统美德为核心，以社会主流价值观为指导，通过课堂教学培养学生良好的道德品质和行为习惯。虽然道德课程设置在一定程度上满足了学生发展的需求，但存在资源利用不足的问题。例如，部分学校在开展道德课程时没有充分利用学校现有的文化资源和人力资源，也没有结合当前社会发展的形势进行及时更新，导致学生无法全面了解社会生活，无法掌握更多的知识和技能。此外，学生在课堂上所学到的知识和技能也无法转化为自身内在素质，达不到德育课程提升学生思想道德修养的目标。又如，部分学校在开展德育课程时，只是将课堂作为教学的场所，忽略了图书馆、博物馆、纪念馆等其他课程资源。

道德课堂教学方法需要多样化。在道德课堂教学中，部分教师在教学方式上缺乏创新性，仍然按照传统的教学方法和模式进行教学，甚至将传统的说教式、灌输式的教学方法应用到道德课堂中。这种教学方式虽然能够取得一定效果，但是缺点明显：首先，它忽视了学生的主体性；其次，它忽略了学生对知识的接受情况；最后，它忽略了学生的差异性，导致学生的道德生活体验不够丰富，没有将道德理论转化为道德实践。因此，教师在道德课堂教学中要注重内容和形式相结合，让学生在保持新鲜感和趣味性。

课堂行为受限。当前的课堂实践常常受到预设性控制，限制了教师的课堂生成能力，割裂了学生、教师与课堂之间的天然联系。教师在课堂上扮演着规定好的角色，教学计划和设计都是预先设定的，这种预设性限制了教师的想象力，导致教师在实际教学中无法对教学内容进行创新。教师变成了“标准答案”的唯一拥有者，成为课堂的附庸和知识的传授者，而学生期待的是与教师的对话，希望学到超越自己认知层面的内容。在课堂上，教师“放不开”学生、不相信学生，总是处于一种失控的心理压力面对课堂；而学生则被迫接受客观知识，与教师在课堂上互动的“对话”关系不复存在。这样的课堂行为缺乏语言的艺术表现，只会导致课堂走向孤立、封闭、死板和机械化，从而也会使教学的教育性丢失。

二、中学学校场域中的道德生活存在问题的归因

中学学校场域中的道德生活存在问题原因有：疏于对青春期学生心理的了解；应试教育导致德智分离；学业竞争压力与青春期个性发展冲突；师生文化冲突导致道德教育错位；“重知轻行”品德课程观导致学校道德生活枯燥贫乏、学校德育体系建构得不到重视。

(一)疏于对青春期学生心理的了解

青春期的学生具备较强的自我意识和独立意识，他们的价值观和处事原则逐渐发生变

化。然而，在现实生活中，当学生遇到问题时，由于缺乏相关经验，自己无法解决，就容易出现心理问题。这些问题通常没有得到及时发现和解决，进而影响学校场域的道德生活。因此，我们需要全面了解青春期学生身心发展的特点，以便及时发现问题并采取干预措施，促进他们的健康成长。

1．成熟感和独立意识的发展

由于生理上的迅速发育，青少年开始意识到自己已经长大成人。随着这种成熟感的产生，他们希望参加成人的活动，希望得到别人的尊重，并希望被视为成人，享受与成人相同的权利。然而，强烈的独立意识常使他们不愿服从成人的要求，处于一种与成人相抵触的情绪状态。尽管他们内心并没有完全摆脱对父母的依赖，生活中仍需要成人多方面的帮助与支持。但这种心理在日常教育活动中通常会被忽视，导致学生发展偏离正常轨道，进而造成学校场域中的道德生活出现问题。

2．脆弱、孤独的封闭心理

当前，大多数孩子是独生子女，生活条件优越。但由于父母忙于事业，往往无暇顾及他们。这导致有些孩子可能会形成内向和孤僻的性格，不愿与老师和同学分享内心的想法，将自己封闭起来。这些孩子在优越的环境中长大，未曾经历过挫折和困难，因此在日常学业或生活中一旦遇到不顺心的事，就容易焦虑和抑郁。这可能会导致他们进一步孤立自己、封闭起来，不愿与人交流。这是家庭环境对孩子的影响。然而，许多家长不知道如何与青春期的孩子进行有效沟通，因此选择放手不管，将教育责任完全交给学校和老师。但是，家庭是孩子成长的第一课堂，教育孩子、培养孩子健康的心理和个性需要家校之间的合作。孩子与家长的相处时间比与老师的时间更长，因此家长应该更加关注孩子的心理健康，并与孩子共同努力培养健康的心理和个性。

3．青春期固有的逆反心理

青春期的学生拥有强烈的自我意识，对服从长辈的意识较为淡薄，并喜欢独立思考。有些青少年过分强调自我，不愿接受他人的意志强加，以自我为中心，对于老师和家长善意的批评与帮助不愿接受。同时，随着年龄增长，自我意识逐渐形成，也出现了如何悦纳自己的一系列问题。他们强烈渴望认识自己和了解自己，经常会照镜子，研究自己的相貌和体态，注意自己的服饰与仪表，并很在乎他人对自己的看法和评价。他们常把自己视为他人观察的对象，从而给自己施加压力。因此，教师和家长应更多关注孩子的一言一行，做到及时沟通和及时干预。

(二)应试教育导致德智分离

应试教育导致学校过度重视智育，而忽视德育。在应试教育的背景下，学生和教师的思想呈现出功利化色彩，他们认为《道德与法治》课程只是一门副科，可有可无。学生对这门课程也不感兴趣，认为这是品德课程的普遍命运。教师不以品德课程学习的好坏作为衡量学生的重要指标，而是以“主科”分数的高低来评价学生。这样的思想导致学生不重视道德与法治课程。

在应试教育环境下，许多学校强制学生购买练习册。如果遇到上级来检查，教师就会要求学生谎称是他们自愿购买的，而非学校强制要求。这种教育方法使得教师和学校无法在学生面前树立权威。特别是在城市学校，这种情况更为严重，而且也无法提高学习的质量和升学率，这已成为学校日常生活的主题。如下文章所示。

最近教育局下发了《XX省教育厅关于规范中小学办学行为 切实减轻学生过重课业负担的通知》的文件。文件指出全省上下都要学习，其中对中小学作业量有了明确的规定。某区教育局相关负责人在事先不告知的情况下进入学校、并进班级、翻书包、翻学生记事本，检查各个学校落实的情况。在以成绩为主的教育现状下，应试教育与素质教育的冲突中，分数决定一切，因此绝大多数学校低年级仍然布置作业，订购课外辅导材料。一位老师告知我们，他在“培训”学生时，让学生说课外辅导材料是自己自愿做的，并不是老师布置的；记事本只记录预习内容、阅读内容，其实书面作业都用校讯通以短信形式发给家长了。

这是作者的工作日记和感想，如果不是亲身经历了这些应试教育下的教育现象，很难想象到这些情况。遇到教研员来检查学生的书包，教给孩子以“说谎”的形式作答，学习变得偷偷摸摸。在应试教育下，既面临着减负，不让布置作业的要求，又面临着应试考试的，学校追求成绩的，这样相互矛盾的处境让老师左右为难，让学生“学会”说谎。

从以上事例可以看出，在应试教育下，教师忙于提高学生成绩，却对学生的道德教育失去了应有的重视。这样的学校教育是不符合规定的。成绩固然能够产生一定的效果，但从学生长远的发展角度看，这对学生的未来发展是不利的。基础教育是以发展学生素质为目的的教育。学生道德的发展是个体逐步完善的过程，道德行为需要从内心逐步得到真正的内化。没有内化为自己行动的道德规则，是不能够转化为道德行为的。

(三)竞争压力与青春期个性发展冲突

竞争压力不仅影响学生的身体健康，也影响他们的心理。当中学生面临升学竞争压力和青春期个性发展冲突时，竞争压力不仅影响他们的身心健康，还可能导致一系列心理问题。如果教师不能及时有效地给予疏导，学生可能因心理承受力不足和自我调适不到位而发生突发事件，或带来心理健康问题，如自卑、逆反、疑虑、嫉妒和早熟等。因此，需要关注中学生在升学竞争压力与青春期个性发展冲突中所面临的心理健康问题，这些问题可能会扰乱学校场域道德的生活秩序。

初中生处于青春发育期，随着年龄的增长，学习内容的丰富和生活领域的扩大，他们面临着学习压力与升学压力，这给他们带来许多问题和烦恼。如果学习目标不明确、学习方法不得当、学习任务繁重、竞争压力过大，以及家长期望过高，容易使他们对学习生活失去信心。高三学生心理压力通常来源于社会、学校、家庭和个人等多个方面。例如：就业形势严峻、父母的期望、学校竞争压力和题海战术等；这些都可能形成心理阴影、影响学生的心理健康。

对于学习竞争压力和青春期个性发展冲突的分析表明，青春期学生心理脆弱，不敢面对学业上的失败。家庭因素使二者冲突加剧的重要原因；学校教育是使二者沟通通畅的重要桥梁；心理健康教育是使二者冲突缓和的重要因素。综上所述，中学生升学竞争压力与青春期个性发展冲突可能会使青春期学生的心理健康状况出现问题，从而也扰乱了学校场域的道德生活秩序。

(四)师生文化冲突导致道德教育错位

师生之间的文化冲突是指教师和学生在文化价值观念上的冲突。师生文化冲突产生的原因多种多样，具体表现为教师所代表的群体文化与学生群体特有的文化之间存在较大差异。当前的中学学校，师生文化之间的疏离乃至冲突，已经逐渐成为学校管理中的一个值得关注的现象。虽然师生文化冲突可能并非全都是负面影响，但是从本质上看，它对中学道德场域具有破坏作用。由于观念上的不和，学生在课堂上可能出现顶撞老师的行为，甚至与老师发生肢体冲突。这些情况对师生关系场域道德生活产生了不良影响。师生思想上的不一致导致课堂气氛压抑、紧张，导致道德教育的外在化，甚至造成中学道德场域的道德教育错位。

1. 师生文化割裂导致德育观念错位

教师文化代表着教育领域的主流文化，与国家的大政方针紧密相连，并具有一定的理想主义色彩。学生文化生活反映了学生个体或群体共同持有的言语规范、价值观念和行为表达方式。然而，教师传递给学生的无论是文化知识还是道德理念，都带有官方意识形态，是被规定好的。学生文化则是受到家庭、社会、学校不同系统及其成员而形成的，在多元文化背景下发展起来。当今学生道德观念较为开放，道德行为呈现出无拘束的状态。教师文化根据固有的道德观念教育学生，但学生不认可并反感这种直接的、强加的道德灌输和教导。教师代表着成熟、理性的成人角色，推崇相对封闭和稳定的道德观念，而学生文化则是多元的，他们对“被控制”极具反感，甚至抵制，他们对于道德观念的认知相对虚无，常常以自我为中心。

当教师文化与学生文化产生矛盾和割裂时，主流文化的教师与坚持多元文化发展的学生之间的冲突会变得剧烈。教师可能对学生文化产生不满，而学生可能认为教师传授的道德观念过于古板无趣，德育内容陈旧，对教师引导的思想认识角度产生排斥，从而产生抵触心理，不愿意接受教师的道德教育。这种情况下，教师在进行道德教育时变成一个人的独白，学生游离于道德教育之外。教师可能只是为了完成“德育任务”而进行道德教育，并不能设身处地从学生道德发展的实际出发，选择合适的德育内容进行教育。这将导致课堂场域德育内容的错位。这也反映出教师想教授的内容并不一定是学生想要学习的。

2. 教师文化权威滥用导致德育主体错位

作为成年人的教师经历了社会化过程，凭借其社会地位和专业知识，占据了文化的中心位置，特别是对未成年人学生来说，教师拥有一定的权威。由于教师在道德教育中扮演主导角色，难免会使用他们的权威去影响学生。因此，教师会站在至高处利用各种方法和手段，甚至可能会采用比较强硬的措施，促使学生接受自己的价值观和道德观。

在实际的教育工作中，由于教师拥有文化权威，常常忽视学生的主体地位。在进行道德教育的过程中，要求学生无条件地接受自己的思想和服从自己的价值观念。这种文化权威的滥用，容易导致教师仅根据自己的工作经验和主观意识建构德育主题，只选择自己容易掌握和控制的道德课程，将道德教育作为书本上的知识点进行简单传授，而不是去创新和突破。这种做法未能将道德课程与学生的实际和感受联系在一起，未能尊重学生的主体地位。

德育过程的特殊性在于它是学生思想道德的自主建构的过程，同时也是学生自我教育能力不断提高的过程。如果教师把自己置于中心地位，则会颠倒道德教育中主体次序，导致德育主体错位。这会造成师生关系的对立，激化师生间的矛盾，并引发更加剧烈的道德认知冲突。

(五)重知轻行的品德课程观导致学校道德生活贫乏

苏格拉底认为教育的目的是培养道德，比如做人。他认为美德即知识，知识是可教的，但知识并不等于道德。因此，美德不是天生的，而是从受教育的过程中获得的。

虽然“回归生活”的德育思想在当下比较流行，我们也看到了德育回归生活所取得的一些成果，如品德课程内容严格遵循《道德与法治课程标准》编制教材，以学生的生活和社会化需求作为课程的基础。但在品德课程的具体实施过程中，即品德课程“走向生活”的过程中却遭遇到很多困难。调查发现，在品德课程教学中，常常只是简单地读课文，找到本课的核心道德词汇，要求学生记笔记、教师布置题目、找答案然后背下来。这种“教道德”现象是当前学校品德课程的常态。我们并不否定道德知识的传授，因为道德知识是形成道德行为的前提，但道德行为一定是道德实践的结果。

当前学校德育课程观存在重知轻行的倾向，认为学校道德课程只需传授道德知识即可，导致道德教育多以道德说教为主。然而，学生的道德成长是知、情、意、行相互作用的过程，仅靠道德知识的传授显然是不够的。这种重知轻行的课程观念导致当前学校品德课程在走向生活的过程中面临困境。

1. “内卷化”的竞争原因

“行”是检验“知”的标准。中国南宋时期理学家朱熹的“重行”说，主要是从封建伦理道德的角度而言，但他所提出的“行”是“知”的目的，“行”是检验“知”的标准的观点。现今，知行并重的教学观念更加被人们所认可。面对社会“内卷化”的竞争现象，社会的生存压力、家长“望子成龙、望女成凤”的期望，都希望孩子有更好的选择和生活，都看重学校对孩子学习成绩的成效。中学的品德课程观带有明显的功利主义，呈现重知轻行的教育现状。教师只关注学生对知识的掌握和取得高分，却忽视了学生道德素养的提升，导致学生在学校的道德情感体验和道德实践方面得不到提高，学校的道德生活变得贫乏，缺少重视德育实践的氛围。虽然学校想要放慢脚步改正错误的课程观，但社会、家庭和学校之间的竞争压力迫使学校加快步伐，追求学生的学习成绩和升学率的提升。

2. 学校、教师教育观念未更新

观念是行动的先导，教师教学理念的更新是实践变革的前提。教师是课程实施的主体，学生在学校道德生活的丰富有赖于教师品德课程观念的更新。教师的教育观念更新决定了教学的成功。在现实生活中，个别家长和学生对《道德与法治》课程的评价充满质疑，持否定观点，甚至有的教师自身对任教课程缺乏认可，觉得这是一门可有可无的课程。这导致一些教师在教学中表现出消极敷衍的态度。在授课过程中，只是机械式地将知识与技能传授给学生，以此取得高分。各个学校衡量教师教学质量的标准，就是看学生的考试成绩。而《道德与法治》课程的性质与教育本身要求教师必须改变重知轻行的品德课程观，更新自身的教育理念，创新课堂教学方式。当学校、教师的教育观念更新，将教学方式从枯燥说教逐步转变为生活化、实践化，注重学生道德生活的真实体验，学校道德课程的生活将富有质感，充满新颖性。

(六)学校德育体系建构得不到重视

学校德育体系的构建是当前社会转型过程中对学校德育提出的新要求，也是提高学生综合素质的必然选择。虽然相关研究机构、教育行政部门和学校都在探索相关问题，但从系统的角度来看，学校德育体系的构建仍然缺乏系统性、整体性和协同性。

学校对德育体系重要性的认识不足。受到“知识本位”教育的影响，学校更注重学生的学习成绩，不重视德育体系的构建，没有一个系统的德育体系。教师在确定德育目标、德育内容和德育评价时缺少科学指导。一些教师不了解德育评价的作用，忽略了评价的导向性。学校德育评价的主要目的在于检查学校德育工作是否符合国家对学生德育工作的要求，评价的方法是否科学合理，评价结果是否能够有效地反映学校德育工作的实际情况。然而，当前一些学校对学生思想品德的评价主要采用量化评分方式。虽然量化评分方式具有“量大”“简便”“易操作”等优点，但也会使一些学生过分追求量化分数而忽视对德育内容的学习和道德观念的培养，导致他们只知道自己学习成绩好，而不知道如何关心他人、帮助他人，忽视了评价体系中对学生道德行为表现的评价标准。

学校对德育体系构建方法不明确会导致德育工作成为一种形式。学校德育体系是一个完整的系统，包括德育目标、内容、途径、方法和评价等方面的总体设计。缺少科学的指导原则会导致学校德育成为一种形式。例如，学校主要以课堂教学作为德育的主要途径，以道德知识教育为主要内容，以行为规范养成为主要目标，这种途径的选择导致了学生在德育过程中被动接受教育，忽视了学生在学习过程中所具有的主动性和创造性。除了重视课堂教学之外，学校还应通过开展形式多样的活动来提高学生道德修养，但现实中很多学校在开展活动时过于注重形式主义，如班会、升旗仪式、国旗下演讲等形式多样的活动，虽然可以起到一定作用，但是实际效果并不尽如人意。

第六章　学校场域中的道德生活对策改善

本章提出如何改善学校场域中道德生活的主要对策。强调德育不仅是一种外在的教育形式，而是作为人(学生)的生存环境。在这种环境中，人(学生)不是作为被动的受教育者和被教化者，而是作为存在者实现着当下的道德生活。德育作为一种道德生活，是实现和提升人(学生)的社会性的载体，是实现高质量、高境界存在的重要途径。

第一节　学园：小学学校场域中的道德生活对策改善

为了促进小学学校场域中的道德生活，使之成为学生成长的学园，我们可以通过以下措施进行改善。建立师生之间的关心关系，提高并加强教师的品德修养，创造民主、公平的班级氛围，发挥集体生活的德育作用，管理和教育相结合以加强道德生活的社会化功能。此外，还将改变课堂道德生活情境，开展丰富多彩的道德实践活动，以促进学生全面发展。

一、建立师生之间的关心关系

关心的内涵和特征是建立师生之间关心关系的前提。学生赋予教师权威是建立师生关心关系的基础。信任是建立师生关心关系的逻辑起点，情感是沟通师生关心关系的桥梁。

(一)关心的内涵与特征

1．关心的内涵

教师对学生的关心是建立良好师生关系的纽带。然而，教师认为自己付出的关心与学生感受到的关心之间存在较大差异是当前学校生活中突出的问题。许多老师反映，现在的学生不理解教师，甚至有些教师不敢严格管理学生，担心会引起家长的不满和投诉。这现象表明，在师生关心关系中的某些环节一定出了问题。

内尔·诺丁斯认为，关心最基本的表现形式是两个人之间的一种连接或接触。在两个人的关系中，一方付出关心，另一方接受关心。要使这种关系成为一种关心关系，双方都必须满足某些条件。无论是付出关心的一方还是接受关心的一方，任何一方出了问题，关心关系就会遭到破坏。[①]由此可见，关心是一种关系，在师生关系中，教师付出关心，学生接受关心。

2．关心的特征

关心的特征主要是指专注和动机位移。内尔·诺丁斯认为，专注是指关心者对被关心

---

① 内尔·诺丁斯. 学会关心——教育的另一种模式[M]. 于天龙，译. 北京：教育科学出版社，2003：10.

者的那种开放的、不加选择的接受。[1]在师生关系中，教师应该真诚地对待每一名学生，不论他们的家庭背景、天赋如何，都应该给予同样的关注。教师应该敞开心扉地接受每一名学生，要认真地倾听学生、观察学生、感受学生的需要和情感，以便更好地与学生建立关心关系。动机位移则表现为教师接受学生需要关心的信息，然后做出相应的反应。

日本著名的作家黑柳彻子，根据自己上学时的经历所写的《窗边的小豆豆》一书就充分地体现了专注的力量。书中小豆豆是个极其不听话的孩子，好奇心极强，以至于被原来的学校劝退。后来，妈妈把小豆豆送到了一所名叫“巴学园”的电车学校。进入巴学园时，小林宗作校长专注倾听了小豆豆四个小时的“演讲”，从此之后，小豆豆非常崇拜、尊敬和仰慕小林校长。这也奠定了小豆豆与校长之间亲密的师生关系基础。可见，专注的力量是无限的。这一教育案例中，校长先生认为，无论哪个孩子，当他出生的时候，都具有优良的品质。在他成长的过程中，会有来自成年人的影响，这些优良的品质可能会受到损害。所以，我们要早早地发现这些优良品质，并让他们发扬光大，把孩子们培养成富有个性的人。[2]因此，这启示教师们要善于发现孩子们的优良品质，保持并发扬光大。

当前，在学校道德生活中，教师很少关注学生。我们在与教师访谈时了解到，大部分教师都没有认真聆听过孩子在课间交谈期间讲述的话语，可以说教师根本不了解学生的内心世界。教师应该深入了解学生的想法和感受，而现实中有些教师时常按照铁一样的纪律要求孩子少讲话，从而限制了学生的思维。即使真正在课堂上让学生回答问题时，学生却表现出很胆怯，不敢言语，这就是当前真实的学校课堂生活，值得每一位教师去反思。这里我们并不是有意纵容孩子讲话，而是强调教师应该专注倾听学生，让学生明白什么时候可以讲话，什么时候不可以讲话才是问题的关键所在。

(二)学生赋予教师权威是建立师生关心关系的基础

英国著名教育家理查德·斯坦利·彼得斯(R.S.Peters)将教师的权威划分为形式权威和实质权威。教师在行使权威的过程中，应该充分利用制度所赋予的形式权威。任何学校都赋予教师一定的形式权威来维护教师的地位，当然，教师自身应该符合教师职位的要求，符合学生的期望，才能更好地行使形式权威。中国传统文化认为师者所以传道、授业、解惑也。荀子更是认为教师是与天地君亲并列的形象。彼得斯认为，教师的知识权威加上教学法、儿童心理学方面的权威两者是不可或缺的。教师在行使权威时应该运用智慧建立实质性权威，并能够正确地行使权威。总之，教师使权威理智化才是学生赋予教师权威的前提。

教师权威的表现包括具备高水准的知识技能和高尚的人格。如教学目标明确、教学方法得当、敬业乐业的工作精神等。这些因素都是学生赋予教师权威的重要前提。教师只有在业务能力和人品师德这两个方面为学生树立权威。此时的教师才能在学生的心目中树立起不可动摇的权威形象。

当前学校中，科任教师的权威相对较低，相比之下，班主任老师在其成长过程中产生

---

① 内尔·诺丁斯. 学会关心——教育的另一种模式[M]. 于天龙，译. 北京：教育科学出版社，2003：10.

② 黑柳彻子. 窗边的小豆豆[M]. 赵玉皎译.南海出版公司.2009.11.

的影响更多一些。虽然科任教师在学校生活中对学生的影响不如班主任老师，但他们在学生道德成长过程中仍发挥重要作用。因此，应该提高科任教师的权威。那么，如何提升科任教师权威呢？作者认为，通过提升他们的实质性权威来实现。如可以通过科任教师以其精准的学科知识、灵活的教学方法和丰富的管理能力来赢得学生的信任，进而来赢得教师的权威。同时，教师也应该为学生树立学科无主次之分的思想，无论班主任教师还是科任教师，课堂上应该表现得一样。

教师如果采用外在制度所赋予的权威来捍卫自己在学生心目中的合法权威，这种权威不稳固，并且容易导致“权威主义”泛滥。因此，我们在坚持民主的前提下，保护教师依据一定的规则而行使教育所赋予的正当权威，这样的权威是有效的。

确立教师的真正权威，是当前首要的价值选择。那么，如何确立教师的真正权威呢。学者周浩波认为应该从以下三个方面着手。第一，建立理智化的形式权威。第二，教师要运用技巧建立实质性权威。第三，教师要正确行使权威。一句话，教师并不是放弃权威，而是将作为社会控制形式的权威理智化。①

(三)信任和爱是建立师生关心关系的逻辑起点

教师对学生的信任是有效的品德教育力量。只有教师充分信任学生的情况下，师生关系才能建立起来。学生同时也会感受到自己在教师心目中的地位。通过让一个平常顽皮、大胆、爱闹的学生去当班长，或让一个平时学习成绩好但沉默寡言的学生分享学习经验等方式，使学生感受到自己身上的责任，意识到他们在老师和同学心目中的重要地位。从而，意识到自己被教师认真对待时，他们就会认真对待自己。

威廉 A.沃德曾经说过，真正的爱是一种伟大的转变，它把野心转变为渴望，把自私转变为服务，把贪恋转变为激情，把索取转变为给予，把要求转变为奉献。苏联教育家安东·谢苗诺维奇·马卡连柯也说过，没有爱就没有教育。每名学生都期望得到教师真诚无私的爱，因为只有这样他们才有机会展现出最大潜力并成长为完整且独立的个体。没有爱，就如同濒临饥渴的野兽般急切寻求水源。爱一个人是对他有很高的关注和良好的意愿，希望他能过得好。实际上，那些经常破坏课堂、不遵守纪律的“问题学生”往往在生活中是缺乏爱的，一种真正被爱的感觉是令人深深感动的，并且能使学生继续承担他们的责任。爱一个人是一种意愿行为，爱学生也同理。学生体验到教师对他的爱，才能臣服于教育的力量去形成自身的品德。研究显示，每个学生至少需要一个成人去爱他们。作为教师，我们有义务去爱每一个孩子，给孩子爱的世界增添更多的营养。

(四)情感是沟通师生关心关系的桥梁

教师应该充分了解学生的内心世界，师生间的情感沟通十分重要。然而，当前大部分小学教师只关注课堂上说话这一行为，而没有进一步了解学生们为什么这样做以及背后可能存在的问题。如果所有教师都武断地认为小学生关心的内容只有玩、吃、游戏等，认为学生讲话的内容与学习无关，学生必须按照教师的想法去完成教师每天布置的各种任务。学生不能违抗规则，学生犯错误不许狡辩，必须顺从接受教师的批评与惩罚。那么对于学

---

① 周浩波．教育哲学[M]．北京：人民教育出版社，2000：07.

生真正关心的内容，却不太清楚，这何谈人格平等。当然，大多数老师是平易近人的。为了更好地促进师生关系，我们认为应该做到以下几点。

1．师生人格平等的沟通思想

教师应该秉持人格平等的沟通思想，不能盛气凌人，让学生感受到教师的平易近人。教师与学生之间的沟通用什么样的语言和方式，决定了沟通的效果。儿童不同于成年人，我们应该按照符合他们天性的方式来对待他们。

2．教师应充分关注孩子的世界

孩子的世界是丰富多彩的，教师应该充分关注孩子的世界，而不是用成人的标准来要求孩子。有学者认为，当前的学校生活就像迪斯尼乐园一样，孩子的情绪和兴趣都是由教师精心设计好的。教师需要用善于倾听的耳朵、善于发现的眼睛和充满爱的心灵，来浇灌他们、培育他们，传递有益的信息。

3．加强对男生的教育

量化研究结果表明，在小学中，男生在学校道德生活四个维度中的表现不如女生，这提示我们需要加强对男生的教育。在访谈中我们也了解到，大多数男孩子比较粗心，但也比较仗义，教师应该给予更多关注和教育，不要认为男孩子坚强就不需要关注。在实践中我们发现，调皮捣蛋、打架斗殴的大多是男孩子，他们需要更多的关爱和理解，教师应该特别注重这一点，以帮助他们的道德成长更加顺利。

4．重视对六年级学生的教育

六年级是小学教育的最高年级，学生的道德认知发展已经达到小学阶段的最高水平，他们具备了独立的思考能力，对事情有自己的理解。然而，量化研究的结果表明，六年级学生普遍比五年级学生表现差，有时会表现出叛逆的心理，不听话。这一方面体现了青春期孩子的特点，另一方面也提醒教师应该更加注重对六年级学生的教育，帮助他们平稳度过青春期。

二、提高和加强教师的品德修养

新时期学校工作的重要任务之一是加强教师的师德建设。师德是学校道德生活中最具影响力的核心因素，重视师德养成是提高学校道德生活质量的关键。

(一)师德是学校道德生活中的核心影响力

师德是师生关系道德生活中最重要的因素，教师的道德修养水平在学校德育中扮演着不可替代的角色。教师在学生道德品质形成的过程中起着至关重要的作用，而教师的师德水平显得尤为重要。这是因为教师是学生互动中重要的他人，学生的道德成长更多地受到教师道德品质、言传身教和潜移默化的影响。尤其是小学生，他们的模仿力极强，教师的一举一动、一言一行都会影响他们的道德成长。

师德是当前学校道德教育的关键。然而，在利益的驱使下，个别教师唯利是图，丧失了基本的师德，只追求个人利益。近年来，师德问题屡屡曝光，从 2008 年的“范跑跑”事件到幼儿园教师虐童事件，再到小学校长开房事件、大学教授猥亵学生、教师体罚和变相体罚学生等事件充斥着媒体和网络。令人不禁要问：我们教育中的师德究竟怎么了？显然，这只是一种个别现象，但在这些个别现象的背后，我们不得不反思今日的教师道德问题。作者在访谈中问及教师的道德和业务水平哪个更重要时，所有教师都认为业务水平可以在一定时期内提升，而师德则很难在短时间内改变，而且对学生的影响是深远的。因此，给孩子树立良好的师德是德育工作的重中之重。

(二)重视师德养成是提高学校道德生活质量的关键

教育部于 2014 年 9 月 1 日发布了关于整治教师师德的规定，明确了 6 条不可触碰的红线，包括：不得以任何方式索要或接受学生及家长赠送的礼品、礼金、有价证券和支付凭证等财物；不得参加由学生及家长安排的可能影响考试、考核评价的宴请；不得参加由学生及家长安排支付费用的旅游、健身休闲等娱乐活动；不得让学生及家长支付或报销应由教师个人或亲属承担的费用；不得通过向学生推销图书、报刊、生活用品、社会保险等商业服务获取回扣；不得利用职务之便牟取不正当利益的其他行为。这样的规定在一定程度上制止了学校中的不良之风，学校每年在学期开学之初会让每位教师签订师德承诺书。

全省公办中小学在职教师公开承诺书

为了成为一名称职的人民教师，教书育人，为人师表，廉洁从教，敬业奉献，树立人民教师的良好形象，我郑重承诺:

1. 按照教学计划认真授课，课后不办辅导班。
2. 不组织或参与对学生的有偿补课。
3. 不动员、不暗示或强迫学生参加有偿补课。
4. 不到社会力量办学机构或其他人员组织的补习班或辅导班有偿兼职兼课。
5. 不为他人介绍有偿补课生源并从中获利。
6. 不收受学生及家长赠送的礼金、礼品。
7. 不以各种名义向学生家庭摊派学校、班级所需物品及劳务。

如违反以上承诺，我愿意按照有关规定接受学校和上级教育部门的处理。

承诺人(签字):　　　　　　　　　　　　　　　年　月　日

虽然师德承诺书在一定程度上规范了教师的师德行为，但作为一名教师，这些承诺应该是自觉遵守的，而不是仅仅通过承诺来约束自己。师德应该是一种自觉的行为，无须承诺，这是在选择成为教师时就应该明确的。因此，我们不能用承诺书去约束未来的教师，而是应该鼓励他们自觉遵守师德规范。

三、创建民主、公平的班级氛围

班级氛围是创建学校道德生活的关键因素之一。布迪厄的社会研究揭示了学校道德生活不平等的起源，民主的班级氛围是平等的条件，而建立公平的班级管理原则是平等的保障。

(一)再生产理论揭示了班级组织道德生活不平等的起源

布迪厄的社会再生产理论揭示了学校道德生活中不平等的原因。然而，我国是社会主义国家，对社会进行群体划分。我国学者刘精明教授采用等级和关系相结合的方式，划分如下几个社会群体：体力劳动者群体(包括工人、农民)、普通职员群体(党政机关、企事业单位的一般职员、低阶管理人员和办事员)、管理者群体(党政机关、企事业单位负责人)、专业技术人员群体(各类、各级专业技术人员)、其他社会群体(个体户、私营企业主等)。①

在我国，学校是一个利益平衡机构。其主要职能是社会化和筛选。社会化是使学生通过对社会道德规范的学习和掌握，使其成为社会所需要的人，实现社会结构的重组。同时学校还通过教育起点、教育过程和教育结果的筛选功能，实现阶层间的跨越。虽然在一定程度上实现了义务教育的均衡性和平等性，但仍存在一些不公平行为。因此，我们需要明确一个概念：在学校生活中只能“以平等地对待平等的，以不平等地对待不平等的”，实现正义的平等，这才是学校道德生活合理的价值选择。

(二)民主的班级氛围是平等的条件

学生只有在民主的班级氛围中才能形成民主的品质。然而，当前学校将班级组织纳入学校管理系统，削弱了班级的自主性，班主任全面负责班级的工作，这种做法导致班委会、学生干部成为主宰班级的主要人员。班级组织脱离了普通同学，普通同学也脱离了班级组织，班级缺失了凝聚力，形成了不够民主的班级风气。有的学校实行班级干部竞聘上岗，班级干部轮换制等做法，导致班干部频繁更换，表面上看是强调了民主的思想，但实质上是使班级失去了核心力量。有些同学即使当了班干部，也不知道自己为何要当班干部和怎样做同学们的榜样，不清楚为同学服务的目的和意义，造成了班级干部的失职，进而导致同学不服气，使班级的班风失去了和谐，因此真正的问题仍然没有解决。

民主，并不是盲目的遵从，而是要建立一个真正的“班集体”，使学生受到最起码的民主生活训练。例如，班级进行“争当五美少年”活动，使学生参与到道德班级的管理中，让学生感受到自己是班级的一员，设置“班级岗位”，每周进行考核，它的宗旨是使学生树立“人人有责任”的观念，使每一名学生都能成为班级的小主人，体现了班级民主的精神。如何实现民主，我们认为，教师首先应该明确民主与权威的辩证关系，民主是有前提的，学校一定要以理智的权威为基础，保护教师的正当权威，使民主建立在合理的范围之内。

(三)建立公平的班级管理原则是平等的保障

教育公平在班级管理中要求教师以公平的态度对待学生，具体体现在实际教育活动

---

① 刘精明．国家、社会阶层与教育——教育获得的社会学研究[M]．北京：中国人民大学出版社，2005：04.

中，教育或评价学生时，要做到公平、合理地评价学生。教育公平的实现有助于社会公平的实现，《国家中长期教育改革和发展规划纲要(2010—2020 年)》就明确指出促进教育公平作为国家的一项基本教育政策，并指出基础教育作为国民教育体系中的重要奠基阶段，承担着实现教育公平的重要职责。实现班级公平的氛围，应该做到以下几点：

1. 不给学生贴标签

学生在班级中的学习有好坏之分，这是自然的。从生物学角度讲，学生的成绩与学生本身的遗传因素、综合能力有关。从社会学角度讲，学生自身所禀赋的文化资本不同会导致班级中学业分层的现象。这种出于分层程度的学业差异常常被教师自觉或不自觉地贴上某种具有价值判断色彩的标签，如“好生”与“差生”及“学业优者”与“学业差者”的称谓。众所周知，学业状况只是学生整体情况的组成部分之一，“学业优者”与“好生”及“学业差者”与“差生”并非对等概念，也不符合科学逻辑，更不符合伦理价值取向。为此，将班级学生分为“优等生”与“待优生”更符合伦理道德的规范，无论是优等生或待优生，教师都应该予以平等对待。

2. 一视同仁与差别对待

中国古代教育家孔子说过“仁爱”是道德教育的核心，仁者爱人，从自爱、爱他人到博爱。作为教师，我们认为爱是教育生命的源泉。当前我国大部分地区还是大班授课，四十名学生算是人数少的班级，一个班级那么多学生，要想对每一个孩子施加同样的爱是很难做到的。如果在这样的条件下，教师都能实施平等的爱，才最能体现教师的平等观。但是，我们反对教师对待优生的忽略和对优等生的照顾，按照美国政治学家约翰·罗尔斯(John Bordley Rawls)的契约论，实现公平应该给予待优生更多的帮助，而达到一个表面上平等的状态。差异的对待应该是当前教育价值选择的合理取向，即“用相同的方式对待相同的事物，用不同的方式对待不同的事物”，最后在一定限度内实现平等，这就是正义的公平。

由于学生来自不同的家庭，继承了家庭的文化资本，学生的道德表现上被定义了各种不同的烙印，成为教师不公平对待学生的一种前提。布迪厄的文化资本理论指出，文化资本可以通过继承和学习两种途径获得。他认为不同出身的人们在教育方面一开始所受到的引导就不同，这是由各个阶级的文化习惯和阶级条件所造成的。通过学校学习来获得文化资本，教师能够区分对待学生从家庭中继承来的文化资本。这意味着，道德修养相对较差的学生应得到教师更多的关爱和关注，而不是相反。在现实小学道德生活中，教师容易把更多的爱与关注分配给原本继承了更多文化资本的学生身上，这就导致了公平的失衡，成为班级组织生活不公平的一个重要原因。

作者认为，教师应该“差异化”地对待每一位学生，尤其是对继承文化资本相对少的学生应给予他们更多的关注和帮助。表面看上去是不公平，但实际是真正的公平。相反，有时教师为了追求表面上的公平，忽略了学生的情况予以差别对待，却造成了实质上的不公平。我们反对教师对优等生和学习困难的学生的差别对待，甚至“因财施教”。根据罗尔斯的契约论，机会的不平等必须扩大机会较少者的机会。因此，我们应该给予处于劣势的学生更多的关注，达到一种真正公平的状态。这也是教师应秉持的差别对待原则。即“平等地对待平等的，不平等地对待不平等的”，最终才能在一定限度内实现德育公平。

四、发挥集体生活的德育作用

在集体中教会学生过集体生活，能够培养学生的集体意识。因为个人是集体的一部分，通过开展多种多样的集体活动，个人在集体中形成各种道德品质，发挥学校集体的道德教育功能。

(一)在集体生活中进行道德教育的理由

涂尔干认为社会是由个人所组成的，而组成的社会特征却不同于个人特征的总和。通过各个独立的元素相互结合，形成全新的特质和属性。①涂尔干还从社会学角度论述了个人和集体的关系，认为人必须服从社会的目标和价值准则，社会高于个人，只有这样才是道德的，凡是以个人的利益为目标的都是非道德的。因此，我们认为，集体的教育力量是巨大的，可以在集体中实施道德教育。

杜威认为旧教育的失败，就是没有把学校作为社会生活的一部分，学生的道德成长一定是在实际的社会生活中形成的，只有学生在参与社会生活时，才能锻炼道德品质，才能使学校道德教育发挥其应有的教育作用。

(二)在集体生活中进行道德教育的方式

涂尔干与杜威的研究表明，在集体中实施教育的收效是良好的，如果一个班级很散漫，学生也不会有好的道德品质。因为孩子们都有从众心理，一个没有纪律的班级是很可怕的。因此，创设具有道德感染力的班级集体生活是每一位学校教育工作者义不容辞的责任。

在集体中进行集体主义教育是最合理的，也是最有效果的，开展适于培养集体精神的活动。例如：开展班会，以班级为单位的学校运动会；榜样教育，树立班级中的典型榜样，如读书、学习、卫生、进步、礼仪、助人和运动榜样等，并及时对榜样进行表扬，榜样的熏陶能够激励全班学生共同努力，争做集体的优秀分子。

可以开展道德教育活动有以下几种。

“1 · 1” “辞旧迎新”联欢会

“3 · 5” 学雷锋纪念日活动

“3 · 8” 妇女节的“感恩父母 从我做起”

“3 · 12” 环境保护日的“保护环境 爱护校园”

“5 · 1” 国际劳动节的“劳动光荣，小事做起”

“6 · 1” 儿童节的“儿童是祖国的明天”

“6 · 26” 国际禁毒日的“为了生命 远离毒品”

“7 · 1” 建党节的“党的生日快乐”

“9 · 18” 九一八事变的“铭记这一天”

“10 · 1” 国庆节的“我爱祖国母亲”

---

① 爱弥尔 • 涂尔干. 道德教育[M]. 陈金光、沈杰、朱谐汉译. 上海：上海人民出版社，2006：07.

五、管理与教育相结合以加强道德生活的社会化功能

当前学校中重管理、轻教育的现象使学校道德生活失去了应有的社会化功能。认清管理与教育的本质特征是前提。适当运用惩罚有利于学生道德社会化。管理与教育相结合，改变课堂控制方式，提升学生自我管理能力，最终达到对学生的道德教育，是学校道德教育的合理选择。

(一)管理与教育相结合的本质、特征及方法

杜威认为，当前大多数学校都在进行着纠正错误行为而不是培养积极的习惯，这样的训练是存在弊端的。训练不等同于教育，不能只有训练而无教育，训练只意味着特定技能的获得，却无法养成新的态度与性情。[①]杜威所谓的训练，我们理解为管理。管理更加注重的是纠正错误的行为，而教育是告诉我们什么是好的行为规范。

管理所达到的是短期、见效快的效果，班级中应该适当运用管理以规范学生的行为习惯。教育是一种长时间、收效慢的方法，这种方法应该贯穿于学校道德生活的始终。因此在学校教育中，管理只是进行表面工作，不能够深入学生内心，容易造成教师在场学生就遵守纪律，而教师不在场时就无法保持纪律。教育虽然能够得到最后的、最本质的效果，但由于其收效慢，教师往往不愿意在教育学生上花费力气。为追求立竿见影的管理效果，造成学校生活中管理多于教育的状况，甚至出现了完全以管理代替教育的现状。如果完全以管理代替教育，那么学校就会变得功利化。

在教育领域有两种观点，一种是以管理为主、教育为辅，另一种是以教育为主、管理为辅。我们认为理想的教育状态应该是“不教育”，就像教是为了不教，教育就是为了不教育，在这个理想状态没有实现前，权且用管理与教育相结合，但其所占比例应视情况而定。最终的结果应该是“不教育”。之所以不能否定管理的效用，是因为管理能够使学生的学校生活和社会生活在制度上形成连续性，保证学生社会化进程，使其毕业后能够迅速适应社会的各种规章制度。因此，不能因为教育的缺失就否定管理的效用。

学校道德教育偏重于矫正错误的行为，而不是培养学生积极的良好习惯。在管理和教育上，当前的班主任多注重管理的过程，例如不让学生讲话，只是一味地制止学生讲话，而不是理解学生讲话的内容和原因。实际上孩子的世界是需要成人去理解的，孩子也有表达的欲望，上课不让讲、下课不让讲、走廊不让讲、操场不让讲，孩子什么时候才能够表达自己的思想？当前课堂的问题就在于学生上课时不敢发言，下课乱讲，在管与理之间，教师更注重管学生。如果教师把所有的时间都花在维持纪律上，这种教学就很难产生任何有效的学习。一个有秩序的班集体，能够提高教师课堂教学效率，同时也能提升学生的学习效果。在观察中，我们发现当前学校实行的都是扣分表管理制度，这样的制度是一个挑学生毛病的过程，很少有教师对学生实施鼓励式的教育。而扣分表扣完分之后就在那放着了，并没有实施什么惩罚措施，这样的教育是无效的。

管理只是体现了矫正错误的行为，在管理过程中，教师往往只关注学生的缺点和错

---

① 杜威文选. 新旧个人主义[M]. 孙有中、蓝克林、裴雯译. 上海：上海社会科学院出版社，1997：01.

误，例如在操场上做操，如果发现学生的动作不规范，或者不认真，教师便不问原因，直接把学生拉出来当作管理的对象。我们认为这样的做法是不对的，教师应该实施教育与管理相结合，这个结合不仅要纠正学生所犯的错误，更重要的是要对学生的行为进行正确引导，如“这样的行为是不对的，你应该怎样做”或“如果那样做你才是最棒的”，一定要让学生养成积极的习惯，从而达到教育的效果。

检讨书是我们在进行道德教育时经常用到的，检讨自己曾经犯下的“罪过”，保证自己下次不犯，在这个过程中，老师更多地看到的是保证。

把检讨书变为“思过单”“契约书”“反思表”，如下列文章。

纪律反思单(6 年级)修订[①]

回忆你曾经违反学校或班级的一项纪律，这张反思单有助于你重新认识自己。认真思考下列问题，并用完整的句子回答。

1. 发生了什么？违反了哪一项纪律？(请写得详细些)
2. 为什么这是一个不好的行为？它影响了谁？
3. 你准备以后怎么做，可以避免这一错误？
4. 你觉得这件事与下列哪个词语关系密切？(可以多选，或者其他)

□尊重　　□支持　　□理解　□宽容　　□其他: ______

这种纪律反思单的教育目的并不在于惩罚，而在于教育。它让孩子认识到自己的错误，并且认识到为什么错了，应该如何解决。在这个过程中，既内化了道德规范，又有助于小学生的道德成长。

帮助低年级学生理解尊重的品德(修订)[②]

1. 尊重看起来是什么样的？
2. 尊重听起来是什么样的？
3. 尊重感受起来是什么样的？
4. 在下列场景中，如何体现尊重美德的行为：

在吃饭时

在卫生间

在体育馆

在运动场

在有客人听课时

在参加集体活动时(如运动会、看电影时)

谈话和班级文化建设等教育方法可以有效推动养成教育的事实，将中华民族传统美德内化到学生具体的道德行为中，从一点一滴做起。学生的道德成长是一个综合的、多方面的过程，需要关注情感、认知、行为等方面，最终形成良好的道德品质。因为德育是一个积累的过程：道德行为——养成道德习惯——形成品质。

---

① 本表根据美国教育家卡伦 • 博林《在学校中培养品德：品德教育实践导引》中的内容修订。

② 本表根据美国教育家卡伦 • 博林《在学校中培养品德：品德教育实践导引》中的内容修订。

(二)适当运用惩罚，有利于学生道德社会化

1. 惩罚的功能

惩罚是学校道德教育中必不可少的一部分，但其目的并非仅仅对违反道德规范的学生进行惩罚。相反，惩罚的真正目的是让学生认识到道德规范本身所具有的不可侵犯的道德意义，使学生意识到道德规范是社会生活、集体活动正常运行和保障个人自由不受他人侵犯的需要，因而是不容忽视的。正如涂尔干所认为的，为纪律赋予权威的，并不是惩罚；防止纪律丧失权威的，却是惩罚。如果学生违反了纪律却没有受到惩罚，那么这种纪律就丧失了应有的权威功能，也无益于学生的道德成长。只有在学校中教师随时指出学生的错误并让学生知道应该承受的后果，才能达到教育的效果。只有弄清惩罚的本质和功能，才能更好地实施惩罚。

2. 应该如何实施惩罚

卢梭的自然后果法只适用于 12 岁之前，因为他认为，道德生活是在这个年龄以后开始的。12 岁之后，纪律就成了必需的。他的这一思想被斯宾塞扩展到整个教育过程中，然而这种自然后果的思想却遭到了涂尔干的反驳。涂尔干认为，在学生道德成长的过程中一定要有教育者的介入，对学生所产生的违规行为及时地进行惩罚。他认为，惩罚并不是为了使他人的身体或灵魂吃苦头，而是在遇到过失时确认过失所否认的规范。这就是惩罚在儿童教育上的功能与驯服动物之间的重大区别。[①]本文采取涂尔干的观点，认为小学阶段的惩罚十分必要。

在具体执行惩罚的过程中，让学生认识到自己的错误，并承担了该承受的后果即可，而对于原因则不必深究。深究原因不仅有失宽容，还容易伤害学生的自尊心。小学生的自尊心一旦被伤害，受到的心理创伤很难愈合。对小学生过错行为的惩罚不是目的，达到对学生的教育才是当前学校德育所追求的。如果教育者全部按照这样的原则去做，应该会有所收效。

班主任不仅是管理者也是教育者。当前班主任的工作已经完全演化为管理者的角色，如维持班级纪律、规训学生的不良行为、奖惩学生和传达上级文件等工作。班主任老师惯常的做法是利用正式课程的半节课时间去强调纪律。小学生们反映老师“训”完他们之后就只剩下二十分钟的讲课时间了，学生们怀着沉重的心情去听课，效果肯定不好。我们认为管理注重的是让学生“守规矩”，看似半节课的品德教育，这样的品德教育就像是道德的传教士，抓住一切时机宣扬什么是善。关注学生的道德生活必须要把握说教的尺度。教育是教会学生守规矩的习惯和品德，理解守规矩要比知道守什么规矩更重要。

(三)改变课堂控制方式，提升学生自我管理能力

涂尔干指出，培养儿童的纪律精神不仅是必要的，而且也是可行的。因为儿童身上有两种因素有助于纪律精神的培养：一是习惯性，二是暗示接受性。习惯性是指儿童一旦形成某种习惯，就会对其行为产生支配作用。当儿童多次重复一个动作，并在相同情境下重

---

① 爱弥尔·涂尔干. 道德教育[M]. 陈金光、沈杰，朱谐汉译. 上海：上海人民出版社，2006：07.

复同一行为的需要后，他们自己的习惯较难改变，并且对周围的习惯也极为敏感。他们更乐于接受周围的“定型化”行为，而不愿承认定型后的变化。儿童的这一特征为“因习主义”。暗示接受性是指儿童易受暗示，容易受到外界事物的影响并进行模仿，行为完全依赖教育者的暗示，使儿童获得道德权威的初步印象。遵守规则的习惯和有关道德权威的观念一经形成，就为进一步培养纪律精神奠定了基础。

众所周知，当前我国小学课堂中大部分教师的控制方式都是显性的、专制的，导致学生成为“双面人”。例如，老师在场时就听话，老师不在场时学生则就不听话，学生们都带着“面具”生活。要解决这个问题，教师需要改进课堂教学控制方式，结合显性与隐性、民主与专制的方式，促进小学生的自我管理能力，才能彻底根除“双面人”的现象。

课堂是一个小社会，制定课堂规范，让学生认识到课堂规范与家庭规范的不同。自我管理能力是指无论老师在不在场，学生都能够一如既往地遵守纪律，并按照纪律的要求严格要求自已。小学生本身就有一种对纪律的偏好，且极易受到周围环境的影响，这种心理也有助于我们把纪律精神灌输给小学生，培养他们对课堂秩序的偏好。课堂规范无法像家庭规范一样来适应每一个小学生的需求。小学生只有初步懂得义务的严肃性，才能更好地适应学校生活。

六、改变虚拟的课堂道德生活情境

在虚拟的情境下，课堂道德生活情境展开是当前学校教育的普遍现象。从现实的角度看，完全提供真实的道德情境似乎是不可能的，也是不必要的。然而，在有限的条件下尽可能提供真实的道德情境是学校道德教育的责任。这就要求教育者明确道德观念概念及内容；选择能够使学生产生真实道德冲突的教材；完善德育渗透于其他课程。

(一)品德课程中“道德知识”的传授

品德课程大纲明确规定了课程的实施要求。但是，在实施过程中，有些教师人为地删除和简化课程内容，导致品德课程变得面目全非，有些学校的品德课程仅限于简单地读课文，记录课堂笔记和所谓的知识点。这种教学方式只是应付期末考试，而非真正意义上的品德教育。这样的道德学习无法深入学生的内心，无法真正发挥品德课程的作用。道德之知是一种实践之知，我们并不否定道德知识的学习，道德知识的是必要的，但不是根本。根本在于道德知识的学习方式，通过知识的学习形成道德行为是知识学习的最高目标。在道德教育中，应肯定道德知识的学习是首要的。在道德知识的学习过程中，教师和学生是如何学习的，这个过程必须是实践的过程，是由教师引导的、学生主动参与的过程，一定是在实践中体验道德知识的过程。

在道德知识传授的过程中，教师还应该注意到学生已有的生活经验，因为学生的生活经验是更好地接受道德教育的前提。学生在进入学校接受道德教育时，已经形成了一些比较稳定的道德知识和道德行为。教师对学生开展道德教育前，要深入了解学生的已有生活经验，并根据学生实际生活中所存在的道德问题，有针对性地传授道德的知识。杜威在阐述教育目的时认为教育即生长、教育即经验的改组和改造，肯定了学生的已有经验在学习过程中的重要性。学生已有经验是获得知识的前提，这一点已无需论证，当前道德知识的学习过程中应该充分注重学生已有经验，使学习的道德知识内化为学生已有的经验中，更好地促进学生道德品质的提升。

(二)品德课程内容的选择应能够使学生产生真实的道德冲突

教材是教师教学的载体和依据。教材中的内容设计能否促进小学生的道德成长，能否使小学生产生真实的道德冲突，这非常关键。辽宁师范大学的傅维利教授认为道德情境分为虚拟的道德情境和真实的道德情境，而教材应该提供的是真实的道德情境。

在《道德与法治》教材颁布之前，辽宁省根据自己的地方特色，由著名教育家傅维利教授主编，辽宁师范大学出版社出版的小学《品德与生活》《品德与社会》教材，对提升小学生道德社会化水平提供了课程保障。该套教材做到了内涵美、结构美和语言美，而且该教材提供的都是真实的道德教育情境，因而能够引起学生真实的道德冲突，进而促进学生道德成长。

例如，辽宁师范大学傅维利教授主编，三年级上册《品德与社会》第二单元第六课《关心体贴父母》便是一个成功的案例。

(1) 正文：我们每个人的成长都离不开父母和长辈的关心、爱护与教育，我们也应该多为父母和长辈着想，多理解他们，少让他们操心，做一个关心体贴父母和长辈的好孩子。

卡通小老虎：我们都是家庭的一员，应该主动做一些家务活。你说对吗？

图案 1：小女孩主动洗盘子

图案 2：小男孩主动倒垃圾

图案 3：小男孩主动叠被子

图案 4：小女孩主动给爸爸盛饭

正文：家务劳动情况调查表

要求：在最符合你的情况的地方打“✓”，填写时要实事求是。

把各项得分加起来，60 分为及格。

擦桌子	从不(0 分)	有时(10 分)	经常(20 分)
帮家长买东西	从不(0 分)	有时(10 分)	经常(20 分)
择菜、洗菜	从不(0 分)	有时(10 分)	经常(20 分)
倒垃圾	从不(0 分)	有时(10 分)	经常(20 分)
扫地	从不(0 分)	有时(10 分)	经常(20 分)
合计			

卡通小老虎：如果以前做得不好不要紧，改了就好！

(2) 正文：爸爸妈妈，我理解你们

图案 1：描绘黄明父母的职业

图案 2：描绘黄明自己热饭吃

图案 3：黄明和妈妈打电话

图案 4：黄明在写日记

正文：黄明的爸爸是一名公安干警，妈妈是一名记者，两个人的工作都非常忙。已经很晚了，爸爸妈妈还没回来，黄明自己热完饭菜吃了起来。突然，电话铃响了，是妈妈的电话！原来妈妈接到了紧急的采访任务，要很晚才能回来。黄明说："妈妈，您放心工作吧，我会照料好自己的。"黄明在日记中写到："爸爸妈妈，我理解你们，我要努力学习，让你们安心地工作。"

卡通小老虎：父母没回来，黄明是怎样做的，又是怎样想的？如果是你，你会怎样想？

该案例成功的设计之处在于以下几点。

①深刻抓住"关心体贴父母"这个主题思想。设计了两个情境，一是主动做家务，二是理解爸爸妈妈。

②对于三年级的学生，这些家务劳动基本上都是他们力所能及的。这不仅是对学生平时家务劳动情况的考察，也暗示着学生平时在家应该积极主动参加一些简单的家务劳动。在学完该课之后，学生在自评打分的基础上认识到了自己做得不完善的地方，为每一名学生主动承担力所能及的家务劳动创造了条件。

③道德冲突设计真实。有些学生在日常生活中不懂得为父母着想，遇到事情不懂得理解父母。针对这一情况，设计了理解父母的情境。黄明的做法为学生树立了榜样。每个学生都会面临这样的事情，当他们能很好地解决了这个道德冲突时，就获得了道德成长。

(三)选用重视学校道德生活的品德教材

客观分析傅维利教授主编的《品德与社会》教材，其指导思想是：学生的道德成长是外部环境与人的主观能动性相互影响的过程。该教材中的一条主线是：以学生的生活发展为主线，在每一个生活领域的"面"上，选取"社会环境""社会活动""社会关系"这三个"点"来进行内容建构。因此，这套教材所选取的内容多为真实的道德情境，它能够引发学生产生真实的道德冲突，从而促进学生的道德发展。从文化传承的角度来看现代化作为人格成长的过程，必然涉及人作为社会关系、道德生活和道德教育主体这三个核心问题。而这套教材恰恰就把道德生活与社会关系作为关注道德教育主体的基本着眼点，突出表现在以下两个方面。

1. 道德教育根基扎实牢固

该套教材的重点放在了学生对自己的了解和体验上。强调发现自己的优点和长处，认识到人各有所长，要取长补短；懂得自尊自爱，愿意反思自己的生活和行为；能够面对生活中遇到的困难和问题，尝试自己解决问题，体会克服困难、取得成功的乐趣。根基在于自己，推己及人，这对小学生来说非常重要。

2. 基本文明习惯和行为规范训练充分

该套教材重视文明习惯和行为规范的训练。在这两项训练中，三年级占 58.1%、四年级占 59.5%，突出了德育的实践性。德育实效的产生从来都是建立在反反复复的道德行为训练上。任何道德认识都必须经过师生共同道德生活中的情感体验、意志磨炼和行为训练，才能内化成为受教育者的行为标准和习惯。

我们认为选择以学校道德生活为着眼点的教材至关重要。

(四)完善德育渗透于其他课程

德国教育家赫尔巴特认为教学具有教育性，这个观点早在一个世纪前就被公认了。任何一门学科，它所担负的责任不仅要教书、更要育人。学科教学具有教育意义，对学生进行道德教育，在学校中不仅要开设专门的品德课程，其他学科中进行德育渗透也很重要。在人文学科的教学中，通过挖掘作品的思想内涵来对学生进行良好思想品德的渗透性教育；在自然科学的教学中，从培养学生科学素养的角度入手，引导学生形成科学的思维方式和解决问题的科学方法；英语学科则注重人文教育；体育学科注重学生规则意识的培养；社会学科注重爱国主义教育。学科德育渗透要求教师能够站在学校教育的高度，系统、深入思考和处理学科教学中渗透的德育目标。

目前，在应试教育背景下的学校教育只注重学生学习成绩的提高，忽略了最重要的品质教育，即如何做人。素质教育要求德、智、体、美、劳全面发展，德育为先，然而在当代的教育中，以智育为首的观念严重影响了德育的实施。教育应该改变观念，使德育和智育协调发展。在应试教育的大旗下，学科教学追求标准答案，只注重学科知识的传授，而忽略了知识之外的情感教育。

新课程改革中对学科教学提出的三维目标，更加注重对情感态度与价值目标的落实，但纵观当前的小学课堂，对这一目标的重视程度还没有达到理想的状态。例如：

小学语文第八册第一课《桂林山水》的情感态度与价值观教学目标如下：

情感态度与价值观：理解课文内容，了解桂林山水的特点，激发学生热爱祖国大好河山的情感。

杜威说过，儿童的世界是一个具有他们个人兴趣的世界。儿童世界的主要特征不是什么与外界事物相符合这个意义上的真理，而是感情与同情。①

教师在教育的过程中要严格按照教学目标的要求实施德育渗透，在教案中体现德育渗透点，并要求教师用红色的笔标出。此外，还可以开设德育校本课程，一二年级以《弟子规》为主要内容，掌握基本的生活技能。三到六年级写心灵笔记。在综合实践课程中开展一些实践活动，如设计校园环境、班级环境等。在美术课上也可以渗透美育思想，以美育德。

(五)德育课程内容融入绘本提升德育实效

德育绘本不仅是图画与文字并重的文学作品和艺术作品，也是应用于道德教育的重要工具。它不仅具有普通绘本的特征，更具有极高的教育价值，特别是在道德教育方面。因此，德育绘本具有简洁生动、美学价值高、充满道德内涵等特点。德育课程内容中加入檀传宝教授的《我的家在中国》读本，提升了德育时效，也是专门为青少年打造的“优质国情教育读本”。全套共有 6 个系列，每个系列包含 8 册读本，共计 48 本读本。《我的家在中国》基于青少年的认知规律和道德发展规律，依循“在地图上旅行”的教育理念，开辟了山河、湖海、节日、民族、道路、城市六条观光路线。沿途用欣赏型德育的方式，带领小读者走近中国的名川大山和风土人情。例如，孩子们可以在想象中到少室山中“习武

① 杜威. 学校与社会：明日之学校[M]. 赵祥麟，译. 北京：人民教育出版社，1994.

修禅”，可以到世界屋顶去寻找“中国人的梯子”。在长白山上，孩子们可以追寻康熙大帝的少年时光；在天涯海角，孩子们可以阅读手抄本的“南海天书”；孩子们可以欣赏中国的房子如何“长脚”，也可以发现人民币如何“会说话”；孩子们可以一起乘坐“开往‘人间仙境’的列车”，也可以来一场痛快的“节日物语 DIY”；在西安，孩子们会发现马路上展示伦理道德的标语，更可以用台北的寻常巷陌拼成一幅完整的“中国地图”；从“冒烟的怪物”，到“我想我是一阵风”，通过“塞里斯国”的穿越探究，孩子们更可回味“Made in China”的前世今生。我们希望给孩子们讲述的，是一个完整、复杂、深厚、有魅力也有回味的中国。在这套书里，孩子们可以在大好河山中遨游，欣赏自然中国的多彩多姿；孩子们可以在人文历史中穿越，理解文化中国的博大精深；孩子们可以在当代发展中探究，发现中国故事的荡气回肠。

七、开展丰富多彩的道德实践活动

通过开展丰富多彩的道德实践活动来培养学生的道德品质是学校道德教育的重要途径。学生只有在特定的情境中通过参与活动才能够产生行为的变化。道德实践活动的设计应遵循学生道德发展的年龄阶段特征，要来源于学生的道德生活经验，并且符合不同学生的道德发展需要，给学生创设自主学习的空间。学校应尽可能开设道德教育体验活动进行道德教育，运用道德榜样的力量，通过召开大队会、参观德育基地等活动提升学生的道德品质。

(一)道德实践活动设计原则

如何开展道德实践活动，合理安排道德实践内容，使学生在实践锻炼中养成道德品质，应遵循以下实践活动设计原则。首先，遵循学生道德发展的年龄阶段特征。严格区分低、中、高年级的道德实践活动内容。低年级学生的形象思维占主导地位，而中高年级学生逐渐向抽象思维过渡，应抓住这一特征来设计道德实践活动。其次，道德实践活动的设计应来源于学生的道德生活经验，内容要贴近学生的生活实际，从学生现有的生活经验中设计活动。脱离学生生活的道德教育不能收到良好的道德教育效果。最后，道德实践活动的设计要符合不同学生的道德发展需要，并给学生创设自主学习和独立思考的空间。教师要注意发现不同学生的道德发展情况，并施予有利于学生发展的道德教育，才能收到良好的效果。

(二)开展什么样的道德实践活动

鲁洁先生认为，德育过程不同于智育过程的特殊性在于它不主要依赖知识的传递，而是引导价值认同、培养内在情感态度和实际行为的改变。它对人的影响方式更多的是无意识的、潜在的、缓慢的、长效的。①

转向生活经验论的新课程力求使学生在完整和全面的道德经验中学习道德。开展丰富多彩的道德实践活动，让学生参与、体验其中，这样的道德情境才能够吸引学生的积极

---

① 鲁洁．德育社会学[M]．福州：福建教育出版社，1998：08.

参与。

开展的系列主题活动包括成长教育系列、爱国教育系列、感恩教育系列和安全教育系列四大类。[①]成长教育系列包括：开学第一课、国旗下演讲活动、学雷锋系列活动、“六一”儿童节庆祝活动、六年级毕业典礼。爱国教育系列包括：传统文化教育、军事训练、重大时事教育。感恩教育系列包括：感恩亲人、感恩母校、感恩社会。安全教育系列包括强身健体活动、心理健康教育、安全法制教育。

具体开展以下主题活动：

1．道德榜样的评选

“评选五美少年活动”

评选方式：自评、互评、他评。

评选内容：仪表美、言行美、运动美、乐学美、读书美。

仪表美：穿戴整洁，微笑待人。

言行美：经常使用礼貌用语，所言所行不妨碍环境与他人。

运动美：坚持每天运动一小时，积极参加班级运动队。

乐学美：乐于参与学习活动，主动完成学习任务。

读书美：每天坚持读书 1 小时。

通过“五美少年”的评选，学生能够更清晰地发现自己的缺点和不足之处，并努力成为“五美少年”。

2．参观德育活动基地

辽宁省有 17 个国家级爱国主义教育基地，并且格外重视不忘国耻的爱国主义教育和民族精神教育。教育基地包括沈阳“九・一八”历史博物馆、大连旅顺万忠墓纪念馆、锦州辽沈战役纪念馆、丹东抗美援朝纪念馆、抚顺雷锋纪念馆、丹东鸭绿江断桥、沈阳抗美援朝烈士陵园、黑山阻击战烈士陵园、葫芦岛市塔山烈士陵园、关向应纪念馆、抚顺战犯管理所旧址陈列馆、抚顺平顶山惨案纪念馆、东北抗日联军史实陈列馆、旅顺日俄监狱旧址博物馆、赵尚志纪念馆、沈阳铁西老工业基地展览馆、阜新万人坑死难矿工纪念馆。

举办“我爱我的家乡——沈阳”社会实践活动，参观了辽宁省博物馆、“九・一八”历史博物馆、旅顺日俄监狱旧址博物馆等，亲身感受家乡日新月异的变化，从而增强作为一个辽宁人的自豪感和使命感。通过这些活动，培养孩子的行为习惯、利益观念、倾听习惯和卫生习惯等。

实践活动中蕴含着丰富的道德资源和道德智慧。儿童正是通过实践活动习得相应的社会规范与行为准则。通过实践活动创设有利于儿童道德素养形成的生活情境，在活动中启发儿童的道德动机，激发儿童的道德情感，使儿童形成稳定的、一贯的道德行为。

3．召开大队会

“十・一三”主题大队会能够让学生们了解中国少年先锋队是中国共产党委托中国共

---

① 孟宪彬．破解“减负提质”难题的校本路径——基于九年一贯制的实践探索[M]．沈阳：辽宁人民出版社，2014：10.

产主义青年团建立和领导的全国统一的少年儿童群众组织。1922 年 5 月 19 日，苏联少先队成立，1949 年 10 月 13 日，团中央决定建立全国统一的中国少年儿童先锋队，1953 年 8 月 21 日，决定改名为中国少年先锋队；1978 年 10 月，共青团十届一中全会通过关于恢复中国少年先锋队名称的决定。

我们所在调查研究的学校举行的大队会的主题有：

《红领巾圆中国梦——某校纪念少先队建队 65 周年》

《红领巾心向党 幸福快乐共成长——某校纪念少先队建队 65 周年》

建队日升旗活动的开展，让学校每一位少先队员度过了一个难忘而有意义的少年先锋队建队日。

4．升旗仪式

每周一学校举行的升旗仪式是一种惯例，除了特殊天气外，从未被打破过。在升旗仪式上，尤其是国旗下的讲话，大多数都是与道德教育有关的内容。这是一个非常有效的道德教育活动形式。我们在所调查的学校的主题升旗仪式有：

《“知恩守礼，从我做起”主题升旗仪式》

《“争做五美少年”主题升旗仪式》

《“学雷锋，做好事”主题升旗仪式》

《“点燃激情 传递梦想”主题升旗仪式》

《“超越梦想 一起飞”毕业主题升旗仪式》

5．孝亲体验

学校由于时间、地点的限制，可以在校内开展的道德活动场景有限。让孩子真正去体验道德过程也是一种很好的道德实践活动。下面是我们调查学校所开展的“孝亲活动”：

百善孝为先。孝，是责任，是义务。为切实提高学生懂得感恩，敢于承担、善于回报的孝心意识和孝行能力，2013 年 11 月 21 日我校举行了“做最美孝心少年”主题孝亲活动启动仪式。

通过孝亲活动的开展，学生们在生活中能够帮助父母做一些力所能及的事情，懂得了父母的养育之恩，报答这种恩情，并体现在学生的作文日记中：

亲爱的妈妈：我爱你！我知道你照顾我和妹妹很辛苦。我想对您说：“我告诉过您多少遍，不要大喊，可是你还是大喊。我知道你很忙，而且我也理解您的心情，可是我还是忍不住和妹妹打架。你说我的时候，我知道你也很难受，我更难受。我的心会感到痛苦和撕裂，就像被无情的大手和刀割伤一样，心都碎了。我知道你是一位坚强开朗的妈妈，我也知道我是您最爱的宝贝。我会一直陪伴你，直到永远！

第二节　家园：中学学校场域中的道德生活对策改善

为促进中学学校场域中的道德生活，使之成为学生成长的家园。通过建立师生之间的关怀关系；建立规范统合的班级管理模式；创设具有生活质感的真实的道德情景；构建动态、开放的道德生活；家校合作共育共促中学生道德成长；中华优秀传统文化进入课堂等，最终实现诗意地栖居。

一、建立师生之间关怀的关系

诺丁斯的关怀理论为建立师生之间的关怀关系提供了理论基础，教师了解学生身心发展特点是建立关系的前提。

(一)诺丁斯的关心理论

依据诺丁斯的理论，师生关系不再是传统意义上的“管理与被管理，教授者与被教授者”的关系，而是一种“共同学习，相互促进”的关系。在师生关系场域中，情感与互动需求成为根本的价值观。教师和学生之间没有传统意义上的等级排序，只有面向未来的角色分工。师生在人格上是平等的，在交互活动中是民主的，在相处氛围上是和谐的。师生之间的关系是亲密无间，心心相印，彼此互相接纳——学生因为“亲其师”所以能“信其道”；教师因为爱与相信，所以能支持、指导和陪伴。从形式上，师生呈现为“学习共同体”的样子，这样的师生关系才是良好的师生关系。

关怀关系是教育领域中一个非常重要的概念。它是指在教育过程中，教育者与学生之间建立的一种互动关系，其中包括理解、尊重、支持、鼓励和信任。关怀关系的建立能够促进学生的道德成长，并帮助他们在日常生活中更好地面对挑战和处理问题。首先，关怀关系可以为学生提供一种能够感知和体验到自己被认可的方式，这样的认可对学生来说可以增强学生的自身价值感和自信心，使他们更有动力去探索和尝试新的事物。其次，关怀关系还可以鼓励学生表现出更多的道德行为和相关决策，帮助他们在伦理、道德上得以成长。例如，当学生遇到一些道德问题，需要进行抉择时，如果感受到教师的关怀和支持，就会更有可能做出正确的决定，并且以此为基础建立起正确的道德观。关怀关系也有益于学生在日常生活中更好地处理问题和面对挑战。在受到关怀的环境中，学生更有可能敞开心扉，分享自己的困扰，并接受教师的建议和支持。当学生面临挫折时，关怀关系可以帮助他们摆脱消极情绪和想法，从而更好地应对困难。此外，在关怀关系中，学生还可以学会更好地沟通和合作，这些技能在他们的成长道路上都起着重要作用。

(二)了解学生心理发展特点是关怀关系建立的重要抓手

学生的心理发展是一个持续的过程，从幼年时期到青春期，再到成年后，不同阶段的学生有着不同的认知、情感和社会发展需求。在幼儿阶段，学生通常依赖成人来获得安全感。建立关怀关系需要基于教师和孩子的良好互动，如学习游戏和读故事书等，这些活动有助于建立学生的自尊心和自信心。在儿童时期，学生正处于身体和情感上的快速发展阶段。教师需要关注学生的个人成就，鼓励他们多尝试、多做出自己的贡献，这将有助于建立学生对自我价值的认可，从而提高自尊心和自信心。在青少年时期，学生的社会和情感发展开始显革。他们渴望被理解并追求独立，需要教师关注他们的想法和感受。在这一阶段，教师要学会把学生当作朋友，提供关怀，帮助他们建立正确的人际关系，发展他们的社交技能和自我调节能力。在成年阶段，学生的需求和所要面临的挑战变化巨大。他们可能会因为就业、家庭和生活等问题而感到压力和紧迫感。在这种情况下，教师可以通过分享自身的人生经验来支持和引导学生。综上所述，了解学生心理发展特点是师生关怀关系有效建立的重要基础。

(三)关怀关系的途径

构建师生之间的关怀关系，可以从以下两个方面入手：首先，认识到师生角色的多样化。教师不仅是科学文化知识的传道者、授业者、解惑者，还是学生的示范者、管理者和课程教学的研究者、反思者。而学生的角色也不再仅仅是知识的接受者，他们需要发挥个体主观能动性，主动地对知识进行建构。只有教师具备角色多样化的意识，才能真正做到教师关怀，通过从学生学习生活的细节入手，让学生从道德情感上感觉到关怀，增强学生的道德体验。其次，教师需要了解和研究学生。作为中学教师，首要的是要了解学生，包括他们的身心发展阶段、年龄特征、学习能力和水平等方面。面对中学生青春叛逆期的反抗和不服从，教师需要结合中学阶段学生的特点，关注学生状态，根据已掌握的学生信息，对学生进行针对性的指导。从学生的角度真诚地给予关怀，能够增进学生对教师的信赖感，拉近教师与学生的关系。最后，教师需要培育学生的生命自觉。叶澜教授曾说："以培养人的生命自觉为目的的教育，育生命自觉。"个体的生命自觉是个体提高生命质量与意义，是人生的内向的精神力量，是生活必须和可能，实现自我超越与存在价值的源泉。教师不仅要关注学生的学习和智力的发展，更要注重育人，教给学生注重获取知识中的精神力量，充盈自我内心世界，实现自我的生命价值。当学生对知识的学习不再局限于考试的高低，而是更加关注在获取知识的过程中的精神满足和心灵富足，这将能为建立良好的师生关系创造出积极向上的环境，从而构建师生之间得关怀关系。

二、建立民主、规范统合的班级管理模式

涂尔干认为，真正意义上的道德生活领域的起点，就是集体生活的起点。只有在我们作为社会存在的意义上，我们才是道德存在。这表明通过集体的力量对培养学生的道德品质发挥着不可忽视的作用。中学时期是学生道德发展的重要阶段，也是树立正确人生观和价值观的关键时期。这个时期的学生的逆反心理是最为典型的心理特点，他们渴望民主、平等的交往，不再满足于服从。因此，建立民主型班级管理模式对学生的道德发展是关键所在。"以人为本"的学生观强调学生是独特的人，是处于发展过程中的人，具有巨大的发展潜能。在中学时期，学生对学科和活动有着强烈而主动的学习欲望。因此，教师需秉持发展性的眼光看待学生，保护学生的学习欲望，相信学生的发展潜力，公平公正地面向全体学生，因材施教，满足学生的个性化发展需求。这样的教育观念能够减少学生对教师的抵触情绪，缓解学生和班级的关系，更能使教师、学生与班级形成民主平等的关系。

(一)民主型班级管理模式的管理优势

班级管理模式通常分为放任型、专制型和民主型三种类型。民主型的班级管理模式更有利于学生的道德发展。在专制型的班级管理模式下，教师容易以权威命令学生，班级缺乏活力和生机；而在放任型的班级管理模式下，教师则不会过多干预学生的行为，导致学生的自律自觉能力较差。相反，在民主型的班级管理模式下，学生能够共同对班级目标和学习计划进行制定，并具有较高的集体意识和集体荣誉感。此外，在制定班级的规章制度

时，学生能站在他人角度和集体利益考虑，使班级的规章制度具有灵活性和包容性。这些因素都有助于学生自觉严格遵守纪律，并用集体行为准则约束自我言行，形成互帮互助的关系，增强了班级的凝聚力。因此，建立民主型的班级管理模式是非常必要的，它将为学生的道德发展提供民主、平等、互助的教育氛围。

民主型班级管理模式以民主、平等、自由的原则为核心，充分发挥学生的积极性和主动性，由学生自主组织实施班级管理的一种模式。与传统的班级管理模式相比，其管理优势包括：(1)增强学生的自治能力。通过班级议事制度的实施，学生可以自由地表达自己的看法和建议，锻炼自主决策能力和自治能力，逐渐培养良好的行为习惯和民主精神。(2)引导学生形成积极的学习态度。教师会通过鼓励学生的参与和支持学生的表现等方式，激发学生投入学习的兴趣和动力，从而形成积极的学习态度。(3)促进班级和谐发展。鼓励学生之间积极交流和合作，减少管理者与被管理者之间的距离，使班级关系更为平等和融洽。(4)提高学生的综合素质。注重发挥学生的主体地位，引导学生积极参与各种社团和组织，增强学生的个人能力和综合素质。

(二)营造民主、平等、互助的教育氛围

明确班级文化建设的目标，并将民主理念落实到实际行动中，是营造民主、平等、互助的教育氛围的关键。

1. 明确班级文化建设的目标

明确班级文化建设的目标是建设民主型班级文化的前提。首先，目标应由教师与学生共同确立，成为班级成员共同追求的奋斗目标。其次，班级文化建设的目标必须结合本班的实际情况，并符合班级成员的特点。例如，要考虑到中学时期学生的逆反心理和强烈的独立愿望。最后，班级文化建设的目标要融入优秀的道德理念，以发挥班级文化的德育功能。

2. 将民主理念落实到实际

确定好班级文化建设的目标后，就要将其中蕴含的核心理念落实到实际的班级文化建设中，确保班级文化建设目标的实现。这包括建设蕴含德育内涵的班级物质文化、建设健全的班级制度文化和建设发挥学生主体性的班级行为文化。

班级物质环境建设应该以学生为主体，注重学生主体性与创造性的发挥，促进学生的发展。班级环境创造的德育价值应该让学生理解其中所蕴含的潜在精神信息，符合学生的年龄特征，能够满足学生的发展需要。班级制度文化是维系班级秩序的保障，应减少随意性，对学生发展的各个方面都做出规定，规范学生的道德行为。在班级活动过程中，教师应给予学生足够的活动空间，让他们有自主选择的权利，充分地展示自己，尊重学生的主体地位，使学生在活动中获得道德体验，充分发挥活动促进学生发展的价值。营造民主、平等、互助的教育氛围可以帮助学生更好地发展自身潜力，建立友爱互助的人际关系，增强社会责任感和公民意识。

为了营造民主、平等、互助的教育氛围，我们可以采取以下措施：

(1) 建立民主决策机制。学校可以建立学生议事会、学生代表大会等机构，让学生参

与学校的管理和决策。学生代表可以在学校决策中发表自己的意见和建议，这样学生就能够感受到自己的权益得到尊重。同时，学校还可以通过学生评议教师、评选优秀班干部等方式，让学生参与到教育教学管理中来，增强学生参与感。

(2) 倡导平等、互助教育。教师应该尊重每个学生的个性，不应因为学生的个人背景、性别、种族等因素而差别对待。同时，学校还可以通过课程编排、活动组织等方式，促进不同文化背景的学生之间的相互理解和尊重。学校可以采取小组合作学习、志愿服务等方式，鼓励学生相互帮助、支持和鼓励。学校还可以在校园内设立互助中心，让学生可以互相借用学习资料、交换笔记等，促进学生之间的相互交流。

(3) 关注学生的心理健康。学校应关注学生的心理健康，根据学生的不同情况，采取适当的心理卫生教育和心理干预措施。同时，学校可以鼓励学生成立心理健康辅导小组，让学生之间相互支持和倾诉。

(4) 提供良好的教育环境。学校应提供良好的教育环境，如教学设施的完备、清洁卫生、安全舒适等。学校还可以鼓励学生组织文艺活动、体育活动等丰富校园文化生活，让学生在轻松愉快的氛围中享受学习和成长的乐趣。

总的来说，要营造民主、平等、互助的教育氛围，关键在于为学生提供丰富多样化的学习机会，让他们在不同情境中探索、表达和发展自己，使他们在学校中得到全面的发展，以此达到培养学生的社会责任感和公民意识的目的。

三、创设具有生活质感的真实的道德情境

真实的道德情境是生成真实的道德生活的基础。因此，我们要注重创设具有生活质感的真实道德情境，并探索如何创设真实的道德情境。

(一)生活质感的真实的道德情境的创设意义

情境德育是一种德育模式，通过创造人为优化的德育情境，强化情感体验，培养道德品质，促进学生成长。杜威率先将“情境”一词引入德育研究，提出道德教育应从崇高的道德理想中走出来，走进现实的道德生活，关注具体的道德情境。情境德育是对学校德育生活化、人性化的自觉追求，是一种直达学生心灵的道德教育模式。科尔伯格曾经提出过基于具体道德情境的“道德两难问题讨论”和“公正团体法”。这些理论和方法对于西方德育产生了很大的影响。情境德育可以使主体活动与现实环境相统一，培养、塑造学生，激发学生的潜能，最终实现学生素质的全面提升与个性的充分发展。情境德育是鲜活而真切的生活教育，它不坐而论道，而是从生活出发，引领学生从关注身边的人和事，到把目光投向“无数的人们和无穷的远方”。

德育是一种生活方式。德育不能只停留在“教”上，更重要的是要引导学生从“生活”中感悟道德、升华情感、形成品德。德育需要与生活密切结合，通过潜移默化、润物无声的过程。对于中学生而言，他们正处在角色同角色混乱期，身心发展尚不成熟，其情感具有易变性、不稳定性等特点，因此，德育要顺应学生道德发展规律，充分考虑学生认知发展特点，创设真实的道德情境。让学生在一定的社会环境中，对社会环境具有较强的感知能力和模仿能力。因此，德育应从学生实际生活出发创设真实的道德情境，让学生在

情境中感知、理解和感悟，并逐步内化为自己的情感和品德。

(二)生活质感的真实的道德情境的创设模式

学生的道德发展需要依赖真实的道德情境，这样才能使学生的道德水平与真实的问题情境产生道德冲突，进而形成良好的品德。学校的道德教学也不应该像书本知识一样一成不变，过于封闭的道德教育并不能起到道德教育的作用，只有在未成年时期在学生心中播下道德的种子，才能够让孩子体验到生活的美好，增强其探索世界的欲望。

在实际的道德教育中，教师需要首先选择情境德育课程理念，用情境理论武装德育课程，以优化的情境浸润学生的道德成长。其次，要注重道德情境的系统化，多方位选择适合学生道德发展的道德情境载体，综合利用学校、家庭、社会不同场域的影响为学生搭建真实的，利于学生德行养成的生态圈。最后，要多挖掘生活中的道德内容，将道德课程生活化，为学生的道德成长创设合适的道德生活内容，促进其道德发育。

充分挖掘教材中的德育资源，特别是德育教材中的传统文化和“我爱祖国”等栏目，都是丰富而生动的德育资源。教师要充分利用这些资源，引导学生在真实的情境中进行道德认知和情感体验，逐步形成良好的道德行为习惯。

教师应该合理设计德育活动，以激发学生的兴趣、培养他们的创新精神。将教学内容与社会生活、学校生活、家庭生活相结合，活动应该多样化和实践性强，提升学生参与的自觉性，提高学生参与的主动性。

在“做”中体验道德。德育的根本目的是帮助学生养成良好的行为习惯。而在实际教学过程中，教师可以让学生通过亲身实践来体验道德，而不是教师说教出来的。学生通过自身的行动来理解道德，并在日常生活中践行道德。在参与活动时，教师可以引导学生将自己在活动中所感知到的东西转化为自己对事物的认识和看法，结合学生的生活经验，引导他们在实践中体验道德，帮助他们形成正确的道德认知，培养良好的道德行为习惯。

在学生的成长过程中，重视生活经验的作用。经验对于学生的道德认知形成、情感培养和行为习惯养成都具有重要作用。苏霍姆林斯基曾指出：“只有当学生亲身经历过的东西，才会成为他自己的东西，只有在学生自己思索、自己动手的时候，才会产生真正意义上的理解。”因此，学校德育工作应该重视学生生活经验的作用，引导学生从自身实际出发，不断丰富对现实生活中道德问题的理解。在中学阶段，学生正处于社会化过程中形成道德认知与道德行为习惯的重要时期。通过体验、感受和反思，逐渐形成对社会生活和人际关系的认识与理解。因此，学校德育工作应该关注学生生活经验和生活体验。学校可以利用各种方式让学生走进社会、了解社会、参与社会生活，并在实践中逐渐积累社会经验和道德经验。同时，在实践活动中帮助学生树立正确的道德观念。

(三)生活质感的真实的道德情境创设方式

中学生已不处于盲目依从阶段，而是能够根据内在要求做出反应。因此，在品德发展中，需要创设真实情境，引起学生道德冲突，以便触动学生的情感变化和内在情感体验。相较于理科类课程，中学文科类课程中更容易创设真实的道德情境，教师在教授文科类课程的教学内容时更能融入情感道德教育，例如语文、历史、思想品德、思想政治等课程。可以更好地发挥语言文字情感的力量，通过真实案例来创设教育情境，让学生真切感受，培养学生正确的道德意识和真实的道德情感体验。

另一方面，中学生的实践行为具有探究性的特征。因此，教师应当把德育活动的重点放到实践活动上，不断诱发中学生的道德情感。在教学中，应该突出道德教育的主体性和情景性。并通过开展德育活动创设真实的道德情境。教师应该让德育活动发生在真实情境中，落实德育目标，设计活动过程，让学生共同面临实际生活中可能面临的道德情境问题，并通过交往互动、相互协作，来提高学生的道德认识、道德行为和道德情感，在品德的心理结构上得到发展。

四、构建动态、开放的道德生活

在传统课堂场域中，教师往往采用忠实取向来主导课程实施，这意味着教师决定课堂的发展和学生所要习得的知识内容。这种做法不能有机地将课堂、学生、教师联系起来，反而割裂了三者的存在，使它们成为三个孤立的部分，导致课堂也变得没有活力。

(一)动态、开放性的道德生活的内涵

马克思说过，品德与人的存在是一体的，人们的存在就是他们的实际生活过程。道德是生活的道德，离不开生活；生活过程是道德学习的过程。品德与生活追求的是整体生活的发展。因此，从儿童的整体生活出发，进行生活教育的同时自然地进行品德教育。动态、开放性的道德生活，从词的释义上来看，“动态”是指事物在发展变化中的情况。“开放性”是相对于封闭性而言的，表达具有开放性质的措施和形式。这种动态、开放性的道德生活需要保证的是学生的道德生活在开放自由的环境中，能够包容不同个性的学生的思想行为等各方面，为学生的自主学习和生动活泼的发展提供充分的空间。这样学生才能处在一个不断思考、逐渐进步、“活”起来、“动”起来的状态，从而促进学生认知、情感、个性等全面、和谐、主动地发展。

道德生活关注本真的人，关注人的动态发展。在学校场域道德生活中，学生是道德生活的主体，他们的道德生活包含着需求和价值。为了满足学生的个性化需求，教师应该关注学生道德生活动态发展，掌握中学时期德育目标要求，不断进行更新调整道德生活内容，同时教师必须考虑在何种时机、何种场合、采用何种方式进行构建，对教育时机要具有敏锐性和敏感性，以便能迅速调动身边可利用资源发挥作用。只有这样，才能达到道德教育的目的，满足学生个性化需求。此外，构建道德生活还应关注具体、真实的事物，贴近学生的实际生活并顺应社会大环境。通过师生共同建构，挖掘学生道德生活的价值，让学生最终能够自主构建道德生活的能力。

课堂是学生生活的一个片段，是一个被师生所共同拥有的生活世界。在学生的道德生活中，课堂应该是动态和生成的，需要教师将“教”与“学”有机地统一起来，让课堂成为学生主体性活动的场所。学生在课堂中获得的道德知识情感体验需要在真实的生活中得到强化和巩固。例如，《道德与法治》课程是以儿童的社会生活为基础，帮助学生认识、体验和感悟生活，促进学生良好品德的形成和社会性发展。因此，在《道德与法治》课程教学中，教师要创设动态和开放的教学情境，联系自己的生活经验，引导学生主动参与，用自己的心灵体验生活，让课堂涌动生命的灵动。通过活动和交往的基础上形成品德，激

发学生的道德情感，提高学生的道德认识、道德行为，从而达到知、情、意、行和谐发展的目标。

(二)课堂教学应处理好道德知识与道德能力的关系

在探讨课堂教学应如何处理好道德知识与道德能力的关系之前，首先来明确道德知识与道德能力二者的内涵。

道德知识是指对道德领域中各种直接经验和间接经验及其活动过程的了解和认知，是人们在社会实践中对道德关系和道德生活的理性反映和经验积累，以及对行为及其社会价值的总结和概括。道德知识包括关于历史上各种道德类型、道德学说和流派及其活动的知识，以及关于社会道德理论和道德实践中一切有关问题的知识。有关说明或表述各种道德现象或道德观点的概念、术语等含义的知识也属于道德知识范畴。道德知识是人们道德认识的重要内容，也是人们形成道德意识的重要基础。但人具有道德知识并不表明具备道德，只有当个人把道德知识内化为自觉的道德认识和情感，并将其转化为正确的道德信念并付诸行动时，才能成为一个有道德的人。

进入新时代，党的二十大报告中再次强调“实施科教兴国战略，要落实立德树人的根本任务，培养德智体美劳全面发展的社会主义建设者和接班人”。培养学生的道德品质是新时代德育的重要目标。在实际教学过程中，教师要引导学生在道德知识和能力的培养上下功夫，并注重两者之间的辩证统一。这就要求教师要明确道德知识和能力之间的区别和联系，准确把握两者在教育教学中的地位和作用，使学生既具有丰富的道德知识，又具备较强的道德能力，使学生成为既有高尚品德，又有较强实践能力的时代新人。

教师要善于把道德知识转化为道德能力，实现“知行统一”。这包括对道德知识的理解和运用，道德知识是一个系统的、有机联系的整体，包括道德原则、道德规范、道德准则等内容。但是，仅有这些还不够，必须把这些内容内化为个人的修养，并在实践中加以运用。因此，教师在教学过程中，要引导学生对所学内容进行认真思考和探究，并把自己的所思所想与所学内容结合起来进行思考、分析和运用，从而达到“知”与“行”相统一。

教师应该善于引导学生将课堂知识运用到生活中，让他们在实践中锻炼自己的道德能力。学校教育是一个社会实践的过程，也是一个在实践中锻炼道德能力的过程。学生只有在实践中，才能将课堂上所学的道德知识运用到现实生活中去，这是学生在学校学习和生活中不断获得道德体验的必然结果。因此，教师在课堂教学过程中，应该引导学生走出教室、走出课堂、走向社会、走向生活，积极参与到社会实践中去，在实践中锻炼自己的道德能力。同时，教师应将学生参加社会实践活动的情况记录下来，为教师更好地了解学生思想道德发展情况提供依据，也为家长对学生进行教育提供依据。

教师在课堂教学处理道德知识与道德能力时，首先要明确的是只有当学生把道德知识内化为自觉的道德认识和情感，转化为正确的道德信念和掌握道德规范，才能够做出正确的道德判断。学生道德知识来源于自身的直接经验和学习的间接经验的积累，通过在课堂教学中的学习活动过程中的不断实践和内化，才能具备道德决策的能力，进而做出道德判断。

五、家校合作共育共促中学生道德成长

在孩子教育这条路上，教师和家长应该携手同行，互相尊重与信任。共同构建教师与家长对学生的关心共同体。没有家庭教育的学校教育和没有学校教育的家庭教育都不可能独自完成培养孩子成才的使命。

(一)家校合作促进学生道德成长的必要性

学校和家庭是学生接受教育的主要场所，家校合作共育为学校教育和家庭教育之间的沟通搭建桥梁，加强两者的合作与交流，形成教育合力，促进学生全面发展和个性发展，更好地落实立德树人这一根本任务。虽然学校在教育学生培养良好的道德素养方面发挥着重要作用，但学生的道德成长需要家庭、学校以及社会共同进行长期性、持续性的教育。家庭教育对学生道德成长的影响也占据着很大比重，孩子的言行举止容易受到家庭长辈的影响，不同的家庭环境会导致学生在道德观念和行为习惯等方面也有所不同。在中学阶段，学生正处于德智体美劳发展的关键时期，其道德发展、价值观形成对未来人生有着重要的影响。因此，家庭教育对学生的道德影响必然发挥着正确的导向作用，建立家校协同育人机制，形成家校合作，才能为学生道德成长营造良好的教育环境。

(二)搭建家校合作共育平台的途径

本课题组通过对家校合作共育影响学生道德成长的研究，发现家校合作共育的观念、方式、内容、周期和能力等对学生道德成长的影响程度依次为：家校合作共育周期、家校合作共育能力、家校合作共育观念、家校合作共育方式、家校合作共育内容。具体来说，当家校合作共育方式倾向于家长和教师面对面交流沟通，以及家校合作共育的内容涵盖学生内在心理和道德时，学生的道德成长水平更好。家校合作共育对学生道德成长的具体影响包括：家校合作共育观念影响学生道德认知和道德情感，家校合作共育方式影响学生道德认知和道德行为，家校合作共育内容影响学生道德认知和道德情感，家校合作共育周期影响学生道德行为和道德意志，家校合作共育能力影响学生道德认知和道德意志。因此我们得出的结论是：家校合作共育观念消极，学生认知狭隘、情感淡薄；家校合作共育方式单一，会导致学生认知失衡、行为不当；家校合作共育内容窄化，会导致学生认知匮乏、情感单调；家校合作共育周期不稳，会导致学生行为不良、意志动摇；家校合作共育能力不足，会导致学生认知模糊、意志脆弱。如以下文章。

《中学家校冲突的原因》

第一，家庭过多介入学校的专业领域。随着家校合作理念的不断深入，越来越多家长意识到家庭对学校教育的重要补充作用。因此，过度或不当参与家校管理和教学活动。例如有些家长对于学校自身管理的事务过度干涉，对班主任和其他老师的选任问题“指手画脚”；还有些家长即使理念陈旧，能力有限，也要参与学校的管理，一旦建议不被采纳，就会指责学校搞形式主义、学校霸权等，因此产生冲突。

第二，学校把教育责任推给家长。已有调查研究表明，约 40.2%的家长认为自己成为

了老师的“助教”，自己的时间、 精力、财力和物力被教师随意占用，教师存在推诿自身教育责任的情况;60%以上的家长认为自己的孩子的职业资源被学校利用，承担了与家校合作无关的事务，成为了学校的义工。

第三，家校会出现责任推诿。尤其当学生出现问题时，“谁的责任”就成了引发家校冲突的导火索。

中学生处于半幼稚与半成熟并存的状态，心理存在冲突和不平衡性，具有闭锁性与开放性，需要家庭和学校的关怀和及时疏导，尤其需要学校教育与家庭教育的相互配合。但是，在目前的中学生活中，由于家长和教师双方在文化背景，观念和价值观方面存在差异，导致会出现消极对抗的心理和行为过程，这样非常不利于良好师生关系的构建。因此，家校合作需要双方共同努力，加强沟通和理解，建立互信的尊重的关系，共同促进中学生的道德成长。

六、中华优秀传统文化进入课堂

中华优秀传统文化蕴含着丰富的思想理念和中华传统美德，对处于树立正确价值观和道德成长关键期的中学生具有积极的引导作用。它具有道德教化功能，蕴含着家国情怀、人格修养、社会关爱等宝贵精神财富。因此，在中学的道德教育教学内容中可以选择中华优秀传统文化内容，为道德教育提供丰富的可利用教学资源。

(一)选取中华优秀传统文化内容的科学性和有效性

为了确保选取的中华优秀传统文化内容具有科学性和有效性，应该选取那些经过实践检验的客观真理，使学生能从科学的内容中掌握正确的观点。同时，也要让他们能把理论、事实、观点与材料紧密结合起来，使其在思想观点上有所提高。根据《中华优秀传统文化进中小学课程教材指南》的要求，中小学优秀传统文化的主题内容应包括核心思想理念、中华人文精神和中华传统美德三个方面，这也是作为课程教材遴选内容的根本遵循。例如，在学习“爱国主义”主题单元时，可以选取爱国名言故事，融入传统节日民俗元素，通过民俗故事和历史人物来培养学生的家国情怀。对于“外敌侵犯”的内容，可以选取《林则徐虎门销烟》等历史事件，通过史实来体现外敌侵略和鸦片荼毒之痛，联系当今解放军戍守边疆、外交官维护祖国利益的爱国故事，引导学生树立正确的人生观和世界观，培养“天下兴亡，匹夫有责”的忧患意识，以及力争上游、为国争光的民族情感。

首先，中学语文、历史、道德与法治课程教材中蕴含着丰富的中华优秀传统文化内涵，如“位卑未敢忘国忧”的爱国主义精神、“己所不欲，勿施于人”的社会礼仪规范；人民群众艰苦奋斗、勇于斗争的革命精神以及诚信友善的道德准则等，这些都是中华优秀传统文化的展现。其次，除了通过课本教材引进中华传统优秀文化，校内外协同开展育人活动同样是重要途径，教师可以根据中学生特点，通过开展相关活动促进学生道德成长。例如，开展书法绘画等传统艺术类活动、阅读经典传统文学活动、开展传统节日文艺汇演活动等，通过创新活动内容形式，让学生在活动中体会中华传统优秀文化，增强中学生道德情感体验及民族文化的认同感，培养中学生热爱祖国、尊敬师长的道德品质。

(二)挖掘教材中中华优秀传统文化元素

中华优秀传统文化拥有庞大的思想内容体系，既包括精神文化层面的核心思想理念、中华人文精神和传统美德，也包括物质文化层面的手工艺品、书法绘画、文物古迹等。因此，教师应将中华传统优秀文化引进课堂，充分利用中华优秀传统文化的道德教学资源，以潜移默化的引导学生的世界观、人生观和价值观，促进学生的道德成长。

红色文化是中华优秀传统文化的重要组成部分，在传承中华优秀传统文化、弘扬红色文化的时代背景下，教师应该联合社会资源，充分地利用实地资源和网络资源开展德育教育。为此，教师应该积极挖掘红色文化，凝练红色教育资源，引领学生走进红色文化教育基地，全方位的让学生“沉浸式”了解红色文化。教师要善于整合教育资源，让红色文化变得更加鲜活、有生命力，此外教师应该开发红色文化的物质性和非物质性文化形态资源，发挥革命遗址、纪念馆承载的时代精神和革命精神，为德育教育探究新模式，促进学生的道德成长。

(三)课内外活动双结合创新课堂

除了挖掘教材中的中华优秀传统文化元素，课内外协同开展育人活动也是促进学生道德成长的重要途径。教师可以通过开展传统艺术类活动、经典传统文学阅读活动、传统节日文艺汇演等来促进学生的道德成长。通过创新活动内容形式，让学生在活动中亲身体验中华优秀传统文化，增强中学生的道德情感体验和对民族文化的认同感。同时，这些活动还可以培养中学生热爱祖国、尊敬师长的道德品质。

在本书结束之际，让我们引用鲁洁先生在她八十诞辰及教育思想研讨会上的讲话，以此作为结束语：面对现今的教育，我们不应该抱怨或不满。而应该去反思自己是否与这种教育现实有关。我们曾经为它做过什么？是否做得对和真实有效，以及我们是否也曾在其中充当过“同谋者”“合伙人”。

附　录

附录Ⅰ：问卷

学校道德生活现状调查问卷

亲爱的同学们：

你好!该问卷主要目的是调查学校道德生活的情况，用于教育科学研究。我们恳请你认真填写问卷中的每项内容，并根据自己所在学校生活的实际情况，选择你对下列陈述事实的符合程度。请注意该问卷为匿名调查，仅供研究使用，对个人和学校没有任何影响。答案没有对错之分，每道题只能选择一个答案，请在最合适的选项上画“○”。感谢你的配合!

辽宁师范大学教育学院

2019 年 10 月

基本信息：1．你的年龄：

2．你的年级：

3．你的性别：　1．男　2．女

4．你是不是独生子女：　1．是　0．否

5．你是否担任班干部：　1．是　0．否

6．你的班主任老师性别：1．男　2．女

7．你学校所在地：　1．城市　2．县城　3.农村

针对下列事实陈述，在你认为的符合程度上画“○”。

题　目	完全符合	比较符合	有点符合	比较不符合	完全不符合
1. 在学校生活中，班主任老师对我们要求很严格	5	4	3	2	1
2. 班主任老师一视同仁，不区分我们为优差生	5	4	3	2	1
3. 除了品德课，在其他课上我也学习到了道德知识	5	4	3	2	1
4. 在学期初，班主任老师和学生一起制定班规	5	4	3	2	1
5. 在学校生活中，班主任老师是对我影响最大的人	5	4	3	2	1
6. 我会嫉妒比我学习好的同学	5	4	3	2	1
7. 课堂上，老师经常组织我们进行小组合作学习	5	4	3	2	1
8. 只要是班主任老师说的话、要求的事情我都会听从并做到	5	4	3	2	1
9. 课堂上，老师会提问那些溜号、走神的学生	5	4	3	2	1

续表

题　目	完全符合	比较符合	有点符合	比较不符合	完全不符合
10. 语文课上我能学到许多道德知识	5	4	3	2	1
11. 班主任老师总是关心我：如找我谈心、帮我系扣子、量体温等	5	4	3	2	1
12. 我校每学期都有参观博物馆、教育基地等活动	5	4	3	2	1
13. 我们班每个人都比着学习，竞争很激烈	5	4	3	2	1
14. 走廊秩序井然，没有打闹、大喊等现象	5	4	3	2	1
15. 班主任老师经常找违反道德规范的学生谈话	5	4	3	2	1
16. 品德老师知识渊博、知识面很广	5	4	3	2	1
17. 课堂上，老师分秒都在看着我们的举动	5	4	3	2	1
18. 课堂上，老师对违反纪律的学生进行批评	5	4	3	2	1
19. 品德课程内容与日常生活联系紧密	5	4	3	2	1
20. 学校老师之间见面打招呼、很友好	5	4	3	2	1
21. 在班主任老师身上学到了许多道理	5	4	3	2	1
22. 我能够把品德课上学到的道德知识运用到生活中	5	4	3	2	1
23. 班主任老师答应我们的事情一定能够做到	5	4	3	2	1
24. 我校每年清明节都举行祭扫烈士墓活动	5	4	3	2	1
25. 由少先队组织策划六一联欢会、元旦联欢会	5	4	3	2	1
26. 班干部犯错误班主任老师一样严厉批评	5	4	3	2	1
27. 犯错误后，我会欣然接受老师的批评与教育	5	4	3	2	1
28. 学生每次回答问题回答错误时，老师都会鼓励我们下次答对	5	4	3	2	1
29. 无论班主任老师是否在场，我们都遵守纪律	5	4	3	2	1
30. 我校每年召开一次主题大队会	5	4	3	2	1
31. 班主任老师在我心目中的形象高大	5	4	3	2	1
32. 我参与班级的手抄版、板报的设计	5	4	3	2	1
33. 我们班同学之间关系很友好	5	4	3	2	1
34. 我班经常召开涉及道德教育的主题班会	5	4	3	2	1
35. 每个班委都能认真负责	5	4	3	2	1
36. 我遵守课堂纪律和老师的要求	5	4	3	2	1
37. 少先队员做值周生很严格，正确、公平加减分	5	4	3	2	1
38. 无论是班主任课还是科任课，我们班纪律都很好	5	4	3	2	1
39. 综合实践课让我们学习到了道德知识	5	4	3	2	1
40. 每个人都为班级的荣誉而努力着	5	4	3	2	1

请你再次检查有无漏选或多选的情况，谢谢你的配合！

附录Ⅱ-1：访谈提纲

学校道德生活访谈提纲

一、对教师的访谈提纲(编码检验访谈)

1. 为学生树立道德榜样时，您认为树立哪方面榜样最重要？
2. 您如何理解教师权威？
3. 您是如何确立教师威信的？
4. 您在管理学生过程中如何做到严慈相济？
5. 您对学生能够一视同仁吗？还是差异对待？
6. 你们班的班规是如何制定的？
7. 班级活动是如何策划的，如确定主题、步骤等？
8. 如何提升班集体的凝聚力？
9. 对于学生良好的行为，您是如何表扬的？
10. 对于违反纪律的学生，您是如何批评教育的？
11. 学生有不接受批评的时候吗？在言行上有什么反应？
12. 品德课上进行道德实践吗？
13. 您认为在其他课程教学中如何渗透德育？
14. 品德课程是如何评价的？
15. 在课堂中如何组织学生小组合作学习？
16. 贵校选择的是哪个版本的品德教材？

二、对学生的访谈提纲

1. 哪位老师在你的成长过程中产生的影响最大？他(她)的哪些品质值得你去学习？
2. 老师平时是如何关心你的？
3. 你觉得你们班的纪律怎样？你有过不遵守纪律的时候吗？
4. 学校或班级组织的集体活动，如运动会，你积极参加吗？
5. 学校的集体活动如采摘、参观、看电影等应遵守哪些纪律？
6. 课堂上，你与同组成员交流的机会多吗？
7. 你经常受到老师的表扬或批评吗？老师都用什么样的话语批评或表扬？举例说明
8. 你喜欢什么类型的品社课？
9. 品德课上，老师是否为你们拓展教材外的内容？都拓展什么内容？

三、对校长的访谈提纲

1. 您对改革学校德育课程有什么样的设想？
2. 贵校开展的道德实践活动有哪些？您觉得还需要通过那些活动锻炼孩子哪些品质？
3. 您觉得学校的校园环境还有哪些地方需要优化？
4. 您是怎样提高教师道德水准的？
5. 您对学校道德建设的整体设想如何？

四、对品德课程教研员的访谈

1. 您认为当前品德课程教师的专业化程度如何？
2. 您认为当前品德课程的道德知识生活化落实得怎样？
3. 您认为贵地区在道德实践活动的开展方面做得怎样？
4. 每学期区(县)里举行统一的品德社会课考试情况如何？
5. 您认为除了考试之外，对学生品德考核还有什么有效方法？
6. 学校品德课程实施状态如何？你认为的理想状态是什么？

五、对量化研究结论验证的访谈

1. 小学五、六年级的女孩和男孩在学校表现最不同的地方有哪些？男孩表现更好些还是女孩表现更好些？小学五年级学生和六年级学生在学校生活中有什么本质的变化？
2. 初中、高中学生在学校生活中有什么本质的变化？
3. 班干部与普通同学在学校中的表现有什么不同？
4. 您认为男班主任和女班主任在学生管理过程中有哪些不同？
5. 家庭教育是如何反应在学生身上的，对学校教育有哪些帮助或阻碍？
6. 独生子女与非独生子女在学校生活中的表现有哪些不同？
7. 贵校平时都开展哪些关于道德教育的活动？

附录Ⅱ-2：观察提纲(根据弗兰德斯师生互动观察类目系统改编)

教师		学生
作出反映	1. 接纳情感	反应性说话
	2. 表扬或鼓励	
	3. 接受学生的想法	
	4. 提问	
主动发起	5. 讲授	主动性说话
	6. 指令	
	7. 批评学生	
	8. 强制	

附录Ⅲ：项目分析

独立样本检验

		方差方程的 Levene 检验		均值方程的 t 检验						
									差分的 95% 置信区间	
		F	Sig.	t	df	Sig.(双侧)	均值差值	标准误差值	下限	上限
A1	假设方差相等	4.179	.042	−2.982	195	.003	−.397	.133	−.659	−.134
	假设方差不相等			−2.954	175.581	.004	−.397	.134	−.662	−.132
A2	假设方差相等	116.489	.000	−10.471	195	.000	−1.605	.153	−1.907	−1.302
	假设方差不相等			−10.202	121.242	.000	−1.605	.157	−1.916	−1.293
A3	假设方差相等	128.091	.000	−10.339	195	.000	−1.177	.114	−1.402	−.953
	假设方差不相等			−10.065	118.794	.000	−1.177	.117	−1.409	−.946
A4	假设方差相等	156.177	.000	−7.520	195	.000	−1.113	.148	−1.405	−.821
	假设方差不相等			−7.307	112.762	.000	−1.113	.152	−1.415	−.811
A5	假设方差相等	147.129	.000	−9.710	195	.000	−1.426	.147	−1.715	−1.136
	假设方差不相等			−9.426	110.117	.000	−1.426	.151	−1.725	−1.126
A6	假设方差相等	.000	.983	−.424	195	.672	−.078	.184	−.441	.285
	假设方差不相等			−.423	192.030	.673	−.078	.184	−.442	.286
A7	假设方差相等	53.337	.000	−8.175	195	.000	−1.143	.140	−1.418	−.867
	假设方差不相等			−8.008	138.363	.000	−1.143	.143	−1.425	−.860
A8	假设方差相等	24.277	.000	−7.229	195	.000	−.828	.115	−1.054	−.602
	假设方差不相等			−7.081	138.637	.000	−.828	.117	−1.059	−.597
A9	假设方差相等	4.091	.044	−1.027	195	.306	−.130	.127	−.380	.120
	假设方差不相等			−1.019	180.781	.309	−.130	.128	−.382	.122
A10	假设方差相等	7.389	.007	−9.647	195	.000	−1.405	.146	−1.692	−1.118
	假设方差不相等			−9.515	161.895	.000	−1.405	.148	−1.696	−1.113
A11	假设方差相等	24.183	.000	−11.954	195	.000	−2.081	.174	−2.424	−1.737
	假设方差不相等			−11.776	157.885	.000	−2.081	.177	−2.430	−1.732
A12	假设方差相等	57.927	.000	−4.803	195	.000	−.827	.172	−1.166	−.487
	假设方差不相等			−4.714	145.353	.000	−.827	.175	−1.173	−.480
A13	假设方差相等	12.078	.001	−8.666	195	.000	−1.309	.151	−1.607	−1.011
	假设方差不相等			−8.563	167.894	.000	−1.309	.153	−1.611	−1.007
A14	假设方差相等	12.081	.001	−9.152	195	.000	−1.376	.150	−1.672	−1.079
	假设方差不相等			−9.083	180.569	.000	−1.376	.151	−1.674	−1.077

续表

		方差方程的 Levene 检验		均值方程的 t 检验						
									差分的 95% 置信区间	
		F	Sig.	t	df	Sig.(双侧)	均值差值	标准误差值	下限	上限
A15	假设方差相等	12.590	.000	−3.249	195	.001	−.488	.150	−.784	−.192
	假设方差不相等			−3.205	161.582	.002	−.488	.152	−.789	−.187
A16	假设方差相等	24.303	.000	−12.442	195	.000	−1.746	.140	−2.023	−1.469
	假设方差不相等			−12.249	155.695	.000	−1.746	.143	−2.027	−1.464
A17	假设方差相等	16.949	.000	−7.622	195	.000	−1.198	.157	−1.508	−.888
	假设方差不相等			−7.521	163.574	.000	−1.198	.159	−1.513	−.884
A18	假设方差相等	23.242	.000	−1.253	195	.212	−.205	.164	−.529	.118
	假设方差不相等			−1.238	166.678	.217	−.205	.166	−.533	.122
A19	假设方差相等	94.340	.000	−12.177	195	.000	−1.666	.137	−1.935	−1.396
	假设方差不相等			−11.842	115.221	.000	−1.666	.141	−1.944	−1.387
A20	假设方差相等	103.546	.000	−7.586	195	.000	.880	.116	−1.109	−.651
	假设方差不相等			−7.359	107.952	.000	−.880	.120	−1.117	−.643
A21	假设方差相等	.141	.708	−3.529	195	.001	−1.821	.516	−2.838	−.803
	假设方差不相等			−3.639	117.103	.000	−1.821	.500	−2.812	−.830
A22	假设方差相等	104.648	.000	−11.818	195	.000	−1.612	.136	−1.881	−1.343
	假设方差不相等			−11.481	112.360	.000	−1.612	.140	−1.891	−1.334
A23	假设方差相等	93.360	.000	−10.401	195	.000	−1.492	.143	−1.775	−1.209
	假设方差不相等			−10.142	123.685	.000	−1.492	.147	−1.783	−1.201
A24	假设方差相等	31.434	.000	−2.735	195	.007	−.324	.118	−.558	−.090
	假设方差不相等			−2.794	150.457	.006	−.324	.116	−.553	−.095
A25	假设方差相等	21.105	.000	−6.129	195	.000	−1.223	.199	−1.616	−.829
	假设方差不相等			−6.059	169.441	.000	−1.223	.202	−1.621	−.824
A26	假设方差相等	118.289	.000	−7.611	195	.000	−1.327	.174	−1.671	−.983
	假设方差不相等			−7.435	129.369	.000	−1.327	.178	−1.680	−.974
A27	假设方差相等	159.531	.000	−9.092	195	.000	−1.206	.133	−1.467	−.944
	假设方差不相等			−8.798	101.447	.000	−1.206	.137	−1.478	−.934
A28	假设方差相等	38.796	.000	−11.310	195	.000	−1.714	.152	−2.013	−1.415
	假设方差不相等			−11.097	144.331	.000	−1.714	.154	−2.019	−1.409
A29	假设方差相等	12.560	.000	−8.882	195	.000	−1.377	.155	−1.682	−1.071
	假设方差不相等			−8.799	175.745	.000	−1.377	.156	−1.686	−1.068
A30	假设方差相等	71.430	.000	−8.378	195	.000	−1.327	.158	−1.639	−1.014
	假设方差不相等			−8.191	132.319	.000	−1.327	.162	−1.647	−1.006

续表

		方差方程的 Levene 检验		均值方程的 t 检验						
									差分的 95% 置信区间	
		F	Sig.	t	df	Sig.(双侧)	均值差值	标准误差值	下限	上限
A31	假设方差相等	168.029	.000	−11.027	195	.000	−1.522	.138	−1.795	−1.250
	假设方差不相等			−10.688	105.644	.000	−1.522	.142	−1.805	−1.240
A32	假设方差相等	45.710	.000	−7.007	195	.000	−1.462	.209	−1.874	−1.051
	假设方差不相等			−6.914	163.458	.000	−1.462	.211	−1.880	−1.045
A33	假设方差相等	127.197	.000	−8.754	195	.000	−1.257	.144	−1.540	−.973
	假设方差不相等			−8.516	116.404	.000	−1.257	.148	−1.549	−.964
A34	假设方差相等	22.284	.000	−10.718	195	.000	−1.683	.157	−1.993	−1.374
	假设方差不相等			−10.555	156.860	.000	−1.683	.159	−1.998	−1.368
A35	假设方差相等	29.435	.000	−13.125	195	.000	−1.737	.132	−1.999	−1.476
	假设方差不相等			−12.845	135.444	.000	−1.737	.135	−2.005	−1.470
A36	假设方差相等	72.333	.000	−9.003	195	.000	−1.055	.117	−1.286	−.824
	假设方差不相等			−8.762	117.611	.000	−1.055	.120	−1.294	−.817
A37	假设方差相等	100.288	.000	−10.689	195	.000	−1.675	.157	−1.984	−1.366
	假设方差不相等			−10.419	122.519	.000	−1.675	.161	−1.993	−1.357
A38	假设方差相等	29.191	.000	−11.223	195	.000	−1.657	.148	−1.948	−1.366
	假设方差不相等			−11.070	162.330	.000	−1.657	.150	−1.953	−1.361
A39	假设方差相等	69.612	.000	−12.225	195	.000	−1.846	.151	−2.143	−1.548
	假设方差不相等			−11.915	122.170	.000	−1.846	.155	−2.152	−1.539
A40	假设方差相等	119.705	.000	−8.515	195	.000	−1.181	.139	−1.455	−.908
	假设方差不相等			−8.303	123.602	.000	−1.181	.142	−1.463	−.900

附录Ⅳ：访谈教师基本情况

序号	性别	年龄	教龄	职称	任教学科	是否班主任
1	女	45	19	中学高级	语数	是
2	男	45	24	中学高级	语数	是
3	女	41	20	中学高级	语数	是
4	男	40	19	中学高级	语数	是
5	女	49	28	中学高级	语数	是
6	女	46	23	中学高级	语数	是
7	男	45	23	中学高级	语数	是
8	女	42	21	中学高级	语数	是

续表

序号	性别	年龄	教龄	职称	任教学科	是否班主任
9	女	45	24	中学高级	语数	是
10	女	34	24	中学高级	语数	是
11	女	36	16	小学高级	语数	是
12	女	36	17	小学高级	语数	是
13	女	37	18	小学高级	语数	是
14	男	39	19	小学高级	语数	是
15	女	41	19	小学高级	语数	是
16	女	37	17	小学高级	语数	是
17	女	43	22	小学高级	语数	是
18	女	36	16	小学高级	语数	是
19	女	46	28	小学高级	语数	是
20	女	42	21	小学高级	语数	是
21	男	41	20	小学高级	美术	是
22	女	47	21	小学高级	语数	是
23	女	41	20	小学高级	语文	是
24	女	39	18	小学高级	语数	是
25	女	43	17	小学高级	美术	是
26	女	41	16	小学高级	语数	是
27	女	40	20	小学高级	语数	是
28	女	46	25	小学高级	语数	是
29	女	38	19	小学超高	语数	是
30	女	43	19	小学高级	语数	是
31	女	43	24	小学高级	语数	是
32	女	36	15	小学高级	语数	是
33	女	41	20	小学高级	语数	是
34	女	52	28	小学高级	语数	是
35	女	52	35	小学高级	语数	是

参 考 文 献

(一)中文类

著作：

[1] 埃米尔·迪尔凯姆. 社会学方法的规则[M]. 胡伟，译. 北京：华夏出版社，1999. 01.

[2] 大卫·史密斯. 全球化与后现代教育学[M]. 郭洋生，译. 北京：教育科学出版社，2000.

[3] 马克斯·韦伯. 社会学的基本概念[M]. 胡景北，译. 上海：上海人民出版社，2020. 06.

[4] P. 布尔迪约，J. C. 帕斯隆. 再生产——一种教育系统理论的要点[M]. 邢克超译.北京：商务印书馆出版，2002. 12.

[5] 爱弥尔·涂尔干. 原始分类[M]. 汲喆，译. 北京：商务印书馆，2012.03.

[6] C. 赖特·米尔斯. 社会学的想象力[M]. 陈强，张永强译. 北京：生活·读书新知三联书店，2016.10.

[7] 保罗·弗莱雷. 被压迫者教育学[M]. 顾建新，赵友华，何曙荣译. 上海：华东师范大学出版社，2001.11.

[8] 玛丽·杜里-柏拉,阿涅斯·冯·让丹.学校社会学[M]. 汪凌译.上海：华东师范大学出版社，2003.06.

[9] 罗伯特·G·欧文斯. 教育组织行为学[M]. 窦卫霖，温建平，王越译. 上海：华东师范大学出版社,2001.06.

[10] 马克斯·范梅南. 教学机智——教学智慧的意蕴[M]. 李树英译.北京：教育科学出版社，2001.

[11] 迈克尔·W·阿普尔. 意识形态与课程[M]. 黄忠敬，译. 上海：华东师范大学出版社，2001.06.

[12] 沃尔夫冈·布列钦卡. 教育科学的基本概念——分析、批判和建议[M]. 胡劲松译.上海：华东师范大学出版社，2001.11.

[13] 约翰·杜威. 民主主义与教育[M]. 王承绪，译. 北京：人民教育出版社，2001.05.

[14] 莱斯利. 教育中的建构主义[M]. 高文，徐斌艳，程可拉等，译.上海：华东师范大学出版社，2002.09.

[15] 斯蒂芬·鲍尔. 教育改革——批判和后结构主义视角[M]. 侯运凯，译.上海：华东师范大学出版社，2002.12.

[16] 麦克·F·D·扬. 知识与控制——教育社会学新探[M]. 谢维和，朱旭东译. 上海：华东师范大学出版社，2002.08.

[17] 霍尔·戴维斯. 道德教育的理论与实践[M]. 陆有铨，魏贤超，译. 杭州：浙江教育出版社，2003.05.

[18] 内尔·诺丁斯. 学会关心——教育的另一种模式[M]. 于天龙，译北京：教育科学出版社，2003.10.

[19] 赫伯特·斯宾塞. 社会学研究[M]. 北京：华夏出版社，2001.01.

[20] 马克斯·范梅南. 生活体验研究——人文科学视野中的教育学[M]. 北京：教育科学出版社，2003.

[21] 杜威. 道德教育原理[M]. 王承绪，译. 杭州：浙江教育出版社，2003.05.
[22] 巴里・巴恩斯，布鲁尔. 科学知识——一种社会学的分析[M]. 邢东梅，蔡仲，译. 南京：南京大学出版社，2004.
[23] 富兰. 变革的力量——透视教育改革[M]. 北京：教育科学出版社，2004.
[24] 约翰・杜威. 学校与社会・明日之学校[M]. 赵祥麟，任钟印，吴志宏，译. 北京：人民教育出版社，2005.01.
[25] 爱弥尔・涂尔干. 道德教育[M]. 陈光金，沈杰，朱谐汉译. 上海：上海人民出版社，2006.07.
[26] 罗伯特・纳什. 德性的探寻：关于品德教育的道德对话[M]. 李菲，译. 北京：教育科学出版社，2007.12.
[27] 迈克尔・W・阿普尔. 教育与权力[M]. 曲囡囡，刘明堂，译. 上海：华东师范大学出版社，2008.09.
[28] 路易・勒朗格. 今日道德教育[M]. 王晓辉，译. 北京：教育科学出版社，2009.12.
[29] 凯文・瑞安，卡伦・博林著. 在学校中培养品德：将德育引入生活的实践策略[M]. 苏静，译. 北京：教育科学出版社，2010.03.
[30] 让・弗朗索尔・利奥塔尔. 后现代状态[M]. 车谨山，译. 南京：南京大学出版社，2011.09.
[31] 卡伦・博林，德博拉・法墨，凯文・瑞安著. 在学校中培养品德：品德教育实践导引[M]. 王婷，译. 北京：教育科学出版社，2012.03.
[32] 福柯. 规训与惩罚[M]. 刘北成，杨远婴译. 北京：生活读书新知三联书店，2012.09.
[33] 陈奎熹. 教育社会学[M]. 台北：三民书局，1980.
[34] 韩进之，王宪清. 德育心理学概论[M]. 上海：上海人民出版社，1986.01.
[35] 瞿葆奎，余光，李涵生. 教育学文集——德育[M]. 北京：人民教育出版社，1989.03.
[36] 鲁洁. 教育社会学[M]. 北京：人民教育出版社，1989.
[37] 钱民辉. 教育社会学——现代性的思考与建构[M]. 北京：人民教育出版社，2004.10.
[38] 季羡林. 东方文化研究[M]. 北京：北京大学出版社，1994.08.
[39] 鲁洁，王逢贤. 德育新论[M]. 南京：江苏教育出版社，1994.10.
[40] 戚万学. 冲突与整合——20 世纪西方道德教育理论[M]. 济南：山东教育出版社，1995.03.
[41] 裴娣娜. 教育研究方法导论[M]. 合肥：安徽教育出版社，1995.10.
[42] 王永祥. 董仲舒评传[M]. 南京：南京大学出版社，1995.09.
[43] 杨丽珠. 儿童心理学纲要[M]. 北京：社会科学文献出版社，1996. 08.
[44] 鲁洁. 德育社会学[M]. 福州：福建教育出版社，1998.08.
[45] 钟启全，黄志成. 西方德育原理[M]. 西安：陕西人民教育出版社，1998.04.
[46] 李伯黍, 岑国桢. 道德发展与德育模式[M]. 上海：华东师范大学出版社，1999.10.
[47] 陈谷嘉，朱汉民. 中国德育思想研究[M]. 杭州：浙江教育出版社，1998.10.
[48] 叶澜. 教育概论[M]. 北京：人民教育出版社，2006.06.
[49] 吴式颖. 外国教育史[M]. 北京：人民教育出版社，1999.08.
[50] 王道俊，王汉澜. 教育学[M]. 北京：人民教育出版社，1999.12.
[51] 檀传宝. 信仰教育与道德教育[M]. 北京：教育科学出版社，1999.06.
[52] 吴康宁. 课堂教学社会学[M]. 南京：南京师范大学出版社，1998.07.

[53] 吴永军．课程社会学[M]．南京：南京师范大学出版社，1999.10.
[54] 缪建东．家庭教育社会学[M]．南京：南京师范大学出版社，1999.10.
[55] 李书磊．村落中的国家——文化变迁中的乡村学校[M]．杭州：浙江人民出版社，1999.10.
[56] 陈桂生．教育原理[M]．上海：华东师范大学出版社，2000.03
[57] 周浩波．教育哲学[M]．北京：人民教育出版社，2000.07.
[58] 刘云杉．学校生活社会学[M]．南京：南京师范大学出版社，2000.08.
[59] 尹艳秋．必要的乌托邦：教育理想的历史考察与建构[M]．福州：福建教育出版社，2004.10.
[60] 黄向阳．德育原理[M]．上海：华东师范大学出版社，2000.11.
[61] 谢维和．教育活动的社会学分析——一种社会学的研究[M]．北京：教育科学出版社，2000.04.
[62] 联合国教科文组织．学会生存——教育世界的今天和明天[M]．北京：教育科学出版社，2017.06.
[63] 陈向明．质的研究方法与社会科学研究[M]．北京：教育科学出版社，2000.01.
[64] 联合国教科文组织．教育——财富蕴藏其中[M]．北京：教育科学出版社，1996.12.
[65] 詹万生．整体构建体系(总论)[M]．北京：教育科学出版社，2001.04.
[66] 吴康宁．教育社会学[M]．北京：人民教育出版社，2005.06.
[67] 肖川．主体性道德人格教育[M]．北京：北京师范大学出版社，2002.05.
[68] 孙少平．新中国德育 50 年[M]．福州：福建教育出版社，2002.09.
[69] 孙培青．中国教育史(第四版)[M]．上海：华东师范大学出版社，2019.07.
[70] 杨晓，于晶．教育社会学[M]．大连：辽宁师范大学出版社，2003.02.
[71] 檀传宝．学校道德教育原理[M]．北京：教育科学出版社，2003.01.
[72] 刘惊铎．道德体验论[M]．北京：人民教育出版社，2021.04.
[73] 丁锦宏．品格教育论[M]．北京：人民教育出版社，2005.12.
[74] 高德胜．知性德育及其超越——现代德育困境研究[M]．北京：教育科学出版社，2003.07.
[75] 陈会昌．道德发展心理学[M]．合肥：安徽教育出版社，2004.08.
[76] 吴安春．回归道德智慧——转型期的道德教育与教师[M]．北京：教育科学出版社，2004.09.
[77] 金生鈜．规训与教化[M]．北京：教育科学出版社，2020.12.
[78] 袁桂林．当代西方道德教育理论[M]．福州：福建教育出版社，2005.05.
[79] 石中英．教育学的文化性格[M]．太原：山西教育出版社，2005.05.
[80] 朱小蔓．情感德育论[M]．北京：人民教育出版社，2005.11.
[81] 鲁洁．道德教育的当代论域[M]．北京：人民出版社，2005.10
[82] 唐汉卫．生活道德教育论[M]．北京：教育科学出版社，2005.09.
[83] 刘精明．国家、阶层与教育——教育获得的社会学研究[M]．北京：中国人民大学出版社，2005.04.
[84] 易法建．从生物人到道德人——道德社会化研究[M]．北京：红旗出版社，2006.08.
[85] 陈桂生．中国德育问题[M]．福州：福建教育出版社，2006.11.
[86] 鄢建江．朱熹《小学》道德教育理论研究[M]．北京：华龄出版社，2006.12.
[87] 石中英．教育哲学[M]．北京：北京师范大学出版社，2007.06.
[88] 檀传宝．德育原理[M]．北京：北京师范大学出版社，2007.09.
[89] 刘超良．制度德育论[M]．武汉：湖北教育出版社，2007.03.

[90] 蒋一之．道德原型及其教育价值研究[M]．杭州：浙江大学出版社，2008.08.
[91] 高德胜．道德教育的时代遭遇[M]．北京：教育科学出版社，2008.06.
[92] 朱小蔓，金生鋐．道德教育评论 2007[M]．北京：教育科学出版社，2009.04.
[93] 孙少平，李广，林海亮．新时期学校德育热点问题研究[M]．广州：广东教育出版社，2008.10.
[94] 朱小蔓，金生鋐．道德教育评论 2008[M]．北京：教育科学出版社，2009.11.
[95] 张人杰．国外教育社会学基本文选(修订版)[M]．上海：华东师范大学出版社，2009.01.
[96] 檀传宝．问题与出路——若干德育问题的调查与专题研究[M].杭州：浙江教育出版社，2009.03.
[97] 李菲．学习德育的意义关怀研究[M]．北京：教育科学出版社，2009.04.
[98] 王小飞．道德教育文本研究[M]．杭州：浙江教育出版社，2009.05.
[99] 杨炎轩．中国当代德育理论发展研究[M]．青岛：中国海洋大学出版社，2009.03.
[100] 檀传宝．走向新师德——师德现状与教师专业道德建设研究[M]．北京：北京师范大学出版社，2009.06.
[101] 刘国永，薛晓阳．学校道德生活的复杂性审视[M]．镇江：江苏大学出版社，2009.12.
[102] 王家军．学校道德生活的管理透视[M]．镇江：江苏大学出版社，2009.09.
[103] 刘国永，薛晓阳．学校道德生活的亚文化探寻[M]．镇江：江苏大学出版社，2009.12.
[104] 薛晓阳．学校道德生活的教育叙事[M]．镇江：江苏大学出版社，2009.06.
[105] 班华，薛晓阳．学校道德生活教育模式的探寻与思考[M]．镇江：江苏大学出版社，2010.
[106] 甘剑梅．学校道德生活的现代性问题辨析[M]．镇江：江苏大学出版社，2009.12
[107] 孙德玉．先秦儒家人格教育思想研究[M]．合肥：安徽师范大学出版社．2010.11.
[108] 吴刚．教育社会学的前沿议题[M]．上海：上海教育出版社，2011.07.
[109] 朱小蔓，金生鋐．道德教育评论 2010[M]．北京：教育科学出版社，2011.12.
[110] 张东荪．知识与文化[M]．长沙：岳麓书社，2011.
[111] 郭勇，蔡元培．美育思想研究[M]．武汉：华中师范大学出版社，2011.06.
[112] 罗国杰．伦理学[M]．北京：人民教育出版社，2014.01.
[113] 刘良华．叙事教育学[M]．上海：华东师范大学出版社，2011.09.
[114] 齐学红．在生活化的旗帜下——学校道德教育改革的社会学研究[M]．桂林：广西师范大学出版社，2011.12.
[115] 曾长秋，周含华．中国德育通史简编[M]．长沙：湖南人民出版社，2011.01.
[116] 谭维智．庄子道德教育减法思想研究[M]．北京：北京师范大学出版社，2011.11.
[117] 费孝通．乡土中国 • 生育制度 • 乡土重建[M]．北京：商务印书馆，2017.12.
[118] 班华．现代德育论[M]．合肥：安徽人民出版社，2004.06.
[119] 刘丙元．当代道德教育的价值危机与真实回归[M]．北京：北京师范大学出版社，2012.03.
[120] 朱小蔓．关注心灵成长的教育——道德与情感教育的哲思[M]．北京：北京师范大学出版社，2012.02.
[121] 张茂聪，唐爱民．儿童品德发展与道德教育[M]．济南：山东人民出版社，2012.05.
[122] 费孝通．江村经济[M]．北京：北京大学出版社，2012.06.
[123] 马勤学．学校道德教育新论[M]．北京：中国书籍出版社，2012.08.
[124] 龚长宇．德育社会学引论[M]．北京：中国人民大学出版社，2012.10.
[125] 唐爱民．道德教育范畴论[M]．北京：北京师范大学出版社，2012.03.

[126] 冯友兰．中国哲学简史[M]．涂又光，译．北京：北京大学出版社，2013.01.
[127] 吕星宇．教育过程公平：教育活动的内在品性[M]．上海：华东师范大学出版社，2013.01.
[128] 孙远太．文化资本与教育不平等[M]．北京：知识产权出版社，2013.07.

期刊论文：

[1] 张华．论道德教育向生活世界的回归[J]．华东师范大学学报(教育科学版)，1998(01).
[2] 杨启亮．中国传统道德精神与 21 世纪的学校德育[J]．教育研究，1999(12).
[3] 张奎明．真实生活中的道德判断研究述评[J]．全球教育展望，2001(06).
[4] 金生鈜．质疑建国以来的道德教育规训[J]．教育理论与实践，2001(08).
[5] 冯建军．主体道德教育与生活[J]．教育研究，2002(05).
[6] 张炳生．回归生活：德育改革与创新的价值取向[J]．现代教育论丛，2004(02).
[7] 丁锦宏．道德叙事：当代学校道德教育方式的一种走向[J]．中国教育学刊，2003(11).
[8] 杨启亮．生活中的道德和道德教育研究——乡村生活的道德文化智慧的启示[J]．教育发展研究，2004(2).
[9] 冯文全．学校德育目标的分层研究[J]．教师教育研究，2004(06).
[10] 高德胜．学校德育的范式转换[J]．教育研究与实验，2004(02).
[11] 刘铁芳．面向生活引导生活——回归生活的德育内涵与策略[J]．教育科学研究，2004(08).
[12] 张志勇．回归生活——道德教育的必由之路——中小学道德教育研究之三[J]．当代教育科学，2005(03).
[13] 黄书光．生活世界中的当代德育反思[J]．教育科学研究，2005(10).
[14] 齐学红．我国德育模式的社会学研究[J]．教育理论与实践，2005(07).
[15] 傅维利．真实的道德冲突与学生的道德成长[J]．教育研究，2005(03).
[16] 杨晓．“学会关心”——一种新的教育范式[J]．中国德育，2006(06).
[17] 鲁洁．生活・道德・道德教育[J]．教育研究，2006(10).
[18] 齐学红．学校德育的社会建构——兼论道德批判的困境[J]．教育理论与实践，2006(13).
[19] 冯文全．从构建和谐社会视角看德育与社会的和谐共生[J]．教育研究，2006(12).
[20] 吴康宁．无条件的道德要求与有条件的道德行为——学校道德教育的一种内在紧张[J]．教育理论与实践，2006(9).
[21] 张人杰．学生道德社会化构成要素研究：进展与困惑[J]．教育发展研究，2006(08).
[22] 周义萍．杜威、威尔逊道德教育思想的比较及启示[J]．江苏教育学院学报(社会科学版)，2006(3).
[23] 张人杰．学生道德社会化的应有之义：“共享”抑或“多元”[J]．教育研究，2007(06).
[24] 黄向阳．德育内容分类框架——兼析我国公德教育的困境[J]．全球教育展望，2008(09).
[25] 齐学红，孙启进．道德教育改革的社会学分析框架[J]．思想理论教育，2009(06).
[26] 齐学红．制度设计与自我呈现：学校德育模式的社会学视角[J]．教育科学研究，2010(03).
[27] 冯建军．德育与生活关系之再思考[J]．华中师范大学学报(人文社会科学版)，2012(04).
[28] 田佳，孙博．从道德起源看制度伦理之必然性与必要性[J]．前沿，2012(06).
[29] 孔祥渊．重要他人对个体道德社会化的影响：社会学视角[J]．中国德育，2012(10).
[30] 张正江．道德教育应培养既“守道德”又“懂道德”的人——论道德价值教育与道德科学教育[J]．教育科学，2013(10).

[31] 朱宁波，袁媛．青少年道德榜样教育现状的调查研究[J]．教育科学，2013(10).

[32] 闫闯，晁秋红．德育的缺席与在场——基于现象学意向性理论的分析[J]．教育导刊，2013(06).

[33] 曾妮．“看的德育”：在场的缺席——一项普通初中教师德育观念的质性研究[J]．教育学报，2014(01).

[34] 刘同舫．康德道德观及其对现实道德教育困境的开解[J]．教育研究，2014(04).

[35] 王芳．现象学教育学视角下学校德育过程优化[J]．教育导刊，2014(05).

[36] 王芳．涂尔干与杜威道德教育思想比较及其启示[J]．教育探索，2014(11).

[37] 杨晓，王芳. 辽宁省不同地区小学学校场域中道德生活差异现状调查[J]. 辽宁师范大学学报(社会科学版)，2015，38(03).

[38] 王芳. 学校场域中的道德生活相关理论探析[J]. 教育理论与实践，2017，37(01).

[39]孙晓东，冯文宽. 此在与彼在：学校场域中的道德生活探讨[J]. 教育理论与实践，2019，39(07).

[40] 王芳．“此在”与“彼在”：学校场域道德生活困境及出路[J]. 教育科学，2021，37(04).

学位论文：

[1] 毕世响．乡村生活的道德文化智慧[D]．南京：南京师范大学，2001.

[2] 刘惊铎．道德体验伦[D]．南京：南京师范大学，2002.

[3] 许桂清．美国道德教育理念研究[D]．长春：东北师范大学，2002.

[4] 马维娜. 局外生存：相遇在学校场域[D]. 南京：南京师范大学，2002.

[5] 刘慧．生命道德教育——基于新生物学范式的建构[D]．南京：南京师范大学，2002.

[6] 曹世敏．道德教育文化引论[D]．南京：南京师范大学，2003.

[7] 周建平．追寻教学道德——当代中国教学道德价值问题研究[D]．南京：南京师范大学，2003.

[8] 唐汉卫．生活：道德教育的基础[D]．济南：山东师范大学，2003.

[9] 丁锦宏．品格教育论——全球化与多元化时代中国学校道德教育取向探索[D]．南京：南京师范大学，2003.

[10] 尧新余．学校道德课程理解论[D]．上海：华东师范大学，2004.

[11] 范树成．德育过程论[D]．长春：东北师范大学，2004.

[12] 王立仁．德育价值论[D]．长春：东北师范大学，2004.

[13] 宋晔．校园伦理智慧论[D]．南京：南京师范大学，2004.

[14] 李伟言．当代中国德育价值取向转型的理论研究——基于中国传统道德教育思想范式的研究[D]．长春：东北师范大学，2005.

[15] 辛治洋．道德判断与道德教育——基于中国传统道德教育思想范式的研究[D]．南京：南京师范大学，2006.

[16] 周晓静．课程德育——走向整合的学校道德教育[D]．南京：南京师范大学，2006.

[17] 张晓东．改革开放以来我国中小学德育政策分析[D]．南京：南京师范大学，2007.

[18] 喻学林．学校道德教育的有限性研究[D]．武汉：华中师范大学，2007.

[19] 刘万海．重返德性生活——教学道德性研究[D]．上海：华东师范大学，2007.

[20] 胡春光. 学校生活中的规训与抗拒[D]. 武汉：华中师范大学，2007.

[21] 卢艳红．论关注意义的道德教育[D]．长春：东北师范大学，2008.

[22] 冯永刚．制度架构下的道德教育研究[D]．济南：山东师范大学，2008.

[23] 黄菁．养成与反哺——从丙中洛民族文化生境看德育的多途径实现[D]．重庆：西南大学，2008.
[24] 赵文静．学校道德责任教育研究[D]．济南：山东师范大学，2008.
[25] 王丹．我国小学低年级学生诚信知行冲突的现状、原因及教育建议[D]．大连：辽宁师范大学，2009.
[26] 郑晓艳．农村籍大学生道德社会化问题研究[D]．长春：吉林大学，2009.
[27] 于光．德育主体论[D]．长春：东北师范大学，2009.
[28] 房林玉. 作为场域存在的学校课程规划研究[D]. 济南：山东师范大学， 2009.
[29] 董海霞．文化视域下的道德教育研究[D]．济南：山东师范大学，2010.
[30] 韩玉．德育的关怀：迈向教师的意义世界——免费师范生道德教育研究[D]．重庆：西南大学，2010.
[31] 于洪燕．中国传统"道德"内涵的现代解读与转换[D]．重庆：西南大学，2010.
[32] 牛海彬. 批判与重构——教育场域的教师话语研究[D]. 长春：东北师范大学，2010.
[33] 娜仁高娃. 向"场"而生——现代基础教育场域论[D]. 长春：东北师范大学，2010.
[34] 唐本钰．学校教育中的道德价值生成[D]．济南：山东师范大学，2010.
[35] 严从根．在正当与有效之间——社会转型期的道德教育[D]．武汉：南京师范大学，2011.
[36] 高亚杰．战后日本道德教学理论研究[D]．长春：东北师范大学，2011.
[37] 魏笃．生活意义：道德教育实效性的寻求——基于人的需要的学校道德教育探析[D]．上海：华东师范大学，2011.
[38] 刘洁璇．小学品德课程价值生成研究——一种语用学的视域[D]．南京：南京师范大学，2011.
[39] 崔永学．社会主义和谐社会的道德基础研究[D]．长春：东北师范大学，2012.
[40] 杜禾．美国中小学道德教育主流价值观研究[D]．长春：东北师范大学，2012.
[41] 高凤敏．马克思恩格斯道德教育思想研究[D]．济南：山东师范大学，2012.
[42] 桑志坚. 超越与规训——学校教育时间的社会学研究[D]. 南京：南京师范大学，2012.
[43] 尚靖君．学校道德教育生活性研究[D]．长春：东北师范大学，2013.
[44] 张敏．学校制度生活研究[D]．武汉：华中师范大学，2013.
[45] 雷结斌．我国社会转型期道德失范问题研究[D]．南昌：南昌大学，2013.
[46] 金家新．政治社会化取向的大学生公民道德教育研究[D]．重庆：西南大学，2013.

后　记

2012 年春，壬辰年，我辞职重返校园改读博士学位。在而立之年完成学业进入大学工作，这对于我来说是一种幸运和意外的收获。德，即得也，在求学过程中，我确定了一生所追求和研究的主题——“德育”，并从中“得到”了很多，这本著作是在我博士论文基础上进行修改而成的。

经师易得，人师难求。感谢杨晓教授的辛勤教导，是缘分让我们成为师生，是老师用辛勤的汗水浇灌了我这位资质平庸的学生，使我在读博士期间有了不一样的成长和收获。从学术水平、科研能力，到为人处事，老师都精心点拨、悉心指导。杨老师是我自大学以来的偶像，老师刚正不阿的作风深深影响着我，严谨的学术风格，时时激励着我向前。我深知自己的功底薄弱，对于教育社会学更是新手，但老师不嫌弃我的愚笨，用最通俗的语言为我讲解高深理论，使我能稍加理解。每次与老师的谈话，我都认真记到本子上，每句话都值得回味。我的进步与老师的谆谆教诲密不可分。记得论文没有思路时老师睿智的点播让我豁然开朗；记得文章初稿不成熟时，是老师一字一句的修改才使文章得以见人。看到满篇的红色字迹我泪流满面，自责愚笨，让老师如此费心。每个不懂的问题，老师都耐心地讲解，直到我明白为止，这让我明白了真正的学问和研究，更重要的是，理解了什么是真正的师者。因此，我立志成为像老师一样师者，去影响学生。还记得老师在我实习试讲时，给矛的信心与鼓励，让我正确看待自己。记得老师即使嗓子哑时，依然关心我的学习。每次我思路受阻，老师半个小时以上的电话，总能让我茅塞顿开。老师总说要把每个问题想透彻，起初我不太理解，但随着老师的引导，我渐渐做到了，这样才能清晰表达。

学而不厌，智也；诲人不倦，仁也。必仁且智，圣人也。杨老师就是我心中的圣人。杨老师不仅教我学术气质，更在做人方面言传身教。有了老师，我才能合情合理地做事，纠正了我对一些事情的看法。我学着用一颗平常心去看待人和事，接受一些不完美，以宽阔的胸怀接纳一切，使我有了脱胎换骨的变化。在生活上，老师更像母亲一样关心与呵护我，关心我的身体和心情。记得刚进师门时，老师就发现我心情不好，交谈后帮我排解烦恼，使我以更加阳光的心态面对生活。老师的恩情我永生难忘，遇到老师，是我这辈子最大的幸运。

同窗同门，感念恩情。感谢同届同学，宪彬哥，李静姐，高扬姐，红梅姐，晓琳姐，袁媛姐，靖华姐，尤其是宪彬师哥在我收集资料时给予我的帮助，以及作为一名优秀校长，对学校德育工作的独特见解对我的启示，谢谢师哥！我们共同学习的时光令人难忘，拥有你们是我一生的财富，祝福你们，工作顺利，祝愿我们，友谊长存。还要感谢俊华师姐、王静姐，每每遇到生活上和学习上的困惑，师姐们都与我分担，尽心尽力地帮助我。感谢心理学院的同学文艺，帮我解决统计学上的困难，愿我们都能走出一个不一样的未来。师妹王颖，我们亲如姐妹，忘不了一起写作业，一起欢笑的日子，感谢小亭师妹、郭靖师妹、王晴等师妹帮我校对文字和录入数据。

教学相长，学以致用。感谢我曾经工作过的大连市甘井子区泉水小学，这一年的小学教育工作让我对教育有更深层次的领悟，使我在理论与实践之间有了很好的把握。特别要感谢我的 47 名可爱的学生们，作为班主任，虽然有过困惑，但这本论文正是我们所有小学老师心中困惑的解答。进入大学之后，我有了“大孩子”们，研究生们帮我查资料，共同进行数据分析，围绕“德育问题”确定研究领域，每一届都交出满意答卷。

秋霜春露怀先泽，霞蔚云蒸启后人。我远在九泉之下的大爷，一直在物质和精神上支持我读书。大爷希望我们家族有较高文化水平和社会地位，我没有辜负期望，记得上小学与大爷书信往来，当时语句不通、还夹杂着错别字，随着年级的增高，我的写作水平也提升了很多，书信来往使我们两辈之间的感情更加深厚，从学习到生活，悉心指导。大爷是我们王家后代的榜样，此论文作为礼物送给大爷。

乌鸦反哺，手足情深。最感谢父母和妹妹，正是有父母一如既往的支持，才让我心中充满力量，妹妹虽文化水平不高，但她的支持让我感动。还记得接到博士录取通知书时，妹妹兴奋地奔走相告于各位亲朋好友。辞职读博，需要足够的勇气，读书与工作的抉择，是一种人生态度的选择。父母从我辞职时的不理解到后来无限的支持，这种态度的转变给了我信心，我将回报他们。正是家人和朋友们的鼓励，让我在学术路上顺利走下去，我将永生难忘，感恩、惜福。

鹣鲽情深，琴瑟和鸣。感谢我的爱人毛鹏先生，他用爱包容我，还帮我校对书稿，共同经营小家庭，培育优秀后代。

教育是本永远读不完的书，人生终有走完的路，我将用努力成就无悔人生。

谨以此书，献给我所挚爱的亲人们！

王　芳

2023 癸卯春于沈阳大学